CANADA
캐나다 서부

CHALET Travel Book

CONTENTS

이 책을 보는 방법

지도

- 관광명소
- 레스토랑
- 카페
- 숍, 백화점
- 슈퍼마켓
- 호텔, 호스텔, 로지
- 관광 안내소
- 전망 포인트
- 투어 업체
- 주차장
- 화장실
- 공항
- 기차역
- 페리 선착장
- 수상 택시
- 수상 비행기
- 버스 정류장
- 공항버스 정류장
- 스카이 트레인
- 공항연결 스카이 트레인
- 시트레인, 전철(LRT)
- 산
- 핫 스프링스(온천)
- 자전거 도로
- 보행자 도로
- 하이킹 트레일
- 스키장

본문 정보

- 찾아가기
- 주소
- 전화번호
- 운영 시간
- CAD 요금(입장료, 숙박 요금 등)
- 홈페이지
- 관광 스폿

지도 도로명

Ave (Avenue)	애비뉴	
St (Street)	스트리트	
Pkwy (Parkway)	파크웨이	
Hyw (Highway)	하이웨이	
Rd (Road)	로드	
Br (Bridge)	브리지	
Dr (Drive)	드라이브	
NW (North West)	노스웨스트	
SW (South West)	사우스웨스트	

여행 정보 업데이트

샬레트래블북 캐나다 서부의 내용은 2024년 1월까지 수집한 정보와 자료로 만들었습니다. 단, 책에 소개되어 있는 관광지와 숍, 레스토랑의 오픈 시간 및 요금, 교통편과 관련된 내용은 현지 사정에 따라 변경될 수 있습니다. 샬레트래블북은 6개월 또는 1년마다 가장 최신 정보가 업데이트된 개정판을 발행합니다.

GETTING STARTED WESTERN CANADA

키워드로 알아보는 캐나다의 매력	007
레일을 따라 달리는 호텔, 비아레일	010
BBC 선정 '세계 3대 럭셔리 풍경 열차' 로키마운티니어	014
경이로운 자연의 속살을 찾아서, 캐나다 로드 트립	019
겨울 여행자를 위한 신비한 버블의 세계 아브라함 호수	022
전 세계 북극곰의 수도 처칠에서 북극곰 만나기	023
구름 위에서 바라보는 오로라, 유콘 오로라 뷰잉	025
캐나다의 맛 기억해야 할 8가지 음식	026
가격은 만만한! 맛은 반할 만한! 체인 레스토랑	028
커피 한 잔에 기댈 시간, 맛 좋은 체인 카페	032
갖고 싶은 캐나다, 기념품 베스트 7	034
Made in CANADA	035
각종 메이플 제품	036
쇼핑몰	038
캐나다 추천 여행 일정	040

GETTING AROUND WESTERN CANADA

밴쿠버 VANCOUVER	045
밴쿠버 한눈에 보기	046
다운타운	053
캐나다 플레이스	062
개스타운	067
Special ｜ 밴쿠버 브루어리 투어	069
Special ｜ 차이나타운	070
예일타운	071
그랜빌 아일랜드	074
Special ｜ 그랜빌 아일랜드 푸디 투어	079
키칠라노	081
Special ｜ 브리티시 컬럼비아 주립 대학	086
메인 스트리트	087
Special ｜ 밴쿠버 벽화 축제	089
Special ｜ 퍼시픽 센트럴	090
스탠리 파크	091
노스 밴쿠버	093
Special ｜ 오카나간 밸리	106

밴쿠버 아일랜드 VANCOUVER ISLAND	109
던컨	111
슈메이너스	112
나나이모	112
토피노	113
빅토리아	114
Special ｜ 웨일 와칭	124
Special ｜ 빅토리아 브루어리 투어	125

캐내디언 로키 CANADIAN ROCKIES	133
캐내디언 로키 한눈에 보기	134
밴프 국립공원	141
Special ｜ 밴프 헬기 투어	149
Special ｜ 밴프 스키장	155
레이크 루이스	160
Special ｜ 모레인 호수	164
Special ｜ 페어몬트 샤토 레이크 루이스 호텔 & 애프터눈 티	165
요호 국립공원	167
Special ｜ 오하라 호수	170
쿠트니 국립공원	171
아이스필드 파크웨이	173

Special ｜ 컬럼비아 대빙원 & 빙하 어드벤처	176
재스퍼 국립공원	178
Special ｜ 로키의 호수 베스트 3	187
Special ｜ 로키의 특별한 숙소	188
Special ｜ 로키의 베스트 하이킹	189
Special ｜ 로키의 캠핑	191
캘거리	193
Special ｜ 스탬피드 축제	199
에드먼튼	205

남부 앨버타 SOUTHERN ALBERTA	211
워터튼 레이크 국립공원	213
Special ｜ 헤드 스매시드 인 버팔로 점프	215
배드랜드	216

옐로나이프 YELLOWKNIFE	219
Special ｜ 종류별 오로라 관측 방법	223
Special ｜ 옐로나이프 겨울 액티비티	227
Special ｜ 태고의 자연, 나하니 국립공원	236

유콘 YUKON TERRITORY	237
화이트 호스	238
Special ｜ 클루아니 국립공원	248
Special ｜ 유콘 오로라 로지	249
Special ｜ 화이트패스 & 유콘 루트	251
Special ｜ 카크로스, 도슨 시티	252

TRAVEL INFO CANADA

TRAVEL INFO CANADA	
한눈에 보는 캐나다 기본 정보	254
알아두면 편리한 캐나다 여행 정보	255
캐나다 출입국 정보	257
캐나다 교통	258

Canada

Newfoundland and Labrador

Quebec

Manitoba

Ontario

New Brunswick

Nova Scotia

Prince Edward Island

CANADA

©Banff & Lake Louise Tourism / Paul Zizka

GETTING STARTED
CANADA

키워드로 알아보는 캐나다의 매력

1 단풍 Maple

국기에 단풍잎이 그려져 있을 정도로 캐나다는 세계적으로 유명한 단풍 여행지다. 천섬 크루즈 위에서 단풍을 즐기거나 단풍나무 숲을 달리는 아가와 캐년 열차를 타고 알곤퀸 주립 공원의 넓게 펼쳐진 숲속에서 단풍을 감상하는 등 다양한 방법으로 단풍 여행을 만끽할 수 있다.

2 오로라 Northern Lights

누구나 꿈꾸는 여행의 로망 중 하나인 오로라 뷰잉. 캐나다는 오로라를 볼 수 있는 최적의 나라로, 옐로나이프와 유콘은 오로라를 관측할 확률이 높은 오발 지역에 있다. 차를 타고 직접 오로라를 찾아다니지 않아도 다양한 투어를 통해 오로라 관측의 행운을 누릴 수 있다.

©Aurora Village

3 풍경 열차 Scenic Railroad

로키 대자연 속을 달리는 로키마운티니어와 비아레일 그리고 높고 험준한 골짜기를 오가는 화이트패스 유콘 루트, 그림 같은 단풍나무 숲과 호숫가를 달리는 아가와 캐년 열차까지. 열차 안에서 캐나다의 환상적인 경치를 편안하게 감상할 수 있다.

©Rocky Mountaineer

4 대자연 Nature

캐내디언 로키 국립공원의 수많은 호수와 거대한 빙원을 비롯해 아직도 공룡 뼈가 발견되는 배드랜드, 세계 3대 폭포 중 하나인 나이아가라 폭포, 바다에 떠 있는 거대한 유빙을 볼 수 있는 아틀란틱 캐나다 등 모두 열거하기도 힘들 만큼 많은 대자연을 품고 있는 매력적인 나라다.

5 야생동물 Wildlife

국토 면적이 거대한 캐나다는 다양한 자연환경 덕분에 수많은 야생동물을 만날 수 있다. BC 주와 캐내디언 로키에선 곰과 사슴을 만날 수 있고, 허드슨만이 자리한 처칠에서는 벨루가와 북극곰을 보는 관광이 발달해 있다. 한국에서 쉽게 접하지 못할 야생동물을 만날 수 있는 환경이다.

레일을 따라 달리는 호텔, 비아레일
VIA Rail

GETTING STARTED · CANADA

캐나다 전역으로 기차를 운행할 만큼 노선이 많아서 다양하게 선택할 수 있다. 많은 관광객이 이용하는 캐나다 동부 토론토에서 시작해 밴쿠버까지 이어지는 캐내디언 라인을 비롯, 퀘벡부터 토론토까지 이어주는 코리더 라인까지 여러 노선을 이용할 수 있다. 단풍 시즌이면 퀘벡과 몬트리올 구간의 풍경이 아름다워 동부 노선이 인기다. 일반 좌석부터 슬리퍼, 1~2인실의 단독 객실, 럭셔리인 프레스티지 객실까지 카테고리가 다양하며, 샤워실과 식당 칸까지 여러 편의 시설이 있어 여행에 편리함을 더한다.

비아레일 예약

당연한 얘기이지만 기차 요금은 좌석에 따라서 천차만별이며, 여름이나 가을 단풍 성수기에는 할인 요금과 일반 요금이 2배 이상 차이가 나기도 한다. 저렴하게 이용하려면 성수기를 피해 되도록 일정을 빨리 결정해서 예약하는 것을 추천한다.

@ www.viarail.ca

- The Canadian
- Corridor
- The Ocean
- The Adventure

◆ 비아레일 노선 ◆

1 | 캐내디언 The Canadian

토론토에서 밴쿠버까지 캐나다를 횡단하는 가장 긴 노선이며 총 3박 4일이 소요된다. 토론토에서 매주 수요일과 일요일, 밴쿠버에서 월요일과 금요일에 열차가 출발한다. 동부 최고의 도시 토론토에서 중앙 대평원을 지나 앨버타의 주도 에드먼튼, 캐나다 로키의 관문인 재스퍼 국립공원을 거쳐 밴쿠버까지 도시와 자연을 골고루 볼 수 있는 여정이다. 3박 4일의 긴 여정이 부담스러운 여행객은 밴쿠버와 재스퍼를 잇는 1박 2일 일정만 탑승하는 것을 선호한다. 재스퍼~밴쿠버 구간은 수, 토요일 주 2회 운행한다.

토론토~밴쿠버 3박 4일		재스퍼~밴쿠버 1박 2일	
이코노미	CAD 510~910	이코노미	CAD 170~300
슬리퍼 플러스	CAD 1110~1540	슬리퍼 플러스	CAD 500~700
1~2인실	CAD 1900~3400	1~2인실	CAD 880~1550
프레스티지	CAD 9900~	프레스티지	CAD 4000~

2 | 코리더 Corridor

캐나다 동부 온타리오 주의 윈저부터 북쪽의 퀘벡 시티까지 연결되는 노선이 코리더다. 토론토, 나이아가라, 오타와, 몬트리올, 퀘벡 시티 등 주요 관광 도시를 연결하기 때문에 캐나다 동부를 여행할 때 도시 간 이동 수단으로 사랑받고 있다. 토론토~나이아가라의 경우 하루 1회 오전에 출발하고 그 외 주요 노선은 하루 4회 이상 운행해 선택할 수 있는 시간대가 다양하다. 길게 운행하는 구간이 없기 때문에 슬리퍼 객실은 없으며 의자 형태의 이코노미와 비즈니스로만 나뉘어 있다. 동부가 붉은빛으로 물드는 겨울 시즌이라면 몬트리올~퀘벡 시티 구간의 열차를 놓치지 말자.

구간	소요 시간	비용
토론토~나이아가라	2시간	이코노미 CAD 25~75
토론토~몬트리올	5시간	이코노미 CAD 55~220 비즈니스 CAD 130~310
몬트리올~퀘벡 시티	3시간 20분	이코노미 CAD 40~145 비즈니스 CAD 100~220

3 | 디 오션 The Ocean

몬트리올에서 캐나다 동부의 가장 끝에 있는 노바스코샤 주의 핼리팩스까지 운행하는, 바다로 향하는 열차다. 동부 해안가의 아름다운 경치를 보면서 이동하고 여유로운 소도시를 여행할 수 있는 노선으로 몬트리올에서 핼리팩스까지 1박 2일의 일정이며, 각 도시에서 수, 금, 일요일 주 3회 운행한다. 샤워실이 있는 2인실 및 트윈 침대 캐빈 등 캐내디언 노선에 비해 다양한 객실을 갖추고 있다.

4 | 어드벤처 The Adventure

캐나다의 숨은 자연 명소들로 이어진 노선. 야생동물, 오로라 체험, 대자연 등 모험과 탐험을 테마로 이어진 노선이다. 5개 노선으로 운영되는데, 노선별로 당일 일정과 1~2박 등 다양하게 여행 계획을 세울 수 있다.

- **재스퍼~프린스 루퍼트** : 브리티시 컬럼비아 해안의 아름다운 자연을 탐험하는 구간으로 1박 2일 일정
- **위니펙~처칠** : 북극곰과 벨루가의 천국인 처칠부터 마니토바 주의 주도 위니펙까지 연결되는 2박 3일 일정
- **몬트리올~세네테레, 종퀴에르** : 퀘벡 주의 울창한 숲, 폭포, 호수 등을 위주로 돌아보는 당일 노선
- **서드베리~화이트 리버** : 온타리오의 호숫가 작은 마을을 지나는 당일 노선

객실 종류

© VIA Rail Canada

이코노미 Economy

가장 기본 클래스인 이코노미는 상대적으로 저렴한 금액에 캐나다 횡단 기차 여행을 즐길 수 있어 젊은 여행객이 많이 선택한다. 기차 내에 레스토랑이나 객차에 이동식 카트로 판매하는 음식을 구매할 수 있다.

비즈니스 Business

이코노미보다 조금 더 넓은 좌석을 제공하며 동부의 코리더에서 선택할 수 있다. 기차역의 라운지를 이용할 수 있고 우선 탑승권이 주어진다. 기차를 타면 와인과 함께 현지 재료로 만든 식사가 제공되고 맥주나 음료를 제공하는 바 서비스도 무료로 이용할 수 있다.

슬리퍼 플러스 Sleeper Plus & 1~3인실 Cabin

캐나디언, 디 오션, 어드벤처(위니펙~처칠)에서 제공되는 침대 좌석이다. 낮에는 의자, 밤에는 침대로 상황에 맞게 변경할 수 있어 편리하다. 벌스Berth의 경우 오픈 형태로 6명 정도가 한 공간을 이용하는데, 승객이 지나다닐 수 있는 복도에 있어 커튼으로 공간을 분리할 수 있다. 로워 벌스Lower Berth는 아래 침대, 어퍼 벌스Upper Berth는 위 침대를 이용하는 것을 뜻한다. 상위 등급인 캐빈Cabin은 1인실Cabin for 1부터 3인실Cabin for 3까지 있으며 단독으로 분리된 공간으로 내부에 세면대와 변기가 마련되어 있다. 슬리퍼 클래스부터 샤워실을 이용할 수 있으며 탑승하는 동안 식사가 모두 포함되어 있다. 또한 웰컴 와인과 식당 칸의 스낵 그리고 천장이 유리 돔으로 되어 있는 파노라마 객차도 이용할 수 있어 기차 내에서 편하게 보낼 수 있다.

프레스티지 Prestige

캐나디언 라인에서 제공되는 럭셔리 클래스 좌석으로 우선 탑승권, 개인 컨시어지, 객실 내부의 샤워실과 TV, 더블 사이즈의 큰 침대 등 차별화된 서비스를 제공한다. 실내는 모두 가죽으로 고급스럽게 인테리어되어 있고 프레스티지 클래스만 이용할 수 있는 전용 라운지와 파노라마 객실의 전용 좌석 등 특별하고 세심한 서비스를 받을 수 있다.

> ### 투어링 Touring
>
> 재스퍼에서 프린스 루퍼트 구간에 여름 시즌 한정적으로 운행하는 클래스다. 천장까지 탁 트인 파노라마 객차 안에서 태평양 북부 자연의 아름다운 경치를 감상할 수 있다. 식사가 포함되어 있으며 음료는 별도 비용으로 구매할 수 있다.

비아레일 탑승기

DAY 1

1 밴쿠버 퍼시픽 센트럴역

2 큰 짐은 부치고 기차에는 작은 짐만 핸드캐리 가능

3 객실

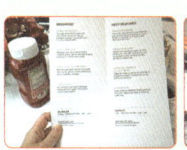 

4 저녁이면 침대로 변신하는 캐빈

5 간단하게 먹을 수 있도록 준비된 간식

6 아침 식사

9 커피와 티

8 아래층의 휴식 공간

7 돔 칸에서 경치 감상

10 점심 식사

11 따뜻한 수프로 시작

12 점심은 연어 샐러드

13 디저트로 아이스크림

©Rocky Mountaineer

GETTING STARTED
CANADA

BBC 선정
'세계 3대 럭셔리 풍경 열차'
로키마운티니어
Rocky Mountaineer

©Rocky Mountaineer

매년 4월부터 10월까지 단 6개월만 운행하는 럭셔리 열차로 밴쿠버에서 재스퍼, 밴프, 레이크 루이스를 오가며 로키의 절경을 생동감 있게 보여준다. 원래도 평균 시속 55km로 느리게 운행하지만 야생동물이나 로키산맥의 아름다운 풍경이 나타나면 20~30km로 속도를 낮춰 경치를 충분히 즐길 수 있도록 한다. 관광객들은 이른 아침에 출발하는 열차를 탄 후 해가 떠있는 동안 아름다운 풍경을 감상하고 해가 질 무렵 호텔에 투숙한다. 탑승 시간 내내 끊임없이 음료와 간식이 제공되며, 셰프가 조리한 품격 있는 식사는 물론 객차 시설과 승무원의 서비스는 세계적인 수준으로 평가받고 있다.

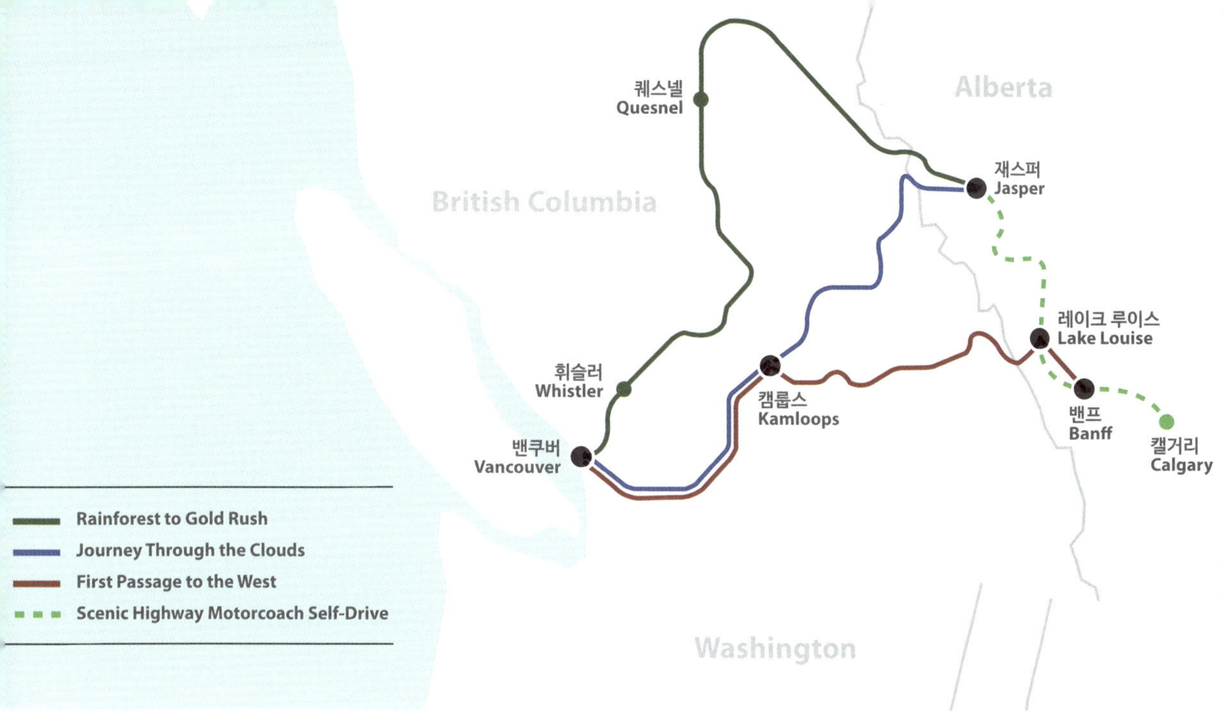

퀘스넬
Quesnel
Alberta
재스퍼
Jasper
British Columbia
레이크 루이스
Lake Louise
휘슬러
Whistler
캠룹스
Kamloops
밴프
Banff
밴쿠버
Vancouver
캘거리
Calgary
Rainforest to Gold Rush
Journey Through the Clouds
First Passage to the West
Scenic Highway Motorcoach Self-Drive
Washington

Journey through the Clouds (1박 2일)

캐나다 로키의 심장부인 재스퍼 국립공원까지 이어진 노선이다. 프레이저 밸리의 비옥한 농장과 헬스 게이트를 지나고 좁아지는 협곡을 따라 달리며 톰슨 리버, 피라미드 폭포, 옐로헤드 패스를 지나 롭슨 산이 눈앞에 펼쳐지는 절경을 즐기다 보면 재스퍼 국립공원에 도착한다.

CAD 실버리프 CAD 2160~2600, 골드리프 CAD 2900~3580

First Passage to the West (1박 2일)

역사적인 캐나다 횡단 열차의 선로를 따라 달리는 노선. 스파이럴 터널과 키킹 호스 패스, 컨티넨탈 디바이드를 가로질러 웅장한 협곡을 달린 후 레이크 루이스 또는 밴프에 도착한다. 캐나다 횡단 철도의 역사적인 명소들을 관광할 수 있다.

CAD 실버리프 CAD 2150~2600, 골드리프 CAD 2900~3580

Rainforest to Gold Rush (2박 3일)

밴쿠버에서 휘슬러로 이어지는 노스밴쿠버의 코스트 마운틴과 하우 해협을 지나 휘슬러에 도착한다. 휘슬러에서 1박 후 안델슨 호수, 시톤 호수 등 밀키 그린 색의 매력적인 호수를 볼 수 있다. 열차는 골드러시 시대의 중심지였던 퀘스넬을 지나 프레이저 캐년, 롭슨 산, 옐로헤드 패스의 절경을 차례로 감상하며 재스퍼 국립공원에 도착한다.

CAD 골드리프 CAD 4630~4730

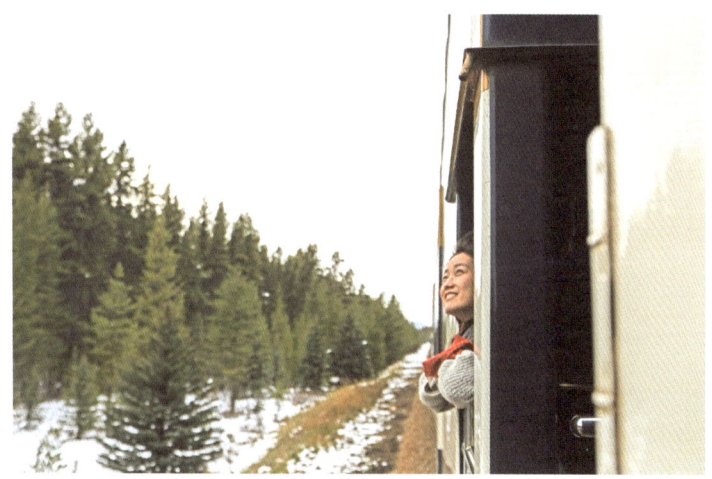

로키마운티니어 객실

실버리프 SilverLeaf

- 단층 객차와 넓은 사이즈로 시원하게 뚫린 창문
- 객실에서 식사(간단한 애피타이저와 본식), 음료, 스낵 서비스
- 열차 패키지 이용 시 국립공원의 클래식 로지 숙박

골드리프 GoldLeaf

- 객실과 다이닝 룸을 구분한 2층 객차
- 천장까지 유리로 되어 있는 돔 형태의 2층 객실
- 파노라믹 뷰 1층 다이닝 룸에서 식사, 음료, 스낵 서비스
- 열차 패키지 이용 시 프리미엄급 호텔 숙박(페어몬트 호텔급)

로키마운티니어 패키지 상품

로키마운티니어 프로그램과 캐내디언 로키의 곳곳을 여행할 수 있는 투어 및 호텔이 결합된 패키지 상품. 기차로는 가볼 수 없는 컬럼비아 대빙원 투어와 요호 국립공원의 아름다운 호수 관광, 밴프의 곤돌라, 재스퍼의 멀린 크루즈 등 캐내디언 로키의 머스트 플레이스를 방문하는 투어가 포함된다. 또한 레이크 루이스 호수 앞의 페어몬트 호텔에서 꿈 같은 하룻밤, 국립공원의 클래식한 로지나 프리미엄 호텔을 포함해 로키 여행의 품격을 높여주는 프로그램이다. 상품은 4박 5일부터 14박 이상의 장기 일정까지 매우 다양하며 장기 일정은 알래스카 크루즈와 결합되어 있거나 캐내디언 로키를 한 바퀴 돌아 다시 밴쿠버로 향하는 Circle Journeys 일정이다.

추천 패키지 일정 및 비용

Journey through the Clouds Discovery Banff (8박9일)
일정 밴쿠버 - 캠룹스 - 재스퍼 - 레이크루이스 - 밴프 - 캘거리
CAD 실버리프 CAD 4340~5000, 골드리프 CAD 6830~7160
📷 아이스필드 파크웨이 드라이브, 컬럼비아 대빙원 설상차 투어, 레이크 루이스 페어몬트 호텔 숙박, 요호 국립공원 호수 투어, 밴프 자유시간 등 필수 관광 모두 포함

First Passage to the West Excursion Lake Louise (6박7일)
일정 밴쿠버 - 캠룹스 - 레이크 루이스 - 밴프 - 캘거리
CAD 실버리프 CAD 3650~4890, 골드리프 CAD 5300~5970
📷 레이크 루이스 페어몬트 호텔 숙박, 요호 국립공원 호수 투어, 밴프 곤돌라, 밴프 자유시간 등 포함

로키마운티니어 예약

로키마운티니어는 4월부터 10월까지 한정 기간에만 운행하며 좌석도 제한적이기 때문에 대부분의 탑승객이 1년 전부터 예약한다. 요금 할인은 없지만 조기 예약 고객에게는 크레딧을 제공하는 프로모션을 매년 실행하고 있다. 크레딧으로는 호텔을 업그레이드하거나 도시에서 투어 및 픽업 서비스 등을 추가로 이용할 수 있다. 여름 성수기가 가장 가격이 높으며 로키의 단풍과 겨울의 설경을 모두 감상할 수 있는 9월 말의 예약률도 높은 편이다.

Tip | 로키마운티니어는 사이트 예약과 여행사 예약에 요금 차이가 없다. 가격이 높은 만큼 상담이나 예약 대행이 가능한 여행사를 이용하는 편을 추천한다.
로키마운티니어 www.rockymountaineer.com   샬레트래블앤라이프 www.chalettravel.kr

로키마운티니어 탑승기

 DAY 1

1 호텔 프런트에서 보딩

2 전용 버스로 기차역 이동

3 로키마운티니어 전용 역

4 기차에서 아침 식사

5 도중에 만나는 아름다운 풍경

7 3코스 점심 식사

6 술과 안주 서비스

8 기차 안에서 호텔 체크인

9 역에 도착하면 기차 앞에서 서 있는 전용 버스

10 미리 룸에 도착해 있는 가방

DAY 2

1 이른 아침 출발과 함께

2 아침 식사

3 창밖 풍경 감상

6 방금 나타났던 곰 사진

5 바로 나타난 야생동물

4 창밖으로 보이는 야생동물 안내문

7 멋진 풍경 감상

8 로키에 다가가는 중, 와인으로 축배

11 기차 여행 끝

10 스태프들의 인사 카드

9 손을 흔들어 환송해주는 역무원들

GETTING STARTED
CANADA

경이로운 자연의 속살을 찾아서, 캐나다 로드 트립

1

시 투 스카이 하이웨이
Sea to Sky Highway

노스밴쿠버부터 휘슬러까지 남북으로 이어진 99번 도로는 좌우로 펼쳐진 하우 해협과 코스트 마운틴의 풍경이 경외심을 불러일으켜, 바다에서 하늘로 가는 도로라는 이름이 붙여졌다.

🔍 097Page

2

퍼시픽림 하이웨이
Pacific Rim Highway

밴쿠버 섬의 동쪽 해안 마을 팍스빌부터 산맥을 가로질러 우클루렛과 토피노까지 이어진 도로. 캐나다에서 가장 큰 더글라스 나무숲을 관광하며 울창한 숲길을 달리는 독특한 경험을 할 수 있다.

3

보우 밸리 파크웨이
Bow Valley Parkway

밴프부터 레이크 루이스까지 이어진 자연적인 도로 보우 밸리 파크웨이는 밴프 국립공원의 아름다운 풍경을 만끽할 수 있고, 울타리가 없어 시시때때로 나타나는 야생동물을 만날 수 있는 매력적인 드라이브 코스다.

148 Page

4

아이스필드 파크웨이
Icefield Parkway

재스퍼부터 레이크 루이스까지 이어진 아이스필드 파크웨이는 세계에서 가장 아름다운 드라이브 코스다. 깎아지른 바위를 타고 흐르는 폭포, 광활한 계곡, 빙하수가 흐르는 에메랄드 빛 호수를 감상하며 드라이브를 즐길 수 있다.

🔍 173 Page

5

알래스카 하이웨이
Alaska Highway

유콘 준주를 가로질러 알래스카까지 이어지는 알래스카 하이웨이는 믿을 수 없는 규모의 평야와 거대한 산맥, 진정한 야생을 경험할 수 있는 최고의 도로다. 총 길이만 2400km에 이르기 때문에 전체 도로를 여행하기는 무리가 있으니 화이트호스부터 시작해 헤인즈 정션, 클루아니 국립공원, 클루아니 호수까지 하루 코스로 드라이브를 즐겨보자.

021

GETTING STARTED. CANADA

겨울 여행자를 위한 신비한 버블의 세계
아브라함 호수
Abraham Lake

아브라함 호수는 1972년에 빅호른 댐과 함께 만든 인공 호수인데, 겨울이면 아이스 버블이라 불리는 신비로운 자연현상 때문에 많은 관광객이 찾고 있다. 아이스 버블의 원인은 사실 그렇게 신비롭지 않은데, 호수에 살고 있는 미생물들이 배출한 메탄가스가 떠오르면서 하늘로 날아오르는 거품 모양 그대로 호수 표면에서 얼어버린 것이라고 한다. 12월 중순부터 2월 초까지가 깨끗한 얼음 속의 아이스 버블을 볼 수 있는 가장 좋은 시기다. 안전상의 이유로 전문 가이드가 동행하는 투어 프로그램을 이용해서 방문하는 것을 추천하며 투어 프로그램에 미끄럼 방지용 체인이 포함되어 있다.

📍 아이스필드 파크웨이의 사스카추완 리버 크로싱에서 데이비드 톰슨 하이웨이를 따라 가는 길에 만날 수 있다.

아이스 버블 투어

Pursuit Adventures 아브라함 호수와 주변의 폭포를 함께 하이킹하는 아이스 워크 프로그램이 인기다. 앨버타 레드디어 지역의 업체로 이곳에서 투어를 시작하거나 레이크 루이스에서 유료 픽업 서비스를 이용할 수도 있다.
CAD 성인 CAD 85~340 (4인일 경우 1인 CAD 85, 1인일 경우 CAD 340)
@ nordeggadventures.ca/tours/winter/abraham-lake-ice-walks/

Rockies Heli Canada 헬기로 로키산맥의 설산을 감상하고 아브라함 호수에 랜딩해 꽁꽁 언 호수 위를 걸어보는 프로그램을 이용할 수 있다. 하늘 위에서 내려다보는 아름다운 로키산맥을 볼 수 있어 인기다.
CAD 성인 CAD 399~ (최소 2인 진행 가능) 헬기투어 앞좌석으로 개런티 원할 경우 CAD 49 추가비용 발생
@ www.rockiesheli.com/winter-adventures

©Paul Zizka

GETTING STARTED
CANADA

전 세계 북극곰의 수도
처칠에서 북극곰 만나기

Polar Bear Capital of the World

전 세계 최대의 북극곰 서식지로 알려진 캐나다 동북부 허드슨만 기슭에 자리한 인구 800명 정도의 작은 마을인 처칠Churchill은 야생에서 북극곰을 관찰할 수 있는 최고의 명소다. 여름이 지나고 겨울이 되기 전 얼음이 서서히 얼기 시작하면 북극곰들은 사냥을 위해 활발하게 활동하는데, 이때가 곰을 만날 수 있는 최적기로 10월과 11월에 한정된다. 물론 여름에도 북극곰을 관찰할 수 있지만 대부분 해안에서 휴식을 취하거나 낮잠을 자고 있어 관찰 확률이 낮으니 곰을 만나려면 시기를 맞추는 편이 좋다. 위험한 투어인 만큼 가이드와 함께 하는 투어 프로그램을 이용하는데, 이 투어 프로그램에는 사람 몸보다 훨씬 큰 바퀴와 높은 차체를 갖추고 있어 북극곰으로부터 관광객을 보호할 수 있도록 특수 제작된 툰드라 버기Tundra Buggy가 이용된다. 안전한 만큼 북극곰에게 최대한 가깝게 다가갈 수 있는 기동력도 있으며 툰드라 지형의 눈과 얼음 위를 부드럽게 다닐 수 있어 곰 관찰에는 최적이다.

📍 어디에서도 경험해보지 못할 특별한 경험이 가능한 만큼, 접근하기가 매우 힘든 곳이다. 마니토바 주에서도 가장 위쪽에 있으며 주변 지형과 날씨의 영향으로 잘 닦인 도로가 발달하기 어렵기 때문에 차로 이동하는 것은 불가능하다. 마니토바 주 위니펙까지 가서 비아레일 또는 항공을 이용하면 된다.

비아레일 위니펙에서 화요일과 일요일에 출발하는 비아레일을 이용. 처칠에는 기차 탑승 2일 후 아침에 도착한다. 비용은 이코노미 좌석의 경우 이코노미 CAD 240~370, 슬리퍼 CAD 340~630, 캐빈 CAD 510~1550

항공 위니펙에서 처칠까지 항공으로 약 2시간30분이 소요되고 하루에 1편 오전 7시에 출발한다. 편도 비용은 약 CAD 890~1450이며 예약이 늦어지면 항공 좌석을 구하기 어려울 수 있다는 사실을 기억하자.

Calm Air www.calmair.com

북극곰 관찰 투어

북극곰 관찰 투어의 패키지 프로그램은 위니펙에서 출발해 다시 위니펙으로 돌아오는 일정이다. 짧게는 3박 4일, 길게는 9~10박까지 다양하다. 구성된 일정에 따라 포함 내역은 천차만별이지만 기본적으로 위니펙~처칠 간 항공권, 호텔, 식사, 전문 가이드, 툰드라 버기 투어가 포함된다. 버기투어가 2회 포함된 4박5일 프로그램 비용은 약 CAD 5190~이며 툰드라 버기 차량을 숙박 시설로 만들어놓은 버기 로지에서 숙박하는 프로그램도 있다. 툰드라지대 한가운데 만들어진 숙소에서 하룻밤 자고 아침에 눈을 뜨면 창문 너머로 지나다니는 야생동물을 볼 수 있다. 툰드라 버기 롯지에서 숙박하는 6박7일 일정은 약 CAD 7390~. 처칠에서 하루만 툰드라 버기 투어에 참여할 수도 있다. 데이 투어의 금액은 1인당 CAD 550부터.

투어 업체

Frontiers North frontiersnorth.com
Wildlife Adventures www.wildlifeadventures.com
Canada Polar Bears www.canadapolarbears.com

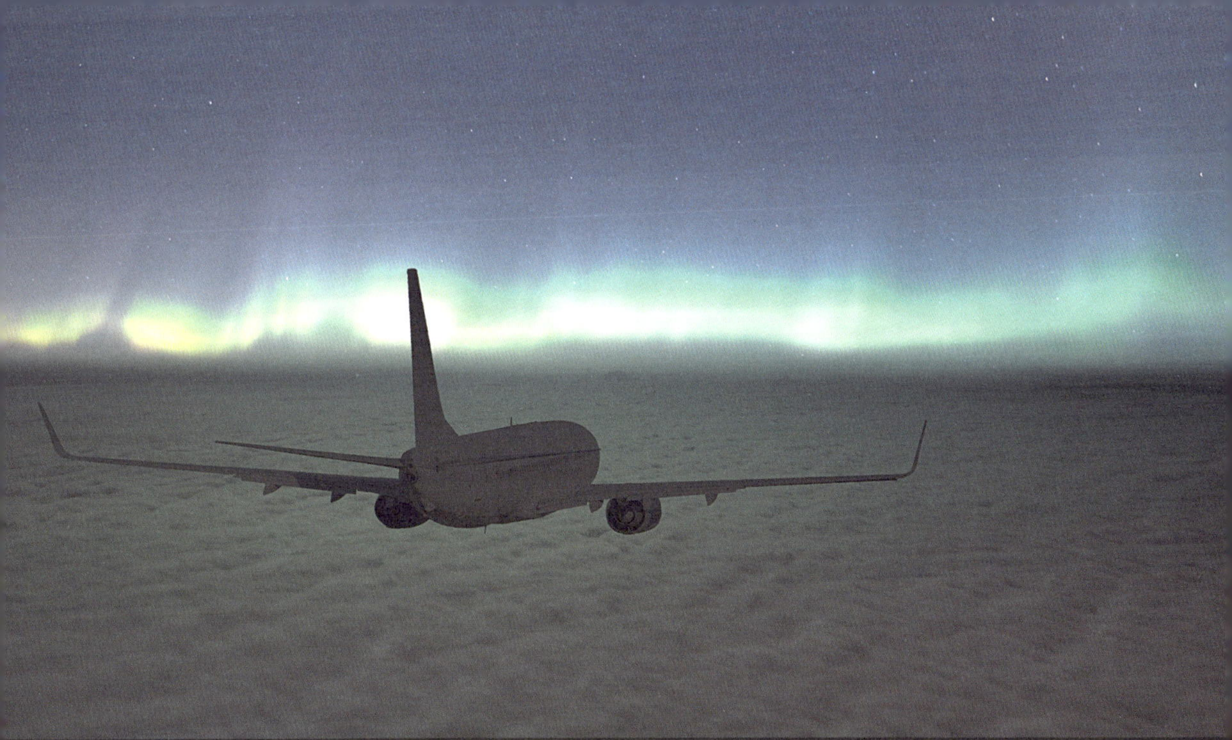

GETTING STARTED
CANADA

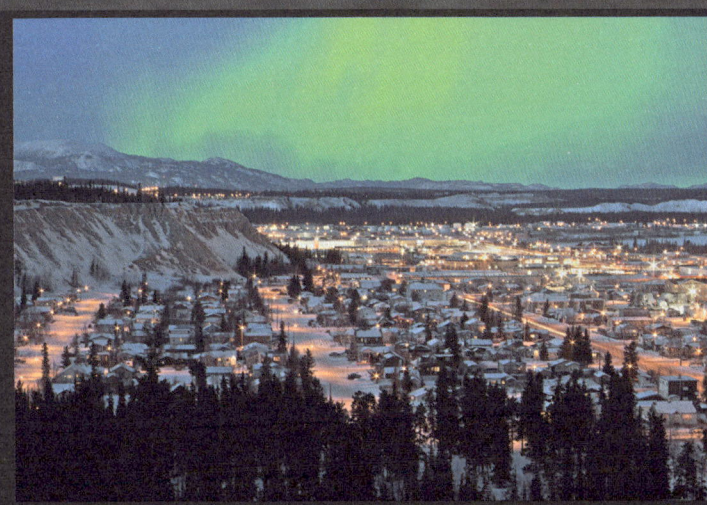

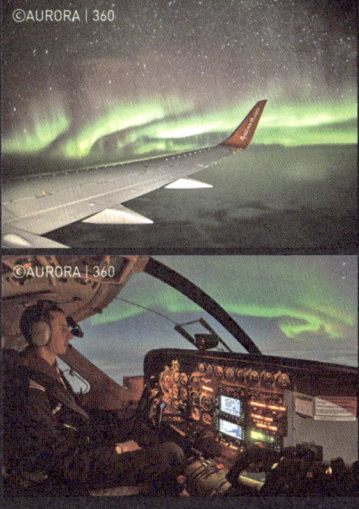

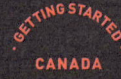

구름 위에서 바라보는 오로라,

유콘 오로라 뷰잉

Aurora360

매해 겨울 유콘의 화이트호스에서는 오로라를 보기 위한 특별한 전세기가 띄워진다. 전 세계에서 유일한 오로라 항공 프로그램으로 단 70명에게만 제공하는 희귀한 경험이다. 오로라 지수가 가장 높을 것으로 예상되는 날짜에 해발 1만 972m², 시간당 804km 이상의 속도로 전문가들이 결정한 최적의 항로를 따라 오로라를 찾아 나선다. 따뜻한 비행기 내부에서 오로라를 관찰하기 때문에 추운 곳에서 기다릴 필요도 없으며, 이리저리 오로라를 찾아 차에서 내렸다 탔다 반복하는 수고스러움도 없다. 화려한 수상 경력을 자랑하는 전문 포토그래퍼가 동행해 직접 눈으로 담은 오로라 모습을 멋진 사진으로 남겨주어 평생 간직할 수 있다. Aurora360 프로그램에는 4박의 숙박, 일정 동안의 식사 및 투어가 포함되어 있다. 일생에 단 한 번, 가장 특별한 경험에 도전해보자.

@ aurora-360.ca

GETTING STARTED · CANADA

캐나다의 맛! 기억해야 할 8가지 음식

1

스테이크 Steak

광활한 평야, 깨끗한 공기와 물, 좋은 환경에서 키워진 앨버타 소고기는 캐나다 여행 중 꼭 맛봐야 할 음식이다. 등급 평가 기준도 까다로워 트리플 평가를 받은 스테이크라면 안심하고 맛보자.

2

시푸드 Seafood

BC 주는 바다와 맞닿아 있어 해산물 식재료가 풍부하며 재료 본연의 맛을 살린 조리법으로 유명하다. 랍스터로 유명한 동부의 할리팩스는 질 좋은 랍스터를 저렴한 비용에 맛볼 수 있으며, 맥도날드에까지 랍스터 메뉴가 있을 정도다.

3

스모크드 미트 샌드위치 Smoked Meat Sandwich

향신료가 첨가된 훈제 소고기를 얇게 썰어 머스터드를 바른 호밀 빵에 겹겹이 쌓아 올린 스모크드 미트 샌드위치는 몬트리올의 대표적인 음식이다. 다양한 형태의 스모크드 미트 샌드위치를 맛보자.

4

푸틴 Poutine

바삭한 감자튀김에 그레이비 소스와 치즈를 듬뿍 얹은 푸틴은 중독성이 있어 한번 빠져들면 손을 뗄 수 없다. 퀘벡 주에서 시작된 음식이지만 캐나다 대부분의 패스트푸드점에서 판매할 정도로 인기다.

5

아이스 와인 Ice Wine

캐나다 온타리오 주의 아이스 와인은 겨울철 얼어 있는 포도를 고압으로 압착한 후 단맛을 추출하는 제조 방법을 사용해 당도가 매우 높으며 퀄리티가 뛰어나다.

6

맥주 Beer

청정 자연환경과 깨끗한 물로 만들어진 캐나다 맥주는 높은 품질을 자랑하며, 도시마다 크고 작은 브루어리도 많이 발달해 다양한 맛의 맥주를 즐길 수 있다.

7

커피 Coffee

커피는 캐나다 국내에서 가장 많이 소비되는 음료 중 하나다. 캐나다의 가장 대중적인 브랜드인 팀 홀튼부터 유기농 커피만 사용하는 친환경 카페까지 다양한 종류의 커피를 즐길 수 있다.

8

시저 칵테일 Caeser Cocktail

캐나다의 국민 칵테일이다. 토마토 주스에 시저 믹스, 보드카, 핫 소스, 우스터 소스 등을 넣어 만들며 컵 테두리에는 소금을 바르고 셀러리를 꽂아 함께 제공된다. 레스토랑마다 다른 레시피로 제조하는 시저를 맛보는 것도 캐나다 여행의 재미다.

GETTING STARTED · CANADA

가격은 만만한!
맛은 반할 만한!
체인 레스토랑

Cactus Club Cafe 시푸드

캐나다 전역에 지점이 있는 캐주얼 레스토랑으로 밴쿠버에는 여러 지점이 있어, 길을 걷다 보면 어디에서든 쉽게 눈에 띈다. 특히 콜 하버 지점은 최고의 전망으로 유명하니 바다를 바라보며 식사를 즐기고 싶다면 콜하버 지점을 찾자. 파스타, 스테이크, 샐러드, 버거까지 다양한 메뉴가 있다.

CAD 애피타이저 CAD 18~26, 메인 CAD 25~34, 스테이크 CAD 34~83, 버거 & 샌드위치 CAD 19~24

Rodney's Oyster House 시푸드

신선한 굴 요리를 먹을 수 있는 해산물 레스토랑. 오픈 바에서는 신선한 굴을 손질해 플레이팅하는 모습이 눈에 띄고 수조에는 랍스터를 보관하고 있어 입구에 들어서면서부터 마치 해안가에 와 있는 느낌이다. 튀기거나 구워낸 다양한 굴 요리를 즐길 수 있다. 밴쿠버 시내에는 개스타운과 예일타운에 매장이 있다.

CAD 애피타이저 CAD 17~32, 메인 CAD 28~39, 오이스터 개당 CAD 시가

The Keg Steakhouse + Bar 스테이크

맛있는 스테이크를 맛볼 수 있는 스테이크 하우스다. 1971년 노스밴쿠버 지역에서 처음으로 문을 연 매장이 지금은 캐나다 주요 대도시와 미국까지 영역을 넓혔다. 프리미엄 립부터 등심, 필레미뇽, 뉴욕 스트립 스테이크 등 다양한 종류가 있어 입맛에 맞춰 주문하여 맛볼 수 있다. 소고기 스테이크와 랍스터가 주된 메뉴이지만 애피타이저와 디저트 종류도 높은 품질로 제공된다.

CAD 애피타이저 CAD 14~20, 스테이크 CAD 36~60

Hy's Steakhouse & Cocktail Bar 스테이크

1955년 첫 오픈한 스테이크 전문점으로 캐나다 전역에 여러 매장을 운영 중인 곳. 에피타이저로는 오이스터나 달팽이 요리 등 해산물 메뉴도 제공한다. 이곳의 하이라이트 메뉴는 60일간 숙성시킨 스테이크를 포함한 프라임 등급의 스테이크 메뉴다.

CAD 애피타이저 CAD 13~29, 스테이크 CAD 46~184

Famoso Neapolitan Pizzeria 이탤리언

이태리어로 유명하다는 뜻인 파모소 Famoso, 정통 이탈리아 스타일의 화덕 피자를 만드는 체인점이다. 밴쿠버를 비롯해 캐나다 대도시에 수많은 매장을 운영하고 있다. 나폴리 스타일의 피자와 자체적으로 개발한 20여 가지가 넘는 퓨전 스타일의 피자를 즐길 수 있다.

CAD 나폴리 스타일 피자 CAD 18.5~, 퓨전 스타일 피자 CAD 21~32

The Old Spaghetti Factory 이탤리언

편하게 방문할 수 있는 합리적인 가격대의 캐주얼 레스토랑이다. 파스타와 스테이크 등의 단품 메뉴에 식전 빵, 샐러드, 디저트가 포함된 코스 형태로 식사가 제공된다. 가게 외부는 매우 클래식한 분위기이고 내부는 마치 영국식 펍에 온 듯한 예스러운 분위기의 인테리어가 독특하다.

CAD 스파게티 CAD 18~22, 그릴 메뉴 CAD 23~27

La Taqueria 멕시칸

현지에서 공수해온 신선한 식재료와 전통 방식으로 만든 멕시칸 요리를 즐겨볼 수 있다. 타코, 퀘사디아, 브리또 등 다양한 종류가 있다. 이곳에서 가장 인기 있는 메뉴는 타코 콤보 메뉴다. 타코는 단품으로 1개만 선택할 수도 있지만 사이즈가 크지 않다. 콤보 메뉴는 고기, 생선, 채소 등 각기 다른 종류를 4개 선택해 맛볼 수 있다.

CAD 타코 CAD 6.5~ , 퀘사디아 CAD 8.75~, 브리또 CAD 14.75~

White Spot 패밀리 레스토랑

100년 가까이 운영하는 패밀리 레스토랑으로 이른 아침부터 밤늦게까지 운영하기 때문에 방문하기 편하다. 100% 캐나다산 소고기로 만든 버거가 인기인데 그중에서도 특히 유명한 전설의 트리플 오 버거 Triple 'O' Burger를 꼭 맛보도록 하자. 버거 외에도 파스타, 샌드위치, 피시앤칩스 등 메뉴가 다양하다.

CAD 버거 CAD 17~21.5, 스테이크 CAD 32~

A&W Canada 햄버거

캐나다를 여행하다 보면 전국 각지에서 만날 수 있는 햄버거 전문점이다. 패티가 1개 들어간 베이비 버거, 채소가 풍성하게 들어간 마마 버거, 채소는 적고 패티가 2개 들어간 파파 버거 등 햄버거 이름이 재미있다. 무알코올 음료인 루트 비어가 유명하니 햄버거와 함께 맛보자.

CAD 버거단품 CAD 2.8~10, 세트 CAD 7~14.5

Five Guys 햄버거

미국 동부의 유명한 햄버거 전문점인 Five Guys의 햄버거를 밴쿠버에서도 맛볼 수 있게 되었다. 주문 후 바로 구워내는 패티는 냉동 제품을 일절 사용하지 않아 신선함을 더한다. 버거 사이즈가 꽤 큰 편이니 양이 적은 사람은 리틀 사이즈를 주문하도록 하자. 버거를 주문할 때 소스와 채소를 선택할 수 있으며, 모두 넣고 싶다면 Everything을 선택하면 된다.

CAD 버거 CAD 7~10

Japa Dog 핫도그

작은 포장마차로 시작해 지금은 도쿄에도 진출할 예정인 현지 로컬에게 인기 있는 식당이다. 일본식 식재료로 만든 핫도그는 이색적이지만 먹어보면 인기가 납득이 갈 만큼 맛있다. 간단하게 간식으로 즐길 수 있으니 밴쿠버에 방문한다면 한 번은 맛보도록 하자.

CAD CAD 8.7~16.1

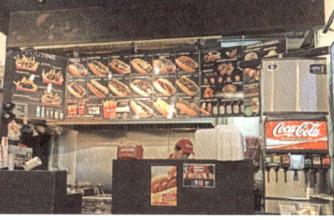

· GETTING STARTED ·
CANADA

커피 한 잔에 기댈 시간, 맛 좋은 체인 카페

밴쿠버 커피

커피로 유명한 시애틀에서 가까워 오래전부터 커피 문화가 깊이 배어 있는 곳이다. 캐나다발 체인으로 유명한 Blenz Coffee. 도넛이 세일즈 포인트인 Tim Hortons은 캐나다 내 카페 점유율이 스타벅스 다음으로 2위를 자랑한다. 밴쿠버 타운 정보지에서 '베스트 커피숍 체인'을 수상한 JJ Bean의 커피도 꼭 한번 맛보자.

Tim Hortons

1964년 온타리오 주에서 시작한 커피 전문 체인점으로 캐나다 브랜드로서는 가장 크다. 커피와 도넛이 메인 메뉴이며 이외에도 샌드위치와 빵 종류가 다양하다. 커피는 슬러시 스타일의 아이스 캡Ice Capp이 인기이고 도넛은 메이플이 유명한 곳이니만큼 캐내디언 메이플Canadian Maple을 맛보자!

CAD 커피 CAD 2~5, 도넛 개당 CAD 1~2, 도넛 더즌 CAD 13.99

Blenz Coffee

1992년 밴쿠버 롭슨 스트리트 1호점으로 첫 오픈한 체인 카페. 지금은 BC 주 내에 64개 매장을 운영하고 있다. 노란색 머그컵이 상징이며 품질 좋은 원두로 만든 커피와 오가닉 티, 핫 초코, 과일 음료, 아이스 셰이크 칠로Chillo 메뉴가 대표적이다.

CAD 커피 CAD 2.5~6, 티 CAD 2.6~4.3

Trees Organic Coffee

공정 무역의 오가닉 커피와 뉴욕 스타일의 치즈 케이크 전문점. 수상 경력을 가진 홈메이드 스타일의 치즈 케이크는 라즈베리와 모카 등 모두 8종이 준비되어 있다. 매장 내에는 로스터 기계가 있어 원두 향이 가득해 기분이 절로 좋아지는 곳이다.

CAD 커피 CAD 3.4~6.2, 치즈케이크 CAD 9.25

JJ Bean

그랜빌 아일랜드의 퍼블릭 마켓에 첫 매장을 오픈한 이후 큰 인기를 끌며 지금은 캐나다 전역에 약 25개 매장을 가지고 있는 커피 전문점이다. 라테아트를 예쁘게 만들어주는 곳이니 라테와 함께 인기 메뉴인 아몬드 크루아상을 맛보자.

CAD 커피 CAD 3~5.5, 빵 CAD 3~4.25

49th Parallel Cafe & Lucky's Doughnuts

밴쿠버 베스트 카페로 선정되었던 커피와 도넛 전문점. 파스텔 톤의 모던한 매장 인테리어는 안락한 느낌을 준다. 약 15종류의 수제 도넛을 판매하며 달콤한 디저트와 어울리는 에티오피아 남부 지방의 산미가 강하지 않은 원두커피가 맛있다.

CAD 커피 CAD 3~6.5, 도넛 CAD 5

갖고 싶은 캐나다, 기념품 베스트 7

메이플
캐나다에서 제일 유명한 기념품인 메이플, 시럽은 물론 수많은 종류의 메이플 제품이 있다.

연어
훈제하거나 육포로 만든 캐나다산 연어를 포함해 다양한 형태로 가공된 제품을 구매할 수 있다.

와인
캐나다 내에서 대부분 소비되기 때문에 한국에서는 구매하기 어렵다. 캐나다에 방문했다면 꼭 구매해야 할 제품 중 하나!

육포
품질 좋은 캐나다 소고기로 만든 육포는 맛도 종류도 다양하며 맥주 안주로 제격!

맥주
도시마다 대표적인 양조장이 있을 정도로 맥주로 유명한 캐나다. 라거부터 에일까지 개성 있는 맛을 즐길 수 있다.

티
영국의 영향을 받아 차 문화가 발달한 캐나다에서 다양한 종류의 블렌드 티를 구매해보자.

커피
커피 소비량이 높아 다양한 종류의 원두를 판매한다. 유기농이나 메이플 향이 첨가된 커피도 있다.

어디에서 살까

Made in CANADA

캐나다의 혹독한 겨울 날씨와 자연환경 때문에 품질 좋은 아웃도어 제품이 많다. 디자인이 투박하지 않고 세련되어 일상생활에서도 편하게 입을 수 있기 때문에 인기가 좋다. 이뿐만 아니라 자체적으로 개발한 북미 스타일의 티와 천연 성분으로 만드는 자연주의 화장품 등 다양한 Made in Canada 제품을 추천한다.

Canada Goose
극한의 추위에도 견딜 수 있도록 만든 프리미엄 패딩 점퍼

Nobis
캐주얼과 정장 모두 잘 어울리는 스타일리시한 패딩 점퍼

Moose Knuckles
활동성이 좋으며 다양한 길이감과 디자인의 패딩을 판매하는 프리미엄 브랜드

Mackage
모자에 달려 있는 트렌디한 퍼가 포인트인 프리미엄 패딩

Sorel
방한 부츠 브랜드. 패셔너블한 부츠 구매 가능

Arc'teryx
프리미엄 아웃도어 브랜드로 고어텍스 방수 재킷이 유명

Lululemon
요가복을 비롯한 각종 기능성 스포츠 웨어 브랜드. 레깅스가 특히 인기

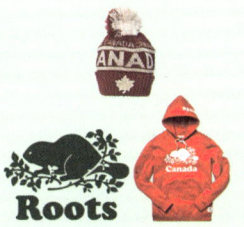

Roots
전 연령대를 아우르는 의류를 구매할 수 있는 곳

M.A.C
세계적인 메이크업 제품 브랜드. 립 제품이 유명

David's Tea
캐나다의 국민 티라고 불리는 브랜드. 100가지 이상의 다양한 티 제품을 갖추고 있다.

The Ordinary
화장품의 기초 성분 자체에 초점을 맞춘 스킨 케어 제품이 인기

Saje Natural Wellness
100% 천연 화장품 매장. 통증 완화와 안정에 좋은 아로마 테라피 제품이 인기

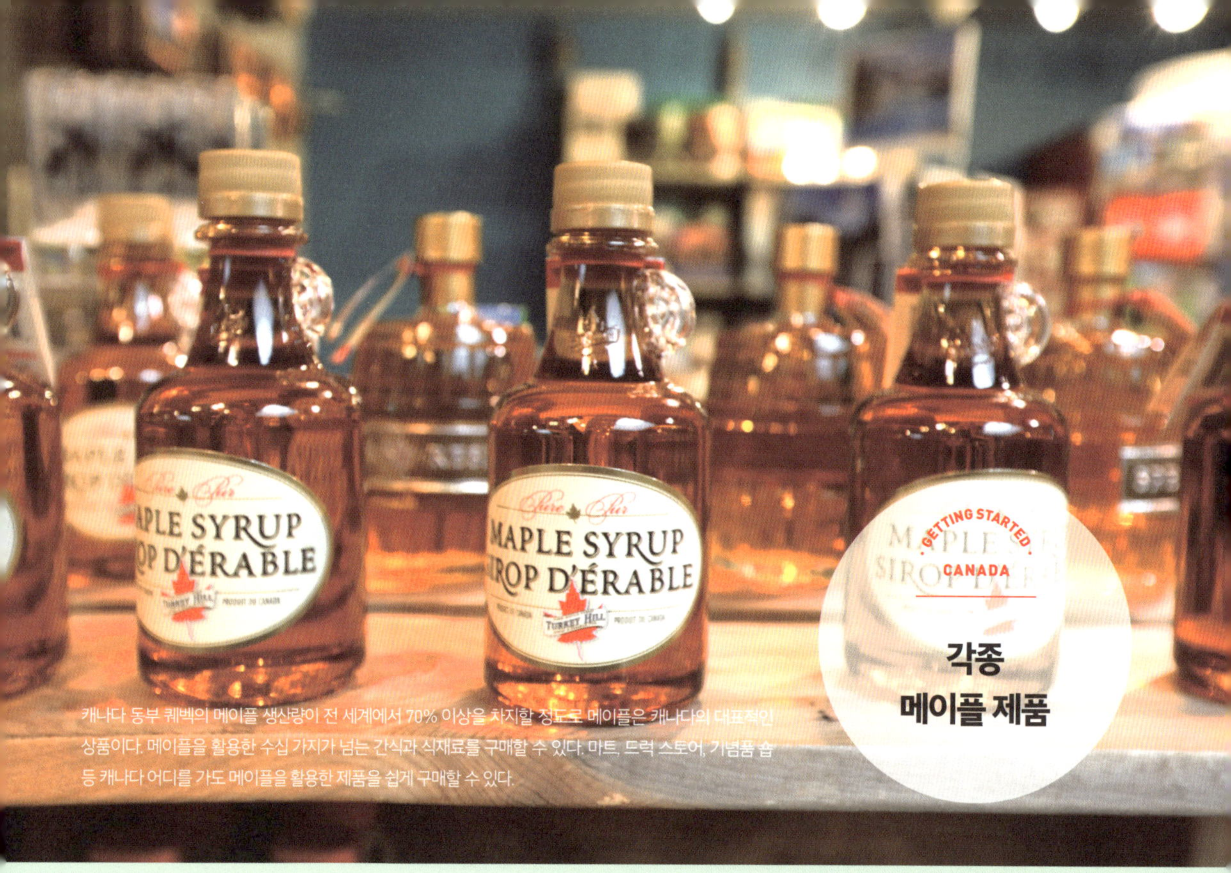

각종 메이플 제품

캐나다 동부 퀘벡의 메이플 생산량이 전 세계에서 70% 이상을 차지할 정도로 메이플은 캐나다의 대표적인 상품이다. 메이플을 활용한 수십 가지가 넘는 간식과 식재료를 구매할 수 있다. 마트, 드럭 스토어, 기념품 숍 등 캐나다 어디를 가도 메이플을 활용한 제품을 쉽게 구매할 수 있다.

메이플 크림 쿠키

바삭한 쿠키에 메이플 크림을 가득 넣어 만든 샌드

메이플 와플

얇은 와플 웨이퍼에 메이플 잼을 넣은 과자

메이플 티

메이플의 달달한 향과 함께 입안 가득 부드러운 맛이 퍼진다.

메이플 아이스 와인 티

아이스 와인의 포도 향을 가득 품은 홍차, 진한 맛을 즐기는 사람에게 추천

메이플 커피

메이플 향이 첨가된 원두커피

메이플 설탕

조리할 때 가미하면 은은한 캐러멜 향과 단맛을 낼 수 있다.

메이플 캐러멜

느끼함은 덜고 달콤함을 더한 캐러멜

메이플 사탕

메이플 시럽을 단풍나무 잎 모양으로 굳혀 만든 달콤한 사탕

메이플 아이스 와인 사탕

메이플 시럽과 아이스 와인의 맛이 첨가된 사탕

메이플 태피

메이플 시럽 원액을 얼려서 만든 사탕 종류 중 하나로, 메이플 사탕보다 더 달콤하다.

메이플 초콜릿

메이플의 달콤함이 추가된 초콜릿

메이플 크런치 초콜릿

메이플 초콜릿 사이사이 바삭한 크런치가 첨가되었다.

메이플 퍼지

메이플 시럽과 버터, 우유를 넣어 만들어 초콜릿보다 부드럽다. 깊은 단맛을 원한다면 추천

메이플 팝콘

달콤한 메이플 시럽이 코팅된 팝콘

메이플 아몬드

아몬드에 메이플 시럽을 코팅해 맥주 안주로 제격

메이플 연어

달콤하고 진한 메이플 시럽으로 글레이즈된 연어

메이플 스프레드

메이플 버터라고도 하며 크래커나 빵과 곁들이기 좋다.

메이플 머스터드

햄이나 그릴 요리에 곁들이기 좋은 달콤한 머스터드 소스

메이플 워터

필수영양소가 포함된 단풍나무 수액으로 만든 물. 달콤하면서도 낮은 칼로리

메이플 플레이크

메이플 시럽을 동결건조 방식으로 만든 플레이크. 요리할 때 넣으면 좋다.

쇼핑몰

Hudson Bay

캐나다를 대표하는 백화점으로 많은 브랜드가 입점해 있어 캐나다와 미국의 대표적인 제품들은 여기에서 손쉽게 찾을 수 있다. 허드슨 베이의 가장 하이라이트는 초록, 빨간, 노란색 컬러가 들어간 의류부터 생활용품까지 Hudson Bay가 자체 제작한 제품이다. 합리적인 가격에 디자인도 감각적이어서 기념품으로 구매하기 좋다.

Winners

프리미엄 패션 브랜드, 디자이너 제품, 생활용품 등의 다양한 제품을 정가보다 20~60% 할인된 가격에 구매할 수 있는 아웃렛이다. 시즌이 지난 제품이나 재고 상품을 판매하는 경우가 대부분이지만, 잘 고르면 크게 유행을 타지 않으면서 좋은 퀄리티의 제품을 구매할 수 있어 매력적이다.

맥아더글렌 디자이너 아웃렛
McArthurGlen Designer Outlet Vancouver

유럽 최대 규모의 럭셔리 아웃렛으로 미 대륙에는 캐나다 밴쿠버에 첫 매장을 오픈했다. 세계적인 명품 브랜드와 중저가의 스트리트 패션, 스포츠, 주방 용품 브랜드 등이 모두 입점해 있어 다양한 취향의 고객들이 만족스러운 쇼핑을 즐길 수 있을 뿐만 아니라 여러 개의 레스토랑과 카페가 있어 쇼핑 중에 얼마든지 재충전하며 휴식을 취할 수 있다. 한국어로 된 쇼핑 가이드가 있으며 홈페이지에서 입점 브랜드와 오픈 시간, 휴무일 등의 정보를 미리 확인해보고 가자.

TIP | 이 책에 있는 초대장을 게스트 서비스에 제시하면 일부 매장에서 추가적으로 10% 할인 혜택을 누릴 수 있다.

- 공항에서 스카이 트레인으로 2정거장 Templeton역 하차 후 도보 이동, 공항~Templeton 요금 무료
- 7899 Templeton Station Rd #1000
- 매일 10:00-20:00
- www.mcarthurglen.com/ko

당신이 원하는
즐거움이 있는 곳

최고의 디자이너 브랜드
최대 70% 할인

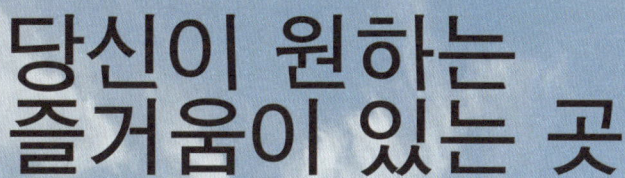

10% 추가 할인 쿠폰*

mcarthurglen.com
facebook.com/mgkorea

*해당 이미지를 아울렛 내 게스트 서비스에 제시하시고 추가 10% 할인쿠폰으로 교환하세요.
10% 추가 할인쿠폰은 일부 브랜드 및 할인 상품에 대해 추가 할인을 적용할 수 없습니다. (유효 기간 2025년 12월 31일까지)

캐나다 추천 여행 일정

추천 일정 1 유콘 여름 오로라와 로키 여행

Day 1
밴쿠버 경유, 캘거리 도착. 로키 셔틀로 밴프 이동 및 밴프 애비뉴 관광

Day 2
대중교통으로 밴프 곤돌라, 온천, 로키의 호수 관광

Day 3
밴프에서 출발하는 아이스필드 파크웨이 투어 참여, 투어를 마치고 캘거리로 이동

Day 4
국내선으로 화이트호스 이동, 렌터카로 알래스카 하이웨이 드라이브를 즐기며 헤인즈 정션으로 이동

추천 일정 2 비아레일과 캐내디언 로키, 밴쿠버 여행

Day 1
밴쿠버 도착, 다운타운으로 이동 및 밴쿠버 관광

Day 2
비아레일 탑승, 아름다운 경치를 보며 재스퍼로 이동

Day 3
재스퍼 도착, 스카이 트램 탑승 및 하이킹 등 재스퍼 관광, 늦은 밤 스타게이징 투어

Day 4
재스퍼에서 출발하는 로키 아이스필드 파크웨이 투어 참여, 투어를 마치고 레이크 루이스 도착

추천 일정 3 밴쿠버, 빅토리아와 로키 드라이빙 여행

Day 1
밴쿠버 도착, 렌터카로 시 투 스카이 하이웨이 드라이브 즐기기

Day 2
밴쿠버 관광

Day 3
페리로 빅토리아 이동, 빅토리아 관광

Day 4
웨일 와칭 투어 및 부차트 가든 방문, 국내선으로 캘거리 이동, 캘거리에서 렌터카로 밴프 이동

여름

Day 5

클루아니 경비행기 투어, 야생동물 보호구역 및 타키니 핫 스프링스 야외 온천 즐기기, 늦은 밤 오로라 뷰잉 투어

Day 6

알래스카를 연결하는 환상적인 전망의 화이트패스 & 유콘 루트 관광 열차 즐기기, 늦은 밤 오로라 헌팅 투어

Day 7

화이트호스 출발, 밴쿠버 경유

Day 8

인천공항 도착

Day 5

레이크 루이스 하이킹 및 모레인 호수 관광 후 밴프로 이동

Day 6

대중교통으로 밴프 곤돌라, 온천, 로키의 호수 관광, 로키 셔틀로 캘거리 이동, 아웃렛에서 쇼핑

Day 7

캘거리 출발, 밴쿠버 경유

Day 8

인천공항 도착

Day 5

아이스필드 파크웨이 드라이브를 즐기며 로키의 호수와 빙하, 폭포 관광

Day 6

보우 밸리 파크웨이 드라이브 및 밴프 곤돌라와 온천 등 관광, 캘거리로 이동, 렌터카 반납

Day 7

캘거리 출발, 밴쿠버 경유

Day 8

인천공항 도착

캐나다 추천 여행 일정

추천 일정 1 옐로나이프 겨울 오로라와 로키 여행

Day 1
밴쿠버 경유, 옐로나이프 도착, 오로라 뷰잉 투어

Day 2
옐로나이프 관광, 오로라 뷰잉 투어

Day 3
개썰매, 스노 모빌 등 겨울 액티비티, 오로라 헌팅 투어

Day 4
국내선으로 캘거리 이동, 로키 셔틀로 밴프 도착, 밴프 애비뉴 관광

추천 일정 2 유콘 겨울 오로라와 밴쿠버 여행

Day 1
밴쿠버 경유, 화이트호스 도착, 오로라 로지에서 오로라 즐기기

Day 2
개썰매 및 로지에서 스파와 다이닝, 오로라 로지에서 오로라 즐기기

Day 3
화이트호스 다운타운 호텔로 이동 후 시내 관광, 늦은 밤 오로라 뷰잉 투어

Day 4
야생동물 이클립스 노르딕 핫 스프링스 (구 타키니 핫 스프링스) 오로라 헌팅 투어

추천 일정 3 휘슬러 스키와 빅토리아, 시애틀 여행

Day 1
밴쿠버 도착, 버스로 휘슬러 이동, 스키 장비 렌트 및 빌리지 관광

Day 2
픽 투 픽 곤돌라와 스키 즐기기

Day 3
버스로 밴쿠버 이동, 시티 투어 버스로 밴쿠버 관광

Day 4
밴쿠버 하버에서 수상 비행기로 빅토리아 이동, 빅토리아 관광

겨울

Day 5

대중교통으로 밴프 곤돌라, 온천 등 밴프 관광

Day 6

로키 셔틀을 타고 레이크 루이스로 이동, 페어몬트 레이크 루이스 호텔에서 애프터눈 티 및 겨울 액티비티 즐기기

Day 7

로키 셔틀로 캘거리 이동, 아웃렛 쇼핑 및 캘거리 관광

Day 8

캘거리 출발, 밴쿠버 경유

Day 9

인천공항 도착

Day 5

국내선으로 밴쿠버 이동, 밴쿠버 관광

Day 6

그랜빌 아일랜드, 캐필라노 서스펜션 브리지 관광

Day 7

밴쿠버 출발

Day 8

인천공항 도착

Day 5

페어몬트 엠프레스 호텔 애프터눈 티를 즐기고 이너하버 산책, 페리를 타고 시애틀 이동

Day 6

시애틀 파이크 플레이스 마켓, 스타벅스 1호점 등 관광

Day 7

시애틀 출발

Day 8

인천공항 도착

CANADA

VANCOUVER

밴쿠버는 브리티시 컬럼비아 주의 서부 해안가에 위치한 항구도시로 태평양과 미대륙 동부를 연결해주는 다리 역할을 하며 주도인 빅토리아보다 더 큰 대도시로 성장했다. 캐나다에서 세 번째로 인구가 많으며 여자 축구 월드컵, 동계 올림픽을 비롯해 각종 국제적인 행사가 열린 대표 도시다. 밴쿠버 도심에서 북쪽으로 20~30분만 올라가면 하우 해협과 코스트 마운틴의 풍경이 펼쳐지는 천혜의 자연환경을 품은 다양한 매력이 존재한다.

밴쿠버 한눈에 보기

1 다운타운 Downtown
세계 각국의 음식을 맛볼 수 있는 레스토랑, 대형 쇼핑센터, 특급 호텔 등이 있어 밴쿠버 관광의 중심이다.

2 캐나다 플레이스 Canada Place
관광 안내소, 대형 크루즈 항구, 컨벤션 센터 등 밴쿠버의 주요 명소가 자리해 늘 여행자들로 북적거린다.

3 개스타운 Gastown
증기를 뿜어내는 시계와 멋스러운 길을 따라 늘어선 각종 상점을 둘러보며 밴쿠버의 다채로운 매력을 느낄 수 있다.

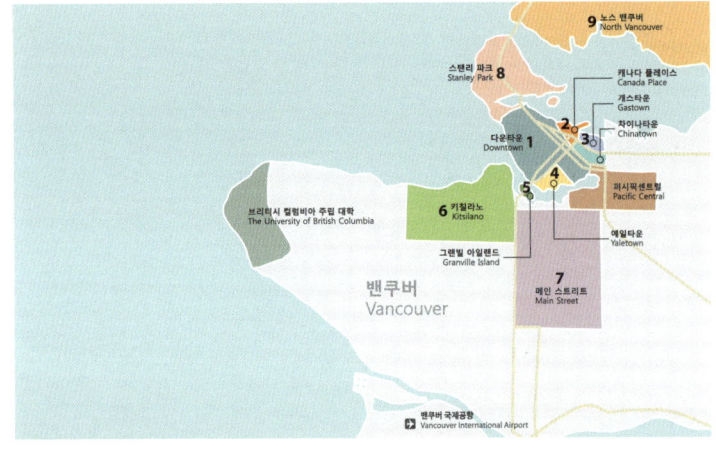

4 예일타운 Yaletown
과거 공장 지역이었던 곳으로 지금은 고층 아파트와 고급 레스토랑이 많아 트렌디함이 느껴지는 동네다.

6 키칠라노 Kitsilano
로컬 음식점, 해변 그리고 밴쿠버의 주요 박물관이 모여 있는 곳. 현지인처럼 밴쿠버를 즐겨보고 싶다면 키칠라노가 제격이다.

8 스탠리 파크 Stanley Park
복잡한 도심을 벗어나 밴쿠버 자연을 느끼며 휴식을 즐길 수 있다. 여유롭게 산책하거나 자전거를 타기에 좋다.

5 그랜빌 아일랜드 Granville Island
마켓에서 로컬 음식을 맛보고 거리 공연을 즐기며 밴쿠버 다운타운의 풍경을 마음껏 감상할 수 있는 뷰포인트가 있는 곳.

7 메인 스트리트 Main Street
예술가들이 모여들어 밴쿠버의 핫플레이스로 변모한 곳으로 감각적인 카페와 구제 숍, 벽화, 밴두센 식물원 등 볼거리가 가득하다.

9 노스 밴쿠버 North Vancouver
밴쿠버 다운타운을 마주하고 있는 곳으로 빌딩 숲에서 벗어나 여유를 느끼고, 드라이브 코스에서 코스트 마운틴의 빼어난 경관을 볼 수 있다.

◆ 대중교통을 이용한 밴쿠버 1일 관광 루트 ◆

❺ 개스타운 증기 시계 &
빈티지 숍 쇼핑

❻ 밴쿠버 룩아웃에서
야경 감상

❼ 해변의 해산물 레스토랑에서
저녁 식사

자전거로 공원
한 바퀴 돌아보기

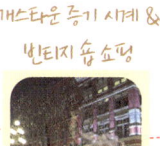

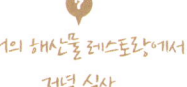

047

찾아가기

항공

밴쿠버 국제공항은 캐나다 서부에서 가장 규모가 크고 국제선과 국내선의 수많은 항공편이 드나드는 공항이다. 우리나라에서 밴쿠버까지 에어캐나다, 대한항공이 하루 1편씩 직항 스케줄을 운영하고 델타항공, 유나이티드항공 등 미국 경유 편을 이용할 수 있다. 직항은 약 9시간 50분, 경유는 약 15~16시간 소요된다. 또한 에어캐나다와 웨스트젯West Jet이 캐나다와 미국의 도시에서 밴쿠버로 오는 다양한 스케줄을 제공한다. 에어 노스Air North는 유콘의 화이트호스, 퍼시픽 코스탈 에어라인Pacific Coastal Airlines은 토피노와 포트 하디 등 BC 주의 작은 도시로 연결하며, 에어 트랜셋Air Transat, 플레어 에어Flair Air 등의 저비용 항공사도 있다. 미국 항공사를 이용해 로스앤젤레스, 샌디에이고, 뉴욕 등에서도 올 수 있다.

@ 에어 노스 www.flyairnorth.com | 퍼시픽 코스탈 www.pacificcoastal.com | 플레어 에어 flights.flyflair.com/en-ca/ | 에어 트랜셋 www.airtransat.com/en-CA/home

밴쿠버 국제공항에서 시내로

1 | 스카이 트레인 SkyTrain

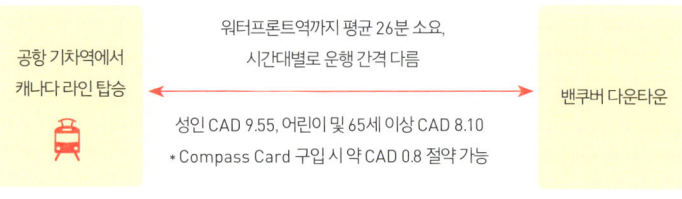

공항 기차역에서 캐나다 라인 탑승 ←→ 밴쿠버 다운타운

워터프론트역까지 평균 26분 소요, 시간대별로 운행 간격 다름

성인 CAD 9.55, 어린이 및 65세 이상 CAD 8.10
* Compass Card 구입 시 약 CAD 0.8 절약 가능

* 밴쿠버 시내에서도 대중교통을 이용할 계획이면 1일권(CAD16.25) 구매 추천

2 | 택시 Taxi

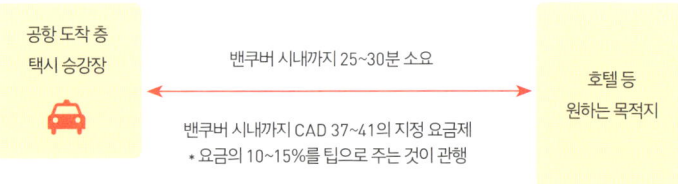

공항 도착 층 택시 승강장 ←→ 호텔 등 원하는 목적지

밴쿠버 시내까지 25~30분 소요

밴쿠버 시내까지 CAD 37~41의 지정 요금제
* 요금의 10~15%를 팁으로 주는 것이 관행

페리

BC Ferries

브리티시 컬럼비아의 가장 큰 페리 업체로 밴쿠버, 나나이모, 빅토리아를 비롯해 최북단의 포트하디 등 BC주 도시들을 포함한 47개 노선을 운항한다. 나나이모, 빅토리아 등의 주요 노선은 하루에 약 10편까지 스케줄이 있다. 주로 렌터카를 가지고 있는 여행객이 이용한다. 선박은 식당과 카페, 화장실 등 편의 시설이 잘 갖추어져 있고 차량을 실을 수 있는 정도의 크기다.

@ www.bcferries.com

Bc Ferries Connector

BC Ferries 항구와 시내 사이를 연결하는 셔틀로 항구까지 교통편과 페리를 한 번에 예약하고 이용할 수 있어 편리하다. 출발지 다운타운에서 버스를 타면 버스가 알아서 페리에 탑승한 후 목적지 항구에서 다운타운까지 이동한다.

CAD 밴쿠버 호텔 → 빅토리아 이너하버 CAD 102.24~(날짜별 상이)

@ bcfconnector.com

	홀슈베이	츠와쎈
밴쿠버에서 거리	차로 25~30분	차로 35~40분
목적지	나나이모 디파처베이 (1시간 40분)	빅토리아 스와츠베이 (1시간 35분) 나나이모 듀크 포인트 (2시간)
요금	CAD 19.45 (차량 1대 CAD 73.9)	CAD 19.20 (차량 1대 CAD 81.35)

기차

ⓒVIA Rail Canada

밴쿠버 시내에는 비아레일과 암트랙이 드나드는 퍼시픽 센트럴역과 로키마운티니어역 총 2개가 있다. 비아레일의 캐내디언 라인은 재스퍼, 에드먼턴, 위니펙, 토론토 등으로 연결되며 암트랙은 미국의 시애틀과 포틀랜드 등으로 연결된다. 로키마운티니어역에서 출발하는 노선은 종류가 다양하다. (자세한 내용은 014p 참고)
@ 비아레일 www.viarail.ca | 암트랙 www.amtrak.com

주요 도시~밴쿠버 간 기차 이동 시간 및 요금

비아레일 밴쿠버~재스퍼 19시간(CAD 170~4000), 밴쿠버~토론토 3박 4일(CAD 510~9900)
암트랙 밴쿠버~시애틀 4시간 30분(USD 33~105)

버스

1 | 에픽 라이드 Epic Ride, 휘슬러셔틀 Whistler Shuttle, 스카이링스 Skylynx

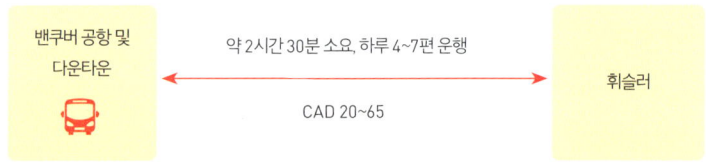

밴쿠버 공항 및 다운타운 ↔ 휘슬러
약 2시간 30분 소요, 하루 4~7편 운행
CAD 20~65

* **에픽 라이드** epicrides.ca | **휘슬러셔틀** www.whistlershuttle.com | **스카이링스** yvrskylynx.com

2 | 그레이하운드 Greyhound, 플릭스 버스 FlixBus, 퀵셔틀 Quickshuttle

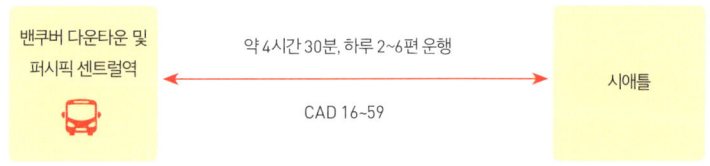

밴쿠버 다운타운 및 퍼시픽 센트럴역 ↔ 시애틀
약 4시간 30분, 하루 2~6편 운행
CAD 16~59

* 퀵셔틀은 밴쿠버 다운타운의 호텔 픽업으로 예약 가능
* **그레이하운드** www.greyhound.com | **플릭스 버스** www.flixbus.ca | **퀵셔틀** www.quickcoach.com

수상 비행기

브리티시 컬럼비아 주만의 독특한 교통수단. 밴쿠버를 비롯해 빅토리아, 나나이모, 토피노 등 바다와 인접한 도시들로 오갈 수 있는 수상 비행기는 페리나 버스보다 빨리 이동할 수 있고, 아름다운 자연경관을 내려다보며 이동하기 때문에 관광용으로도 인기다. 요금이 비싼 편이지만 미리 구매하면 낮은 요금으로 좌석을 얻을 수 있으니 빠른 예약을 추천.
@ 하버에어 www.harbourair.com | 켄모어에어 www.kenmoreair.com

주요 도시~밴쿠버 간 수상 비행기 이동 시간 및 요금

빅토리아 35분(CAD 160~356), **나나이모** 20분(CAD 80~146), **휘슬러** 45분(CAD 181~)
토피노 50분(CAD 186~406), **시애틀** 55분(CAD 199~388)

밴쿠버 시내 교통

밴쿠버 시내 교통은 스카이 트레인, 버스, 시버스, 미니 수상버스, 택시 등의 교통수단이 있다. 이 중 주요 관광지를 다닐 때 스카이 트레인, 버스, 시버스를 가장 많이 이용한다. 3가지 교통수단은 트랜스 링크Translink에서 종합적으로 운영하기 때문에 1개 티켓으로 사용할 수 있고 90분 이내에는 자유롭게 환승할 수 있다. 버스는 모두 1존 요금을 내지만 스카이 트레인은 구역Zoen에 따라 요금이 달라진다. 밴쿠버 다운타운, 키칠라노, 메인 스트리트까지 1존, 노스 밴쿠버와 공항까지 2존, 그 외 더 먼 지역은 3존이다.

- **충전식 카드**Compass Card : 한국의 티머니 같은 카드로 이용 시 일정 요금을 할인받을 수 있다. 존을 계산해서 티켓을 구매하지 않아도 되어 편리하다. 타고 내릴 때 카드를 찍으면 되고 버스의 경우 탈 때만 카드를 찍으면 된다. 카드 구매 시 CAD 6의 보증금이 필요하다. 사용한 후 스타디움-차이나타운역이나 워터프론트역의 서비스 센터에서 보증금 환불 가능.
- 티켓은 스카이 트레인역의 기계나 리테일 숍 (London Drugs, Seven Eleven, Rexall, Shoppers Drug Mart 등)에서 구매 가능.

@ www.translink.ca

종류	존	성인	어린이, 노약자
1회권 Compass Ticket / 현금	1	CAD 3.15	CAD 2.10
	2	CAD 4.55	CAD 3.10
	3	CAD 6.20	CAD 4.25
충전식 카드 Compass Card	1	CAD 2.55	CAD 2.10
	2	CAD 3.75	CAD 3.10
	3	CAD 4.80	CAD 4.25
1일권 Day Pass		CAD 11.25	CAD 8.85

Bus

밴쿠버 시내 곳곳을 다닐 수 있는 버스는 앞으로 타서 뒤로 내리는 형태로 내릴 때는 창가 쪽의 줄을 잡아당겨 하차 신호를 보내야 한다. 버스가 멈춘 후에는 뒷문을 손으로 밀어 열면 된다. 요금은 탑승 전 티켓을 구입하거나 탑승 후 기사 옆의 기계에 현금을 넣고 종이 티켓을 받으면 되는데, 종이 티켓은 버스로의 환승만 가능하다. 스카이 트레인이나 시버스로 환승할 예정이라면 1회권을 구입해야 환승할 수 있으니 기억해두자. 대부분의 버스에 기계가 설치되어 있으나 기계가 없는 경우 기사에게 직접 지불하고 티켓을 받아야 한다. 거스름돈을 주지 않으며 동전만 투입할 수 있으니 탑승 전 금액을 동전으로 준비하자.

버스 주요 노선

19번 펜더 스트리트 - 스탠리 파크(아쿠아리움) - 퍼시픽 센트럴 - 메인 스트리트
4번 그랜빌 스트리트 - 브리티시 컬럼비아 대학
7번 그랜빌 스트리트 - 키칠라노   **50번** 그랜빌 스트리트 - 그랜빌 아일랜드
236번 론즈데일 키 시버스역 - 캐필라노 서스펜션 브리지, 그라우스 마운틴

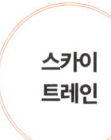

스카이 트레인

SkyTrain
우리나라의 지하철 같은 대중교통으로 다운타운과 밴쿠버 교외 지역으로 길게 뻗어나가는 노선을 운영한다. 총 3개 노선이 있으며 오전 5시 30분부터 새벽 1시까지 운행한다.

- **캐나다 라인** Canada Line : 밴쿠버 공항에서부터 다운타운의 워터프론트역까지 운행. 예일타운, 밴쿠버 시티 센터 등이 주요 역이다.
- **엑스포 라인** Expo Line : 다운타운의 워터프론트역에서부터 써레이까지 운행하는 장거리 노선. 버라드, 차이나타운, 메인 스트리트 등이 주요 역이다.
- **밀레니엄 라인** Millenium Line : 밴쿠버 시내와는 연결되어 있지 않으며 통근 열차와 연결되어 주로 시민들이 많이 이용한다.

시버스

SeaBus
다운타운 워터프론트역에서 노스 밴쿠버 론즈데일 키로 이동하는 수상 버스. 30분마다 1대씩 운항하며 노스 밴쿠버까지는 12분 정도 소요된다. 노스 밴쿠버로 연결된 다리는 트래픽이 잦은 구간이기 때문에 시버스를 이용하면 빨리 갈 수 있다. 단, 노스 밴쿠버는 2존에 해당되어 단 한 정거장을 가더라도 2존 요금을 지불하니 주의해야 한다.

택시

Taxi
다운타운 중심에서는 택시 정류장이나 택시를 어렵지 않게 찾을 수 있다. 기본 요금은 CAD 3.7, 1km 마다 CAD 2.28씩 추가된다. 택시가 잘 다니지 않는 늦은 시간이나 외곽에서는 콜택시를 불러야 한다.
Yellow Cab Co +1 604 681 1111 | **Vancouver Taxi** +1 604 871 1111

시티 투어 버스 Sightseeing Bus

밴쿠버의 주요 관광지를 도는 시티 투어 버스는 이용한 날짜에 무제한으로 버스를 타고 내릴 수 있는 홉-온, 홉-오프 Hop-on, Hop-off 방식이다. 버스는 오전 8시 45분부터 매시간 15분 간격으로 운행하며 마지막 버스는 오후 5시 15분에 출발한다. 1개의 루트로 진행되는데 다운타운의 주요 관광 포인트와 스탠리파크, 그랜빌 아일랜드를 전체적으로 돌아볼 수 있다. 이 버스만 잘 이용해도 대중교통으로 관광지를 찾아다니는 것보다 훨씬 더 편하게 관광을 즐길 수 있다. 티켓은 당일에도 구매할 수 있지만 온라인으로 구매하는 편이 좋다.

@ westcoastsightseeing.com
CAD 24시간 성인 CAD 65, 소아 CAD 33 / 48시간 성인 CAD 80, 소아 CAD 40

DOWNTOWN

여행자들의 거리
다운타운

다운타운은 밴쿠버의 교통, 경제, 관광의 중심이 되는 지역으로 북쪽으로는 스탠리 파크, 동쪽으로는 개스타운과 차이나타운, 남쪽으로는 예일타운과 그랜빌 아일랜드가 인접해 있어 이동하기 매우 편리하다. 다운타운에서 가장 번화한 거리인 롭슨 스트리트와 그랜빌 스트리트는 다국적 레스토랑과 고급 쇼핑센터, 금융 센터, 호텔 등이 자리하고 있다.

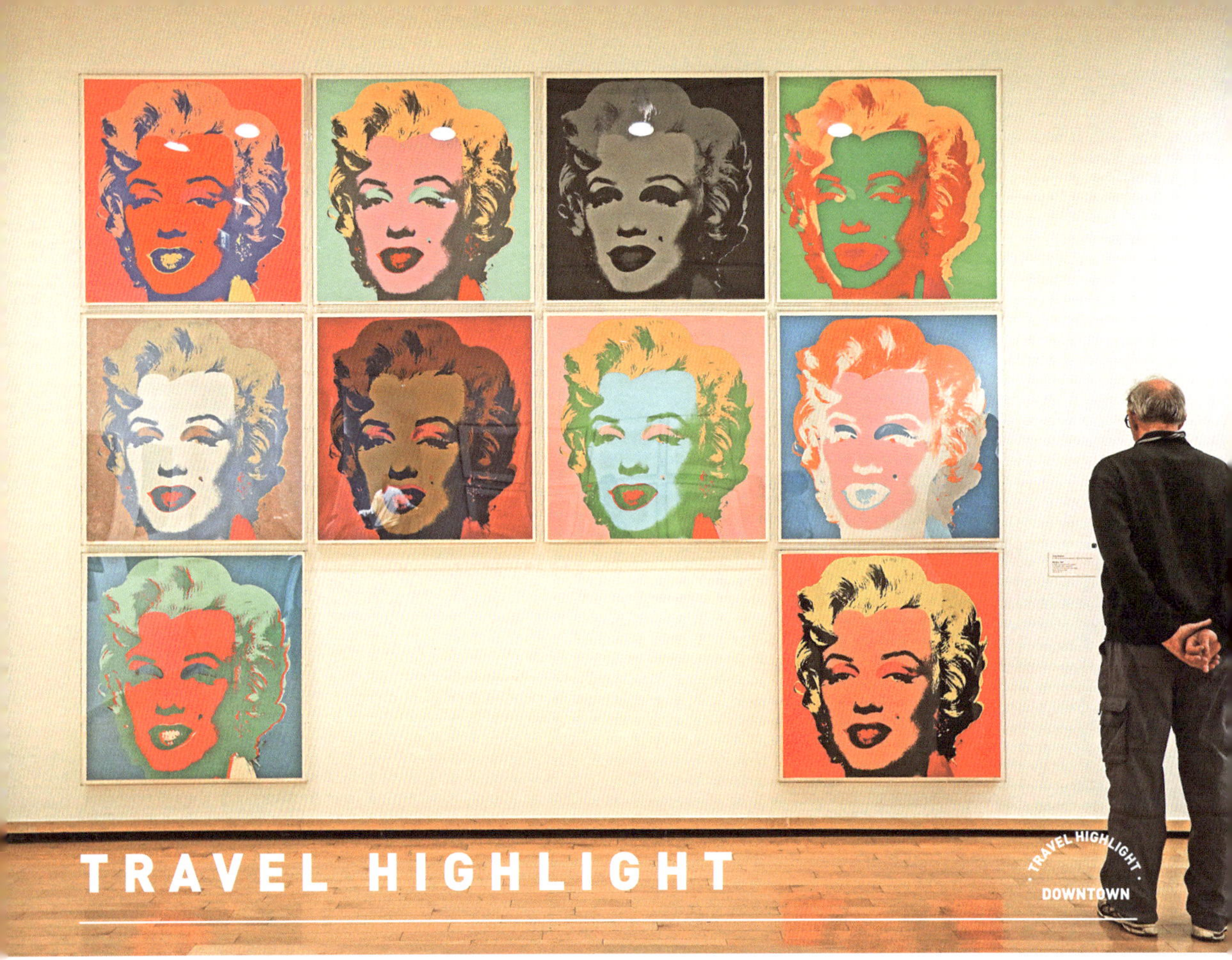
TRAVEL HIGHLIGHT
TRAVEL HIGHLIGHT
DOWNTOWN

밴쿠버 아트 갤러리 Vancouver Art Gallery

1931년에 설립된 밴쿠버 아트 갤러리는 북아메리카 최고의 예술 기관으로 인정받는 곳이다. 에밀리 카Emily Carr, 그룹 오브 세븐The Group of Seven, 제프 월Jeff Wall, 해리 칼라한Harry Callahan, 마크 샤갈Marc Chagall 등 유명한 작가들의 작품을 포함해 약 1만 1000점을 소장하고 있다. 혁신적인 전시장에 국제 역사와 현대 예술, 시각 디자인, 사진, 건축 등 다양한 영역에 관심을 가지고 전시를 진행한다. 아이디어 제품을 판매하는 기념품 숍과 아름다운 노천 카페도 갖추고 있다.

- 스카이 트레인 시티 센터City Centre역에서 도보 3분
- 토~월요일 수요일 10:00-17:00, 목~금요일 10:00-20:00, 매주 화요일 휴무
- CAD 성인 CAD 29, 18세 미만 무료, 매월 첫째주 금요일 16:00-20:00 입장료 무료

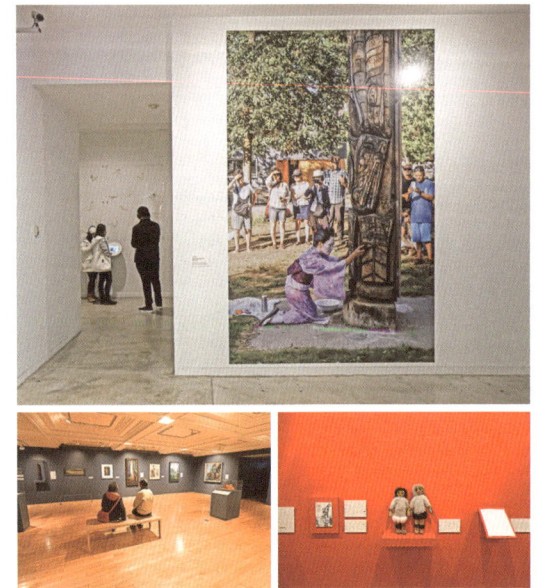

밴쿠버 룩아웃 Vancouver Lookout

밴쿠버 다운타운의 랜드마크 중 하나인 하버센터에는 탁 트인 밴쿠버의 풍경을 감상할 수 있는 전망대가 자리한다. 엘리베이터로 단 40초 만에 전망대에 도착하며 파노라마 전망대에서는 개스타운, 다운타운, 노스 밴쿠버, 스탠리 파크까지 조망할 수 있다. 전망대 위층에는 회전 레스토랑 탑 오브 밴쿠버Top of Vancouver가 있다. 밴쿠버에서 가장 높은 곳에 있는 레스토랑으로 아름다운 경관을 감상하며 식사를 할 수 있다. 오후에 전망대에 오르면 해가 지는 모습과 야경까지 함께 감상할 수 있으니 참고하자.

- 스카이 트레인 워터프론트Waterfront역에서 도보 3분
- 매일 10:00-18:00
  12월24,25,31,1월1일 10:00-16:00
- CAD 성인 CAD 18.25, 6~17세 CAD 13.25, 5세 미만 무료

크라이스트 처치 대성당
Christ Church Cathedral

다운타운의 높은 건물 사이에 자리한 성당으로 소박해 보이는 외관과 달리 내부는 성서의 내용을 담은 화려한 스테인드글라스가 장식되어 있다. 영국 개신교 교회로 1889년에 지어져 1995년까지 확장, 보수, 개선 공사가 진행되어 지금의 모습으로 자리 잡았다.

- 스카이 트레인 버라드Burrard역에서 도보 2분
- 월~금요일 10:00-16:00, 일요일 09:00-17:00, 토요일 휴무. 행사에 따라 변경될 수 있음
- CAD 무료

밴쿠버 공립 도서관 중앙점
Vancouver Public Library, Central

캐나다에서 두 번째로 큰 규모의 공공 도서관으로 밴쿠버에만 22개 지점이 있는데, 그중에서도 다운타운 중심에 자리한 중앙점은 가장 규모가 크다. 도서 대여뿐만 아니라 컴퓨터 스테이션, 미팅 룸이 갖추어져 있으며 어린이나 청소년들이 참여할 수 있는 프로그램도 마련되어 있다. 마치 로마의 콜로세움 같아 보이기도 하는 원형 외관에 큰 창문이 있어 개방감과 자유로운 분위기가 느껴진다. 로비에는 서점, 카페, 푸드 코트가 마련되어 있어 관광객도 편하게 이용할 수 있다.

- 📍 스카이 트레인 시티 센터City Centre역에서 BC 스타디움 방향 도보 10분
- 🕐 월~목요일 09:30-20:30, 금요일 09:30-18:00, 토요일 10:00-18:00, 일요일 11:00-18:00 / 11월11일, 12월24,25,26,31일, 1월1일 휴무
- CAD 무료

BC 플레이스 경기장
BC Place Stadium

1983년에 개장한 캐나다의 첫 돔 형태 경기장으로 밴쿠버 동계 올림픽의 개회식과 폐회식이 열렸던 곳이다. 약 5만 5000~6만 명의 관객을 수용하며 게이트 A 구역에는 BC 주의 역사적인 선수들과 업적을 기념하는 명예의 전당 박물관이 있다. 내부 관람은 투어로만 가능하며 미디어 라운지, 프리미엄 스위트 구역, 로커 룸, 내부 뷰포인트 등을 가이드와 함께 돌아볼 수 있다. 온라인으로 사전 예약이 가능하다.

- 📍 스카이 트레인 스타디움-차이나타운Stadium-Chinatown역에서 도보 5분
- 🕐 **명예의 전당 박물관** 수-일요일 10:00-17:00, 매주 월-화요일 휴무
- CAD **명예의 전당 박물관** 성인 CAD 20, 65세 이상 CAD 16, 5~14세 CAD 12, 4세 미만 무료 **스타디움 투어** CAD 24(명예의 전당 입장권 포함)

롭슨 스트리트 & 그랜빌 스트리트
Robson Street & Granville Street

다운타운의 중심이자 가장 활성화된 거리로 대형 쇼핑몰, 음식점, 카페, 상점 등이 모여 있는 밴쿠버의 핵심 구역이다. 롭슨 스트리트는 BC 스타디움부터 다운타운을 가로질러 스탠리 파크 초입 부분까지 이어진 거리이며 전 세계의 다국적 레스토랑이 모여 있는 것이 특징이다. 그랜빌 스트리트는 워터프론트역을 시작으로 그랜빌 아일랜드까지 이어진 길이며 두 길이 교차하는 지점에는 유명한 호텔, 밴쿠버 미술관, 노드스트롬 백화점, 퍼시픽 센터, 메트로 시티 센터역 등 주요 시설이 있다.

RESTAURANT & CAFÉ

Café Medina

2011년 지역 신문 <The Georgia Straight>의 독자들이 최고의 브런치 레스토랑으로 선정한 곳이다. 다운타운의 고층 빌딩이 즐비한 중심에 있으며, 오픈 키친과 높은 천장의 실내는 활력이 넘쳐서 들어서는 순간 기분이 절로 좋아지는 곳이다. 시그니처는 단연 벨기에 와플이며 기본 소스가 함께 서빙된다. 커피는 이곳에서만 맛볼 수 있는 라벤더 라테를 추천한다.

🏠 780 Richards Street
☎ +1 604 879 3114
🕐 월~금요일 08:00-15:00, 토~일요일 09:00-15:00
CAD 단품 CAD 11~37, 와플 CAD 4.20~, 커피 CAD 3.50~6

©Café Medina

Forage

친환경 레스토랑으로 주목받고 있는 곳으로 셰프가 직접 현지 농장에서 공수해 온 식재료로 만든 음식을 제공한다. 빵과 잼 또한 철저하게 수제만을 고집하며 와인이나 맥주도 브리티시 컬럼비아에서 생산되는 로컬 제품을 사용하는 것으로 유명하다.

- 🏠 1300 Robson Street
- ☎ +1 604 661 1400
- 🕐 월~목요일 07:00-10:30, 금요일 07:00-11:00, 토~일요일 07:00-14:00, 디너 매일 17:00-22:00
- CAD 아침, 브런치 CAD 19.50~25, 디너 CAD 31~80

Italian Kitchen

모던한 스타일의 이탤리언 레스토랑. 관자나 연어, 대구 살, 새우 등 해산물이 들어간 파스타 종류가 유명하다. 3가지 파스타를 한 접시에 담아내는 파스타 플래터 메뉴가 있으니 한 번에 여러 가지를 먹어보고 싶다면 추천한다. 평일 11시 30분부터 3시까지는 파스타를 CAD 14에 제공하는 런치 메뉴가 있어서 편안한 가격에 즐길 수 있다.

- 🏠 860 Burrard Street
- ☎ +1 604 687 2858
- 🕐 월~목요일 11:30-22:00, 금요일 11:30-23:00, 토요일 11:00-23:00, 일요일 11:00-22:00
- CAD 파스타&리조토 CAD 18~55, 단품 CAD 34~65

Joe Fortes Seafood & Chop House

밴쿠버 최고의 해산물 레스토랑으로 30년 동안 화려한 수상 경력에 빛나는 곳. 어패류는 물론이고 채소나 굴 모두 로컬산을 고집하고 있다. 캐나다 전국에서 들여온 신선한 생굴이 인기 메뉴로 원산지별 다양한 굴을 비교해서 맛볼 수 있다. 메뉴를 CAD 15에 제공하는 해피아워를 활용하면 합리적인 가격에 맛있는 해산물 요리를 즐길 수 있다.

- 🏠 777 Thurlow Street
- ☎ +1 604 669 1940
- 🕐 매일 11:00-23:00 / 해피아워 매일 15:00-17:00
- CAD 오이스터 개당 CAD 4.15, 단품 CAD 28~56, 스테이크 CAD 46~98

Coast

다운타운의 해산물 레스토랑 중 가장 화려하고 고급스러운 곳으로 해산물과 잘 어울리는 화이트 와인과 함께 셀럽의 기분을 만끽해볼 수 있다. 이곳의 해산물 타워 메뉴는 마치 애프터눈 티 트레이에 디저트가 담겨 나오듯 새우와 관자, 홍합, 랍스터, 크랩 등의 해산물을 골고루 담아내 다양한 종류를 맛볼 수 있어 인기다.

- 🏠 1054 Alberni Street
- ☎ +1 604 685 5010
- 🕐 월~금요일 11:30-21:30,
  토~일요일 11:00~21:30 / 해피아워 14:30-17:30
- CAD 애피타이저 CAD 10~25, 오이스터 개당 CAD 3.50~4.75, 단품 CAD 45~65, 시푸드 타워 CAD 150~275

©Coast

Sura

롭슨 스트리트 서쪽에 자리한 고급 한식당으로 좋은 평가는 물론 가장 인기 있는 곳이다. 파전이나 양념 갈비, 삼계탕 같은 전통 한국 음식을 맛볼 수 있으며, 점심 스페셜 코스를 선택하면 된장찌개와 생선 구이, 파전 등 여러 메뉴를 골고루 맛볼 수 있도록 한상 차림으로 제공된다.

- 🏠 1518 Robson Street
- ☎ +1 604 687 7872
- 🕐 매일 11:30-16:00, 17:00-21:30
- CAD 갈비 CAD 55, 돌솥비빔밥 CAD 21, 잡채 CAD 25, 점심세트 1인 CAD 25~

Ma Dang Goul

마당골은 비빔밥이나 덮밥, 찌개 등의 식사 종류부터 치킨, 라볶이, 감자탕, 닭볶음 전골까지 한식 메뉴가 무척 다양하다. 비교적 저렴한 가격이어서 다양한 메뉴를 주문해 여럿이 나눠 먹기 좋다.

- 🏠 847 Denman Street
- ☎ +1 604 688 3585
- 🕐 화~수요일 11:30-15:00, 16:30-22:00,
  목~일요일 11:30-15:00, 16:00-22:00, 매주 월요일 휴무
- CAD 덮밥 CAD 17~18, 국물요리 CAD 16~26, 전골 CAD 36~49, 불고기 CAD 21~27

Ramen Danbo

후쿠오카식 전통 돈코츠 라멘 전문점으로 항상 긴 줄이 서 있는 인기 식당이다. 면의 굵기, 삶는 정도, 국물의 진함 등을 자신의 기호대로 직접 커스터마이징할 수 있어 내 입맛에 딱 맞는 라멘을 먹을 수 있다. 밴쿠버 키칠라노와 미국의 시애틀, 뉴욕에도 지점이 있을 정도로 유명하다.

- 1333 Robson Street
- +1 604 559 8112
- 매일 11:00-23:00
- CAD CAD 11.95~18.45

Thierry

25년의 경력을 자랑하는 프랑스 출신 파티셰가 운영하는 디저트 전문점. 프랑스 정통 마카롱과 단맛부터 쌉싸름한 맛까지 다양한 수제 초콜릿이 인기이며 수제 초콜릿을 사용한 화려하고 섬세한 케이크가 단연 압권이다. 저녁에는 카페로 운영되어 커피와 함께 디저트, 샌드위치 등을 즐길 수 있다.

- 1059 Alberni Street
- +1 604 608 6870
- 일~목요일 08:00-22:00, 금~토요일 08:00-23:00
- CAD 타르트 CAD 9.95~10.95, 마카롱세트 CAD 18.45~28.95, 케이크 CAD 8.95~11.95

Joyeaux Café & Restaurant

다운타운의 중심부에 있는 베트남 음식 전문점으로 점심시간이면 주변의 많은 직장인이 방문해 줄을 서서 먹을 정도로 인기다. 쌀국수나 치킨라이스, 베트남 스타일 만두 등 메뉴가 다양하지만 그중에서도 진한 국물의 쌀국수가 일품이다.

🏠 551 Howe Street
☎ +1 604 681 9168, +1 604 341 8882
🕐 매일 08:00~20:00
CAD 애피타이저 CAD 5.50~14.75, 베트남 쌀국수 CAD 15.50~16.75, 스페셜 CAD 15.50~25.50

Vegan Pudding & Co

일본인 부부가 운영하는 작은 테이크 아웃 전문 매장이다. 호박과 코코넛 등 내추럴한 재료를 사용해 자연스러운 단맛을 낸다. 유제품을 사용하지 않기 때문에 더 건강하게 즐길 수 있으며 푸딩 용기도 에코 소재를 사용하는 착한 매장이다. 피칸과 바닐라 푸딩이 인기이며 요청하면 코코넛 휘핑크림을 무료로 올려준다.

🏠 101-422 Richards Street
☎ +1 778 379 0545
🕐 월-토요일 12:00~17:30, 일요일 휴무
CAD CAD 4.5~6

Cartems Donuts

첨가물을 전혀 넣지 않은 오가닉 로컬 재료를 사용해 만든 도넛을 판매한다. 오가닉 티에 휘핑크림을 넣고 얼그레이 글레이즈를 입힌 가벼운 느낌의 런던 포그, 케이크 도넛에 얼그레이 글레이즈와 장미 토핑을 올린 얼그레이 도넛을 추천한다. 밴쿠버의 키칠라노와 메인 스트리트에도 매장이 있다.

🏠 534 West Pender
☎ +1 778 708 0996
🕐 월~금요일 08:30-16:30, 토~일요일 09:30-16:00
CAD 도넛 CAD 4.65~4.95, 음료 CAD 3.80~6.40

Marutama Ra-men

2013년 오픈 이후 밴쿠버에만 3개 매장을 가지고 있는 맛집으로 트립 어드바이저에서 우수 시설로 상을 받을 정도로 좋은 평가를 받고 있다. 100% 닭고기로 만드는 라멘의 육수는 가볍고 콜라겐 함량이 높아 여성들에게 인기가 좋다. 공립 도서관 중앙점에도 지점이 있다.

🏠 780 Bidwell Street
🕐 일~목요일 11:30-21:30, 금~토요일 11:30-22:00
CAD CAD 12.40~18.40

CANADA PLACE

복잡함 속에서 찾는 여유
캐나다 플레이스

거대한 배가 정박해 있는 듯한 모습의 캐나다 플레이스는 현재 밴쿠버 최고의 랜드마크다. 1986년 밴쿠버 엑스포가 열린 당시 캐나다관으로 사용되었다. 밴쿠버~알래스카 크루즈의 시작점이 되는 터미널과 팬퍼시픽 호텔, 세계 무역 센터, 밴쿠버 컨벤션 센터, 플라이오버 캐나다, 쇼핑몰, 레스토랑 등이 모두 이곳에 자리한다.

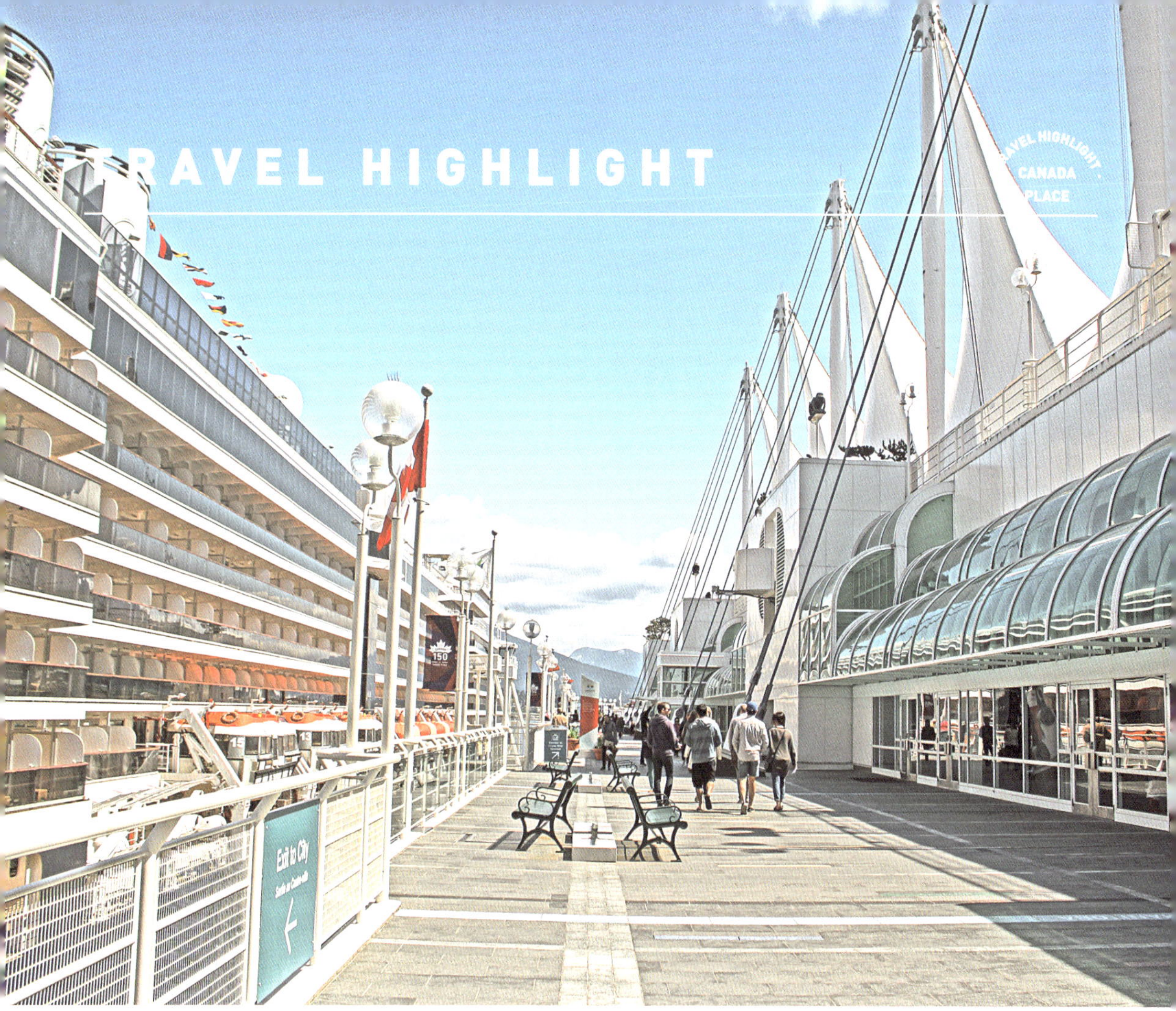
TRAVEL HIGHLIGHT
TRAVEL HIGHLIGHT · CANADA PLACE
Exit to City

플라이오버 캐나다 FlyOver Canada

실제로 하늘을 나는 듯한 기분으로 캐나다 서부에서 동부까지 수많은 도시와 아름다운 명소를 감상할 수 있는 4D 형태의 놀이 기구다. 바람, 안개, 향기를 포함해 물이 튀는 듯한 특수 효과까지 재현해서 캐나다를 생생하게 경험해볼 수 있다. 실제 어트랙션의 탑승 시간은 8분이지만 사전 영상 시청 및 안내를 포함해서 약 25분 소요된다. 12세 이하의 경우 키가 최소 102cm 되어야 탑승할 수 있으니 주의하자.

- 스카이 트레인 워터프론트Waterfront역에서 도보 9분, 캐나다 플레이스 하버 끝에 위치
- 매일 10:00-20:00
- CAD 성인 CAD 28, 소아 CAD 18 /요금은 날짜별 변동 있음

FlyOver
CANADA

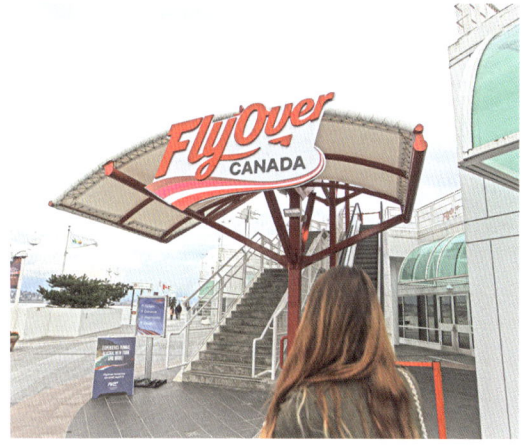

밴쿠버 컨벤션 센터
Vancouver Convention Centre

노스 밴쿠버의 자연경관을 배경으로 세워진 밴쿠버 컨벤션 센터는 세계에서 가장 큰 컨벤션 센터 중 하나로 국제회의 및 프레스, 콘퍼런스 등을 진행하고 있다. 신관은 기존 캐나다 플레이스 옆 콜 하버 지역에 지어졌으며 친환경을 지향하는 최신 기술로 설계된 건물로 개방형 구조에 건물 전체가 유리로 되어 있어 탁 트인 전경을 자랑한다.

- 스카이 트레인 워터프론트Waterfront역 또는 버라드Burrard역에서 도보 5분

ⓒVancouver Christmas Market

밴쿠버 크리스마스 마켓 Vancouver Christmas Market

11~12월 크리스마스 시즌에 오픈하는 유럽 스타일의 야외 마켓이다. 약 80개의 지역 상점에서 직접 제작한 공예품과 크리스마스 장식 용품을 판매하는 매장들이 늘어서 있고, 푸드 트럭에서 음식과 함께 와인, 맥주를 즐기며 유럽 스타일의 크리스마스 마켓 분위기를 느껴볼 수 있다.

- 1055 Canada Place
- 11월16일~12월24일 (2023년 기준)
- CAD 성인 CAD 21.63, 65세 이상 CAD 18.42, 소아 CAD 13.07, 6세 미만 무료
- @ www.vancouverchristmasmarket.com

콜 하버 Coal Harbour

캐나다 플레이스에서부터 스탠리 파크 동쪽 입구의 덴만 스트리트까지 항구를 따라 길게 늘어선 지역을 콜 하버라고 부른다. 항구를 따라 고층 아파트가 줄지어 있고, 수많은 요트가 항구에 정박해 있으며, 시월Seawall을 따라 산책을 즐기는 시민들과 페리나 수상 비행기를 이용해 주변 도시로 오가는 관광객들로 붐비는 모습은 항구도시의 멋스러움을 보여준다.

RESTAURANT & CAFÉ

Cardero's Restaurant

밴쿠버의 콜 하버 지역에 위치한 해산물 레스토랑으로 멋진 하버의 풍경을 바라보며 식사를 즐길 수 있으며 특히 석양이 지는 시간의 전망이 아름답다. 신선한 굴, 여러 명이 함께 즐길 수 있는 해산물 플래터, 매일 레스토랑에서 만드는 수제 피자까지 메뉴의 선택 폭이 넓다. 시간에 관계없이 항상 사람이 많아 예약은 필수. 매일 저녁 8시 30분에 라이브 공연이 열린다.

- 🏠 1583 Coal Harbour Quay
- ☎ +1 604 669 7666
- ⊙ 일~목요일 11:30-23:00, 금~토요일 11:30-24:00
- CAD 애피타이저 CAD 12.50~26, 단품 CAD 29~46, 스테이크 CAD 48-71

©Cardero's Restaurant

Five Sails Restaurant

캐나다 플레이스의 팬퍼시픽 호텔에 있는 AAA/CAA 포 다이아몬드 레스토랑으로 스탠리 공원과 노스 밴쿠버, 코스트 마운틴의 풍경을 바라보며 고급스러운 식사를 즐길 수 있다. 캐나다산 랍스터, 프레이저 밸리의 오리 등 로컬에서 얻은 재료로 만든 메뉴가 자랑이며 디저트로는 레몬 밀푀유를 추천한다.

🏠 999 Canada Place
☎ +1 604 844 2855
⏰ 월~금요일 11:30-21:00, 토~일요일 12:00-21:00
CAD 메인 CAD 30~170, 디저트 CAD 15~24

©Botanist

Botanist

페어몬트 퍼시픽림 호텔 내부에 있는 파인 다이닝. 식물을 활용한 인테리어가 매우 인상적으로, 내부는 각기 다른 온실 콘셉트로 4개의 공간으로 나뉘어 있다. 맛과 모양은 물론 신선한 채소로 독특하게 플레이팅되어 나오는 음식을 보는 것만으로도 즐거운 곳이다. 아침과 브런치 메뉴인 에그 베네딕트와 프렌치 토스트가 인기 있다.

🏠 1038 Canada Place
☎ +1 604 695 5500
⏰ **아침** 07:00-11:00
점심 월~금요일 11:30-13:30, 토~일요일 11:00-14:00 **저녁** 화~토요일 17:30-22:30
CAD 런치 CAD 22~34, 브런치 CAD 65~71, 디너 CAD 34~72

GASTOWN

밴쿠버의 시작
개스타운

밴쿠버에서 가장 오래된 타운으로 1867년 영국에서 넘어온 존 데이튼John Deighton이 이곳에 호텔과 술집을 운영했고 점차 성공을 거둬 지역이 활성화되었다. 이때부터 그의 별명인 '개시잭Gassy Jack'에서 이름을 따와 개스타운으로 불리기 시작한 것이 지금의 개스타운이 되었다. 빅토리아 양식의 역사적인 건물은 현대적인 밴쿠버의 모습과 조화를 이루고, 조약돌이 깔린 매력적인 거리에는 빈티지 상점, 디자이너 구두 숍, 맥주 펍 등 개성 넘치는 공간들이 숨어 있다. 이곳의 명물인 증기 시계나 개시잭 동상도 찾아보자.

증기 시계 Gastown Steam Clock

항상 관광객으로 북적이는 개스타운 최고의 명물. 15분에 한 번씩 증기를 뿜으며 높이 5m, 무게 2톤 정도의 세계 최초의 증기로 움직이는 시계인 점도 기억해두자.

📍 스카이 트레인 워터프론트Waterfront역에서 도보 5분

개시잭 동상 Gassy Jack Statue

개스타운을 유서 깊은 지역으로 탈바꿈시킨 존 데이튼의 모습을 기념하기 위해 세워진 동상.

📍 개스타운 증기 시계에서 워터 스트리트Water St를 따라 도보 2분

RESTAURANT & CAFÉ

Belgard Kitchen

'Vancouver Urban' 브랜드 컬렉티브의 레스토랑으로 맛있는 브런치와 수제 맥주를 맛볼 수 있는 창고형 캐나다 레스토랑. 신선한 재료와 현지 생산자로부터 영감을 받은 메뉴는 캐나다 제철 재료를 강조하며 음료 메뉴로는 BC 주 와인, 수제 맥주 및 직접 만든 사과주가 있다. 15~18시 사이 해피아워에 방문해보자.

- 🏠 55 Dunlevy Ave
- ☎ +1 604 699 1989
- 🕐 월~금요일 11:30-22:00, 토요일 10:00-24:00, 일요일 10:00-22:00, 해피아워 15:00-18:00
- CAD 런치 CAD 16~19, 디너 CAD 18~32

l'abattior

현지에서 생산해 현지에서 소비한다는 콘셉트의 프렌치 퓨전 요리 레스토랑이다. 19세기에 건축된 밴쿠버 최초의 교도소였던 건물을 클래식한 분위기의 다이닝 룸으로 개조했다는 점이 믿기지 않을 정도로 세련된 인테리어와 밝은 분위기가 마음에 드는 곳이다.

- 🏠 217 Carrall Street
- ☎ +1 604 568 1701
- 🕐 수~일요일 17:00-23:00, 월~화요일 휴무
- CAD 애피타이저 CAD 24~36, 메인 CAD 48~59, 디저트 CAD 17~18

Tacofino Taco Bar

웨스트코스트에 있는 캐주얼하고 현대적인 레스토랑으로 정통 멕시코 요리를 맛볼 수 있으며 주류가 완비되어 있다. 개스타운뿐 아니라 예일타운, 키칠라노와 스쿼미쉬에도 지점이 있다.

- 🏠 15 W Cordova Street
- ☎ +1 604 899 7907
- 🕐 11:30-21:00, 금~토요일 11:30-23:00
- CAD 타코 CAD 7.5~10

Steamworks

맥주 양조장에서 운영하는 레스토랑으로 이곳에서 직접 제조한 다양한 종류의 맥주를 맛볼 수 있다. 양조장 이름처럼 증기를 사용해서 만드는 맥주가 독특하다. 1가지 맥주만 맛보기에는 아쉬우니 여러 맥주를 테이스팅해볼 수 있는 Flight를 선택해보자. 현지인이 주로 방문하는 로컬 맛집.

- 🏠 375 Water Street
- ☎ +1 604 689 2739
- 🕐 매일 11:30-24:00
- CAD 식사 CAD 9~23, 맥주 CAD 6.25~15.99, 브런치 CAD 19~30

SPECIAL PAGE
GASTOWN

밴쿠버 브루어리 투어
Vancouver Brewery Tours

밴쿠버의 수많은 투어 중에서도 가장 인기 있는 브루어리 투어는 맥주에 대해 해박한 지식을 갖춘 전문 가이드와 함께 맥주 제조법 설명을 듣고, 맥주를 종류별로 시음해볼 수 있다. 각자 개성을 가진 브루어리 중에서도 중복되는 맛 없이 다양한 맥주를 맛볼 수 있도록 매칭하기 때문에 방문하는 브루어리는 매번 바뀐다. 3시간 동안 브루어리 3곳을 방문하는 투어와 음식을 곁들이는 브루어리 & 푸드 투어 중 선택할 수 있다.

CAD 퍼블릭 브루어리 투어 CAD 95, 브루어리 & 푸드 투어 CAD 129.99
@ vancouverbrewerytours.com

1 워터프론트역에서 시작

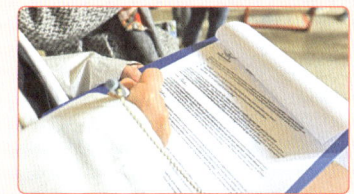
2 간단한 주의 사항을 읽고 사인

3 밴을 타고 이동

4 첫 번째 브루어리

5 4잔의 샘플러 시음

6 두 번째 브루어리

7 맥주 만드는 법 설명

8 음식이 포함된 투어 선택 가능

9 세 번째 브루어리

10 맥주를 병에 넣는 방법

11 스톰브루어리의 맥주

12 양껏 마실 수 있는 맥주

SPECIAL PAGE
GASTOWN

차이나타운
Chinatown

1890년대 설립된 차이나타운은 대륙 횡단 철도 공사나 광산 등의 일자리를 위해 캐나다로 이주해온 중국인들이 모여들어 만들어졌다. 뉴욕과 샌프란시스코에 이어 북미에서 세 번째로 큰 규모다. 타운 입구는 화려하게 장식되어 있으며 쑨원 박사 중국 전통식 정원이 이곳에 있다. 이국적 분위기의 시장에서는 약초, 한약재 등을 구경할 수 있고 딤섬 레스토랑이나 제과점에서 중국 음식을 맛볼 수 있다. 매년 8월에는 밴쿠버 차이나타운 페스티벌이 열린다. 스카이 트레인 스타디움-차이나타운Stadium-Chinatown역에서 하차하면 대부분 관광지는 걸어 다닐 수 있다.

쑨원 박사 중국 전통식 정원
Dr. Sun Yat-Sen Classical Chinese Garden

<내셔널 지오그래픽>이 세계 최고 도시 정원으로 선정한 쑨원 박사 중국 전통식 정원은 캐나다 최초의 중국 정원이다. 아름다운 산책로와 숲이 꾸며져 있어 연중 언제라도 방문하기에 좋다. 중국에서 직접 공수해온 자재로 만들었으며 전동 공구를 사용하지 않은 14세기 방법으로 건축되었다. 방문객에게 무료 가이드 투어와 전통 중국 차를 제공한다.

- 스카이 트레인 스타디움-차이나타운Stadium-Chinatown역에서 도보 8분
- 수~일요일 09:30-16:00, 월~화요일 휴무
- CAD 성인 CAD 16, 65세 이상 CAD 13, 6~17세 CAD 12

Chambar Restaurant

유럽풍 레스토랑으로 캐나다 로컬 재료로 맛있는 벨기에 음식을 만들어내서 호평을 받고 있는 곳이나. 인기 메뉴는 벨기에의 대표 음식인 홍합 요리와 벨기에 스타일 와플이며 다양한 종류의 벨기에 맥주도 갖추고 있으니 저녁 시간이라면 맥주와 함께 벨기에 스타일로 즐겨보자.

- 568 Beatty Street
- +1 604 879 7119
- 월~금요일 17:00-22:00, 토~일요일 09:00-15:00, 17:00-22:00
- CAD 브런치 CAD 18~23 디너 CAD 18~39, 디저트 CAD 14~20

YALETOWN

스타일리시 밴쿠버
예일타운

밴쿠버 다운타운 남쪽 펄스 강False Creek과 인접한 지역이다. 이전에는 주로 물류 창고가 많이 있던 공업지역이었으나 1986년 엑스포 이후 지속적인 재개발 과정을 거쳐 현재는 도시에서 가장 인구밀도가 높은 지역 중 하나가 되었다. 트렌디한 카페와 레스토랑, 오피스 등이 즐비하게 늘어서 있으며 워터프론트의 산책로를 따라 걷다 보면 웅장한 규모를 자랑하는 그랜빌 브리지와 그 아래로 수백 대의 요트가 정박해 있는 모습을 볼 수 있다.

아쿠아 버스 Aquabus

다운타운 남쪽과 인접한 펄스 강을 따라 밴쿠버의 주요 스폿을 돌아볼 수 있는 일종의 수상 택시다. 텔러스 사이언스 월드부터 키칠라노에 이어진 배니어 공원까지의 거리를 운행하는데, 이곳은 고층 빌딩과 아름다운 공원, 관광 스폿들이 강변에 자리해 이동하면서 강 주변 경관을 즐길 수 있어 특히 관광객에게 인기 있는 이동 수단이다.

Tip | 그랜빌 아일랜드에서 키칠라노 배니어 공원으로 이동하는 노선은 펄스 크릭 페리False Creek Ferry가 운행한다. 아쿠아 버스와 이름이 다르니 주의하자.

- 매일 07:00-20:00, 12월 25일 휴무, 12월 24일, 26일, 1월 1일은 단축 영업
- CAD CAD 4.50~10

정류장별로 출발 시간이 다르고 이동하는 구간에 따라 요금이 다르다. 자세한 사항은 theaquabus.com 참고.

RESTAURANT & CAFÉ

Blue Water Café

밴쿠버 매거진에서 올해의 레스토랑, 최고의 해산물 요리 레스토랑 등으로 선정된 곳이다. 셰프인 프랑크 파브스트는 올해의 요리사에 선정되기도 했다. 재료는 BC 주의 것만 사용하며 그날 들여온 재료에 따라 매일 저녁 메뉴를 변경하는데, 재료 본연의 맛을 살리기 위해 최대한 심플하게 요리하는 것이 특징이다. 창고였던 건물을 그대로 사용하면서 내부를 모던하게 꾸몄다. 연어와 굴, 랍스터 등을 듬뿍 넣은 스시롤과 여러 명이 나눠 먹을 수 있는 해산물 타워 메뉴도 인기다.

- 🏠 1095 Hamilton Street
- ☎ +1 604 688 8078
- 🕐 매일 16:30-22:00
- CAD 애피타이저 CAD 16.5~29, 메인 CAD 29~62

Ciopino's Mediterranean Grill & Enoteca

미식가들도 주목하는 이탤리언 요리 전문점으로 메인 셰프인 피노 포스테라노는 여러 콘테스트에서 수상 경력을 가진 유명인이다. 이탈리아 정통 파스타와 리소토, 해산물 요리를 즐길 수 있으며 요리와 어울리는 600종 이상의 와인 리스트도 이곳의 큰 자랑거리다.

- 🏠 1133 Hamilton Street
- ☎ +1 604 688 7466
- 🕐 화~수요일 & 토요일 17:00-22:30,
  목~금요일 12:00-14:00, 17:00-22:30, 일~월요일 휴무
- CAD 파스타 CAD 38~52, 스테이크 & 랍스터 CAD 48~60

Brix & Mortar

1912년에 지어진 갈색 벽돌로 된 건물은 예스러운 분위기를 그대로 간직하고 있다. 외부와 달리 실내는 화려한 샹들리에와 유리로 둘러싸인 테라스로 세련되게 디자인했다. 현대적인 요리와 캐나다산 와인으로 고급스러운 만찬을 즐길 수 있다. 매주 월요일 오후 6시 30분부터 라이브 뮤직 연주를 진행해 한층 더 로맨틱한 분위기를 연출한다.

- 🏠 1137 Hamilton Steet
- ☎ +1 604 915 9463
- 🕐 일요일 & 화~목요일 16:00-22:30, 금~토요일 16:00-23:30, 월요일 휴무
- CAD 애피타이저 CAD 8~28, 메인 CAD 28~88

ⓒAncora Waterfront Dining and Patio

Ancora Waterfront Dining and Patio

커다란 창 너머로 보이는 뷰가 멋있는 식당이다. 페루 출신의 셰프는 신선한 아이디어와 세련된 요리 감각으로 수많은 찬사를 받고 있는데, 밴쿠버에 페루 스타일의 음식을 알리며 페루와 캐나다의 재료가 조화를 이룬 독창적인 요리를 만든다. 레스토랑에는 생선 요리와 잘 어우러지는 300종의 와인도 구비되어 있다.

- 🏠 1600 Howe Street
- ☎ +1 604 681 1164
- 🕐 일~목요일 12:00-21:30, 금~토요일 12:00-22:00
- CAD 애피타이저 CAD 15~25, 메인 CAD 45~54

Yaletown Brewing Company

공장 지대였던 예일타운이 변화하던 시기인 1994년, 주민들이 함께 어울리고 즐길 수 있는 공간으로 생겨난 곳이다. 밴쿠버에서 원조이자 최고의 브루어리로 평가받고 있으니 꼭 한 번 들러서 수제 맥주를 마셔보도록 하자. 날씨 좋은 날이면 야외 테라스 석을 추천한다.

- 🏠 1111 Mainland Street
- ☎ +1 604 681 2739
- 🕐 월~목요일 11:30-23:00, 금요일 11:30-02:00, 토요일 10:00-02:00, 일요일 10:00-23:00
- CAD 맥주 CAD 8.5~16, 피자 & 햄버거 CAD 24~32

The Flying Pig Yaletown

예일타운에 자리한 힙한 레스토랑으로 워낙 큰 규모여서 예약을 하지 않고 가도 된다는 점이 좋다. 다양한 메뉴가 있어서 선택의 폭이 넓으며 친절한 직원들도 기분을 좋게 해준다. 파스타와 연어 스테이크, 돼지고기 요리 등이 인기.

- 🏠 1168 Hamilton Street
- ☎ +1 604 568 1344
- 🕐 월~금요일 11:30-23:00, 토요일 11:00-24:00, 일요일 11:00-22:00
  해피아워 15:00-18:00
- CAD 애피타이저 CAD 12~20, 메인 CAD 29~65

GRANVILLE ISLAND

오감 만족 리얼 밴쿠버
그랜빌 아일랜드

1900년대 오래된 공장 지역이었던 곳으로 지금은 재개발되어 밴쿠버 최고의 명소로 탄생했다. 퍼블릭 마켓, 양조장, 각종 공예품 판매점이 즐비해 관광객이 많이 찾고 있다. 또한 이곳은 아티스트들의 자유로운 공연이 열리기도 하고, 디자인 학교와 공예 스튜디오가 있어 밴쿠버의 문화 지구이기도 하다.

📍 예일타운에서 아쿠아 버스를 이용해 그랜빌 아일랜드 하차 / 다운타운에서 50번 버스를 이용해 앤더슨 스트리트Anderson Street 하차

TRAVEL HIGHLIGHT

퍼블릭 마켓
Granville Island Public Market

그랜빌 아일랜드에서 가장 중심이 되는 곳으로 대규모 실내 마켓이다. 신선한 과일과 채소, 육류 등 식재료부터 간식거리까지 다양한 종류의 식품을 판매한다. 세계 각국의 다양한 요리를 맛볼 수 있는 푸드 코트와 로컬 공예품을 판매하는 기념품점 등 크고 작은 상점이 마련되어 있어 관광객뿐 아니라 현지인에게도 인기를 끌어 주말이면 많이 붐빈다.

- 매일 09:00~18:00

퍼블릭 마켓의 대표 숍

리스 도넛 Lee's Donuts

신선한 로컬 식재료로 만드는 수제 도넛 매장. 허니 딥 도넛이 가장 인기. 도넛은 개당 CAD 2.75

벤턴 브라더스 파인 치즈 Benton Brothers Find Cheese

치즈에 대한 열정이 가득한 벤턴 형제가 운영하는 곳으로 다양한 치즈를 맛볼 수 있다.

오야마 소시지 Oyama Sausage Company

살라미, 프로슈토, 페이트, 햄, 소시지 등 400가지가 넘는 다양한 제품을 직접 생산, 판매한다.

롱라이너 시푸드 Longliner Seafoods

가족이 운영하는 해산물 마켓으로 브리티시 컬럼비아산 훈제 연어가 유명하니 꼭 맛보자.

마켓 그릴 Market Grill

오믈렛, 샌드위치 등 식사 메뉴를 판매한다. 가장 인기 있는 메뉴는 100% 소고기로 만든 햄버거

스톡 마켓 The Stock Market

매일 직접 끓이는 부드럽고 깊은 풍미를 가진 여러 종류의 수프를 맛볼 수 있다. 테이크 아웃 가능

그랜빌 아일랜드 티 컴퍼니 Granville Island Tea Company Ltd

약 200종류가 넘는 차를 판매한다. 클래식한 용기에 담아주어 선물용으로 좋다.

RESTAURANT & CAFÉ

RESTAURANT & CAFÉ
GRANVILLE ISLAND

The Sandbar Seafood Restaurant

라이브 재즈 연주와 함께 엄선한 시푸드를 먹을 수 있는 캐주얼 레스토랑으로 배 내부를 콘셉트로 한 내부 장식이 인상적이다. 많은 메뉴를 갖추고 있어 메뉴를 고르는 재미가 있으며 저녁에만 오픈하는 스시 바도 있다. 한 번은 먹어봐야 할 명물 BC롤과 던저니스 크랩Dungeness Crab 메뉴를 시도해보자.

🏠 1535 Johnston Street
☎ +1 604 669 9030
🕐 일~목요일 11:30-22:00, 금~토요일 11:30-23:00, 해피아워 월~금요일 15:00-17:00
CAD 런치 CAD 31~52, 해산물타워 CAD 149, 스시&롤 CAD 6.5~24.5

The Vancouver Fish Company

신선한 해산물 요리를 맛볼 수 있는 식당이다. 굴, 해산물 플래터, 연어, 크램 차우더, 피시앤칩스 등 다양한 메뉴가 마련되어 있으며 그중 랍스터가 가장 인기다.

- 🏠 1517 Anderson Street
- ☎ +1 604 559 3474
- 🕒 일~목요일 11:30-22:00, 금~토요일 11:30-23:00, 해피아워 매일 15:00-17:00
- CAD 애피타이저 CAD 4.99~29.99, 메인 CAD 20.99~29.99, 해산물 플래터 CAD 139.99~279.99, 랍스터 & 크랩 CAD 시가

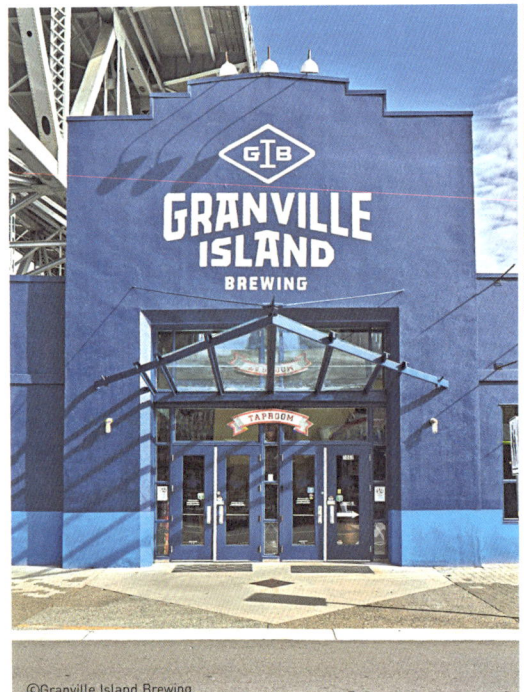

Granville Island Brewing

1984년 캐나다 최초로 오픈한 소규모 양조장으로 까다롭고 엄격한 기준에 맞춰 만든 프리미엄 수제 맥주를 즐길 수 있는 곳이다. Granville Island Brewing 는 독자적인 독특한 브루잉 스타일과 풍부한 향과 맛을 갖춘 맥주로 유명하다. 대표적인 제품으로는 레일스 엘레게이션이나 아일랜더 크림 에일 등이 있다.

- 🏠 1441 Cartwright Street
- ☎ +1 604 687 2739
- 🕒 매일 12:00-20:00
- CAD 맥주 CAD 7~8.25, 10잔 샘플러 24, **식사** CAD 7~24

SPECIAL PAGE
GRANVILLE ISLAND

그랜빌 아일랜드 푸디 투어

그랜빌 아일랜드의 수많은 상점과 마켓을 효과적으로 둘러볼 수 있는 방법 중 하나로 단순히 맛만 보는 것에 그치지 않고 음식과 상점의 특징에 대한 설명을 들으며 심도 깊은 경험을 할 수 있다. 투어는 가이드와 약 8곳의 퍼블릭 마켓 내부에 있는 상점에 방문해 캐나다의 상징적인 음식을 체험한다.

- 10:30 투어 시작 (약 2시간)
- CAD CAD 99.99
- @ foodietours.ca/granville-island-market-tour

1 푸디 투어 시작

2 Longliner Seafoods 앞에서 투어 진행

3 테이블에 앉아서 간단하게 한 접시, 와인과 함께

4 두 번째는 캐나다의 유명한 JJ Bean에서 커피 한 잔

5 유기농 빵집 브레드 어페어에서

6 여러 종류의 빵 시식

7 빵과 함께 먹으면 딱 좋은 햄 종류

8 그다음은 치즈 집

9 오카나간의 사과는 유명하죠!

10 따뜻하고 스파이시한 차이 한 잔

11 마켓의 인기 상점인 리스 도넛

SHOPPING

Kids Market

컬러풀한 외관이 돋보이는 마켓은 어린이 용품의 천국이다. 인형이나 자동차 등 장난감과 그림책, 액세서리와 코스튬 드레스 등의 어린이 용품을 판매하는 매장이 25개가 넘는다. 2층에는 나이에 맞게 놀 수 있는 놀이터와 오락실, 범퍼카, 게임존 등이 마련되어 있다.

🏠 그랜빌 아일랜드 양조장 맞은편(건너편)
🕐 매일 10:00-18:00

Granville Island Soap Gallery

유기농 성분을 사용한 수제 비누와 화장품 전문점이다. 마치 디저트 카페에 온 듯한 케이크 모양의 비누들이 쇼 케이스에 전시되어 있다.

🏠 그랜빌 스트리트 다리 아래 위치
🕐 매일 10:00-18:00

Paper-Ya

종이로 만든 다양한 제품을 파는 매장이다. 세계 곳곳에서 수입한 제품부터 핸드 메이드 제품까지, 노트, 수첩, 다이어리, 포장지 등과 알록달록한 무늬와 개성 있는 그림이 그려진 엽서와 편지지까지 특색 있는 제품이 가득하다.

🏠 퍼블릭 마켓 건너편 건물 1층
🕐 매일 10:00-18:00

KITSILANO

히피 문화의 시작
키칠라노

그랜빌 아일랜드를 지나 잉글리시 베이English Bay를 따라 형성되어 있는 지역으로 1960년대에 히피들의 주 거주지였기 때문에 최근까지도 많은 히피 문화를 발견할 수 있다. 해변가로는 이 지역에서 유명한 배니어 공원, 키칠라노 비치 공원이 있으며 이 주변으로 주요 상업지역이 모여 있기도 하다. 이 지역에서 가장 번화한 거리는 키칠라노 지역의 중심인 웨스트 4번가West 4th Avenue이며 힙한 레스토랑과 로컬 음식점, 이색적인 액세서리와 인테리어 소품을 파는 상점들이 즐비하다.

TRAVEL HIGHLIGHT

TRAVEL HIGHLIGHT
KITSILANO

배니어 공원 Vanier Park

잉글리시 베이를 따라 밴쿠버 다운타운 방향으로 형성되어 있는 공원이다. 다운타운과 스탠리 파크의 멋진 전망을 볼 수 있으며 밴쿠버에서 유명한 박물관 3개가 공원 내부에 있다. 고요한 연못과 넓은 들판, 아름다운 키칠라노 해안가에서 여유로운 시간을 보내기 위해 밴쿠버 시민들이 주로 찾는 곳. 배니어 공원의 하이라이트는 아름다운 석양을 보는 것이다.

- 그랜빌 아일랜드에서 펄스 크릭 페리 False Creek Ferry를 타고 해양 박물관 Maritime Museum역 하차
- CAD 무료

밴쿠버 박물관 Museum of Vancouver

밴쿠버 박물관은 1894년에 세워졌으며 전시 공간을 늘리기 위해 1968년 지금의 장소로 새롭게 옮겨왔다. 캐나다 원주민의 역사와 밴쿠버로 이주해온 주민들의 생활과 문화를 주제로 전시가 진행된다. 박물관 입구에는 인상적인 게 모양의 조형물이 있는데 이것은 원주민의 수호신을 뜻한다. 박물관의 숍에서는 로컬 아티스트가 직접 만든 수공예 제품을 판매해 이곳에서 독특한 기념품을 구매할 수 있다.

- 배니어 공원 입구 주차장 앞
- 일~수요일 10:00-17:00, 목~토요일 10:00-20:00
- CAD 성인 CAD 20, 65세 이상 CAD 15, 6-17세 CAD 15, 5세 미만 무료

밴쿠버 해양 박물관
Vancouver Maritime Museum

캐나다의 태평양과 북극 바다와 관련된 내용을 전시한다. 여러 종류의 배가 다양한 테마로 전시되어 있고 모형 외에도 항해 기기, 유니폼, 그림과 사진이 전시되어 있다. 이 박물관의 설립 목적이자 가장 큰 볼거리는 세인트 로크호Saint Roch다. 세인트 로크호는 캐나다 왕립 해안 경비선으로 밴쿠버에서 캐나다 북동쪽까지 양방향으로 항해한 최초의 기록을 보유한 배다. 1940년 모습 그대로 재현해놓아 좁은 선실 이곳저곳을 구경해볼 수 있다.

- 밴쿠버 박물관을 기준으로 공원 서쪽
- 화~일요일 10:00-17:00, 월요일 휴무
- CAD 성인 CAD 15, 65세 이상 CAD 11, 6-18세 CAD 12.50, 5세 미만 무료

H.R. 맥밀란 스페이스 센터
H.R. MacMillan Space Centre

우주를 주제로 한 박물관이다. 지구과학, 우주과학, 천문학 분야에서 지속적인 관심을 불러일으키고자 직접 만져보고 체험하며 우주의 경이로움을 느낄 수 있도록 학습에 중점을 두고 전시를 진행한다. 플라네타리움Planetarium 극장에서는 우주의 행성, 유성우, 블랙홀, 은하수 등을 소재로 한 영상을 상영한다. 토요일 밤에만 오픈하는 천문대에서는 대형 망원경을 통해 밤하늘의 경이로운 모습을 관찰할 수 있고 전문적인 설명도 들을 수 있다.

- 배니어 공원 입구 주차장 앞
- 박물관 09:30-16:30, 수요일 & 금요일 18:30-23:30
- CAD **데이타임 패키지** (플라네타리움쇼포함) 성인 CAD 19.75, 만 5세 미만 무료 **이브닝 타임 패키지** (플라네타이룸쇼포함) 성인 CAD 19.75, 만 5세 미만 무료

RESTAURANT & CAFÉ

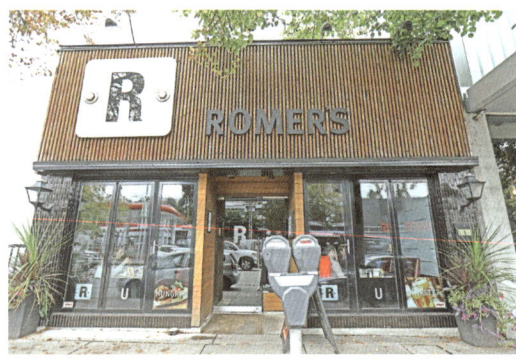

Romer's Burger Bar

오가닉 소고기와 로컬 채소만을 사용할 정도로 식재료를 까다롭게 선별하는 캐주얼 다이닝이다. 다양한 토핑이 있는데, 그중에서도 얇은 양파 튀김과 토마토가 들어간 Man's Man 버거가 가장 인기다. 버거와 함께 즐길 수 있는 맥주 종류도 다양하게 마련되어 있다.

🏠 1873 West 4th Avenue
☎ +1 604 732 9545
🕐 월~목요일 10:00-23:00, 금~토요일 10:00-24:00, 일요일 10:00-22:00
CAD 애피타이저 CAD 7.95~14.95, 브런치 CAD 11.95~16.95, 버거 CAD 14.95~25.95

Fable Kitchen

캐나다 최고의 요리사를 뽑는 방송인 '톱 셰프 캐나다'에서 결선에 진출했던 셰프가 오픈한 레스토랑이다. 레스토랑 이름은 농장Farm과 식탁Table을 합쳐 지었다고 한다. 이름처럼 로컬 농장에서 재배한 신선한 제철 재료로 요리를 한다. 주말이면 브런치를 즐기기 위해 방문하는 현지인이 많다.

🏠 1944 West 4th Avenue
☎ +1 604 732 1322
🕐 월,목요일 10:00-14:00, 17:00-21:00, 화~수요일 17:00-21:00, 금~토요일 09:00-14:00, 17:00-22:00, 일요일 09:00-14:00, 17:00-21:00
CAD 브런치 CAD 15~19, 애피타이저 CAD 7~17, 메인 CAD 23~32

Sophie's Cosmic Café

외부에서 바라보면 평범한 브런치 카페처럼 보이지만 매장으로 들어서면 핑크색 가죽 의자와 알록달록한 장난감, 1960년대 물건들로 화려하게 꾸며져 있다. 벽면 가득 옛 사진과 그림 액자가 걸려 있고 마치 미국 서부영화에 나올 법한 분위기여서 재미를 더한다. 에그 베네딕트나 와플 등 브런치가 주요 메뉴.

- 🏠 2095 West 4th Avenue
- ☎ +1 604 732 6810
- 🕒 매일 08:00-15:00
- CAD 에그 베네딕트 CAD 19.50~21.50, 오믈렛 CAD 19~21, 와플 CAD 16.5~19.5

Thomas Haas

뉴욕에서 유명한 파티셰 토마스 하스Thomas Hass가 운영하는 베이커리 카페다. 가게에 들어서면 알록달록한 수제 초콜릿과 마카롱, 신선한 빵이 쇼 케이스에 화려하게 전시되어 있다. 가장 유명한 것은 단연 수제 초콜릿으로 그 종류만 20개가 넘을 정도로 다양하다. 아몬드 크루아상도 인기이니 이곳을 찾았다면 꼭 한번 맛보자. 노스 밴쿠버와 키칠라노 2곳에 매장이 있다.

- 🏠 2539 West Broadway
- ☎ +1 604 736 1848
- 🕒 화~토요일 08:00-17:30, 일~월요일 휴무
- CAD 크루아상 CAD 4~6.9, 데니시 CAD 4.6~7.8, 스콘 CAD 4.4, 샌드위치 CAD 10.5~14, 커피&티 CAD 2.7~5.7

Folke

오픈 키친이 보이는 바에서 즐거운 다이닝 경험을 할 수 있는 비건 채식 전문 레스토랑이다. 연계된 지역 농장에서 제공하는 신선한 재료를 사용해 다채로운 요리를 선보인다. 서로 나눠 먹을 수 있도록 공유 접시 스타일로 나오니 종류별로 여러 개를 주문하는 것이 좋으며 테이스팅 메뉴도 있다. 전시된 와인 외에도 현지에서 생산한 독특한 맥주, 내추럴 와인 및 무알코올 음료 등도 엄선하여 제공한다.

- 🏠 2585 W Broadway
- ☎ +1 236 455 6556
- 🕒 목~월요일 17:00-22:30(월요일 ~21:00), 화~수요일 휴무
- CAD 빵 CAD 12, 요리 CAD 22~30, 맥주 CAD 7~8, 음료 CAD 8~12, 테이스팅 메뉴 CAD 85, 와인 페어링 CAD 135

SPECIAL PAGE
KITSILANO

브리티시 컬럼비아 주립 대학
The University of British Columbia(UBC)

밴쿠버 다운타운을 중심으로 키칠라노 지역을 지나 서쪽 끝부분에 있다. 캐나다에서는 토론토 대학 다음으로 큰 규모이며 종합대학으로 세계 최상위인 40위권 이내의 명문 대학으로 평가받는다. UBC의 오리지널 굿즈를 구입하려면 UBC Bookstore를 찾으면 된다. 로고가 들어간 티셔츠와 가방은 종류가 다양하게 갖추어져 있고, 작은 소품이나 잡화도 많아 선물로 구입하기에 좋다.

인류학 박물관
Museum of Anthropology

산과 바다가 내려다보이는 아름다운 건축물은 세계적인 건축가 아서 에릭슨이 설계했다. 이곳에는 약 53만 점의 작품이 있으며 캐나다 원주민의 문화 유물과 현대 예술품을 전시하는 박물관으로 유명하다. 원주민과 연관이 깊은 토템폴과 나무 조각품은 박물관 곳곳에 전시되어 있다. 가장 상징적인 작품은 원주민 조각가 빌 리드의 작품으로, 2012년 캐나다의 20달러 지폐에 그려져 있던 노란 삼나무 조각 작품이다.

- UBC 대학 캠퍼스 북서쪽 코너
- 매일 10:00~17:00, 목요일 21:00까지 운영
- CAD 성인 CAD 18, 65세 이상 CAD 16, 학생 CAD 16, 6세 이하 무료
- * 임시휴관. 2024년 6월 재개관 예정

UBC 식물원 & 트리워크
UBC Botanical Garden & Greenheart TreeWalk

대학 내에서 가장 오래된 식물원으로 브리티시 컬럼비아 최초의 식물학자인 존 데이비슨의 연구를 위해 세워졌다. 800종 이상의 식물을 보유하며 가든 깊숙한 곳까지 들어가면 나무들 사이를 다리로 연결해놓은 트리워크 구역이 있다. 트리워크 구역의 나무는 100년 이상 된 더글라스 나무, 삼나무, 전나무 등이다. 트리워크는 별도의 입장권을 구입해야 한다.

- UBC 대학 캠퍼스의 남서쪽 해안가, 썬더버드 스타디움 옆
- **보타니컬 가든** 4~10월 10:00-16:30, 11~3월 10:00-14:00, 월요일 휴원
  트리워크 화~일요일 10:00-16:00, 월요일 휴원 (매년 11-3월 폐쇄)
- CAD **보타니컬 가든** 성인 CAD 10, 65세 이상 CAD 8, 13~17세 CAD 8, 6~12세 CAD 5, 5세 미만 무료 **보타니컬 가든 + 트리워크** 성인 CAD 23, 65세 이상 CAD 17, 13~17세 CAD 17, 6~12세 CAD 10, 5세 미만 무료

MAIN STREET

매력적인 거리
메인 스트리트

예전 이곳은 범죄율이 높고 가난한 지역이었으나 최근 밴쿠버 다운타운의 치솟은 집값을 감당하기 어려워진 주민과 학생, 아티스트들이 이곳으로 모이며 밴쿠버에서 가장 핫한 거리로 거듭났다. 양조장, 부티크, 소품 숍, 카페들이 즐비해 마치 브루클린을 연상시킨다. 거리 곳곳에는 아름다운 벽화가 그려져 있는데, 2017년부터 매년 여름 벽화 축제를 위해 새로운 벽화로 탈바꿈되어 관광객의 시선을 끈다.

TRAVEL HIGHLIGHT

TRAVEL HIGHLIGHT
MAIN STREET

밴두센 식물원 Vandusen Botanical Garden

다운타운 남부의 메인 지역에 자리한 공원으로 전 세계에서 가져온 7500여 종의 식물을 보유하고 있다. 그림처럼 아름다운 호수와 분수, 인상적인 건축물과 나무로 만든 미로 도시 속의 고요한 식물원으로 편안한 시간을 보내기 좋다. 국가를 테마로 만든 공간에는 한국식 정자도 마련되어 있다. 식물원 내부 레스토랑의 창가 자리에 앉으면 아름다운 식물원의 경관을 보며 식사를 즐길 수 있다. 가장 많은 사람들이 찾는 시기는 금사슬나무Laburnum의 꽃이 활짝 피는 5월이다.

- 📍 스카이 트레인 오크릿지 41애비뉴Oakridge 41st Avenue역에서 도보 15분
- 🕐 11~2월 10:00-15:00, 3~5월, 9~10월 10:00-17:00, 6~8월 09:00-18:00, 12월25일 휴원
- CAD 성인 CAD 8.90~12.30, 65세 이상 CAD 6.25~8.60, 13~18세 CAD 6.25~8.60, 5~12세 CAD 4.45~6.15, 4세 미만 무료 / 계절에 따른 요금 변동 있음.

퀸 엘리자베스 공원 Queen Elizabeth Park

채석장이었던 곳을 1939년 엘리자베스 여왕의 방문을 기념해 공원으로 조성했다. 공원은 밴쿠버의 리틀 마운틴으로 불릴 만큼 높은 언덕에 자리하며 공원의 가장 높은 곳인 브뢰델 온실Bloedel Conservatory에는 120종 이상의 열대 조류, 500여 종의 식물과 꽃이 있다. 화려하게 꾸민 정원, 원주민의 나무를 모아놓은 수목원, Henry Moore의 조각품 등 볼거리 또한 많은 곳이다. 공원 내부에는 숲에 둘러싸인 아름다운 레스토랑도 있다.

- 📍 스카이 트레인 오크릿지 41애비뉴Oakridge 41st Avenue역에서 도보 12분
- 🕐 11~2월 10:00-16:00, 3,10월 10:00-17:00, 4~9월 10:00-18:00
- CAD 공원 무료, **Bloedel 온실** 성인 CAD 8.29, 65세 이상 CAD 5.82, 13-18세 CAD 5.82, 5~12세 CAD 4.14, 4세 미만 무료

밴쿠버 벽화 축제
Mural Festival

밴쿠버 벽화 축제는 남부 메인 지역의 예술 및 문화 발전에 기여하기 위해 비영리단체에서 주관하는 축제로 2016년부터 시작되었다. 축제는 여름여름(8월)과 겨울(3월)에 진행되며 아름다운 자연과 캐나다 원주민의 역사, 지역사회의 문화나 전통 등 아티스트의 감성이 물씬 느껴지는 다양한 그림이 펼쳐진다. 축제 기간에는 후원 기업들이 마련한 홍보 부스가 준비되는데 각 부스에서는 직접 벽화를 그려보거나 음료, 스낵 등을 맛볼 수 있어 흥을 돋운다. 또한 라이브 공연, 플리 마켓 등의 행사도 열리며 푸드 트럭이 모여들어 맛있는 음식을 맛볼 수도 있다. 축제 기간에는 메인 스트리트 벽화를 둘러보는 워킹 투어도 진행한다. 축제가 끝나더라도 거리 곳곳에서 창의적인 벽화를 볼 수 있다.

- Downtown // West End // River District // Mount Pleasant // Strathcona 에서 진행
- 매년 여름과 겨울로 정확한 날짜는 www.vanmuralfest.ca 참고
- CAD 페스티벌 참여 무료, BBQ 투어 CAD 24.33~30.27, 디스코 투어 CAD 14.64

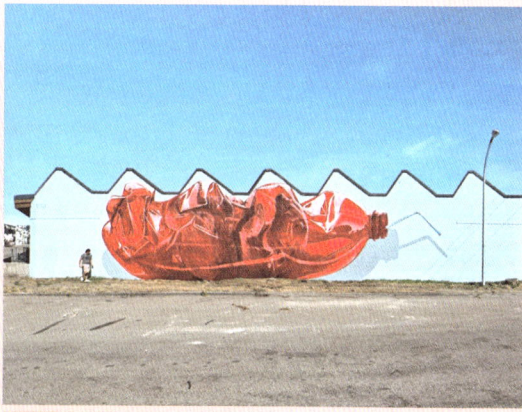

©vanmuralfest

퍼시픽 센트럴
Pacific Central

차이나타운의 남쪽, 메인 스트리트의 북쪽에 위치한 지역으로 이곳에는 퍼시픽 센트럴역과 로키마운티니어역, 텔러스 사이언스 월드가 있다. 이곳의 중심인 기차역 주변으로는 레스토랑, 디저트 숍, 소규모 브루어리가 있다. 아름다운 밴쿠버 전망을 볼 수 있는 곳은 텔러스 사이언스 월드 강변의 크릭사이드 공원이다.

©VIA Rail Canada

퍼시픽 센트럴역
Pacific Central Station

캐나다 대륙 횡단 열차인 비아레일 캐내디언 라인의 시작이자 종점 역이다. 비아레일 라운지와 커피숍, 프랜차이즈 레스토랑, 렌터카 사무소 등의 편의 시설이 있다. 또한 미국 시애틀로 이어지는 암트랙 캐스케이드 노선, 밴쿠버-스쿼미시-휘슬러를 잇는 퍼시픽 코치, 그레이 하운드, 볼트버스도 이곳에서 출발한다.

- 스카이 트레인 메인 스트리트-사이언스 월드Main Street-Science World역 하차

텔러스 사이언스 월드
Science World at TELUS World of Science

1986년 캐나다 엑스포를 위해 만들어진 건물로 현재는 통신사인 텔러스가 후원하는 과학 박물관. 대형 골프공 모양의 화려한 돔 건축물 내부에는 과학기술 전시관과 체험관, 과학 영상 상영관이 있다. 상영관 중에서도 돔 상단에 마련된 옴니맥스 극장OMNIMAX Theatre은 전 세계에서 가장 큰 규모의 3D-IMAX 극장으로 넓은 스크린과 랩 어라운드 방식의 디지털 사운드 시스템을 통해 환상적인 경험을 할 수 있다. 옴니맥스 극장은 사이언스 월드와는 별개로 영화 상영권을 구매해야 한다. 박물관과 옴니맥스 극장 모두 경험해볼 계획이라면 콤보로 구매하는 것이 경제적이다.

- 스카이 트레인 메인 스트리트-사이언스 월드Main Street-Science World역 하차
- 매일 10:00~17:00
- www.scienceworld.ca/
- CAD 성인 CAD 33.20, 65세 이상 CAD 26.75, 13~18세 CAD 26.75, 3~12세 CAD 22.50, 2세 미만 무료
* 옴니맥스 극장 현재 임시휴업

STANLEY PARK

도심 속의 여유 공간
스탠리 파크

밴쿠버에서 가장 대표적인 관광지이자 주민들에게 사랑받는 공간이다. 밴쿠버 다운타운과 견줄 만큼 큰 공원은 봄부터 가을까지 다양한 종류의 꽃을 피우는 정원과 숲 그리고 그 속에서 살아가는 야생동물의 모습이 조화를 이루는 곳. 또한 아름다운 비치와 원주민의 예술 작품인 토템폴, 캐나다에서 가장 큰 아쿠아리움, 노스 밴쿠버와 라이언스 게이트 브리지가 바라다보이는 전망 포인트 등 주요 명소가 모두 이곳에 자리한다. 또 하나의 볼거리로는 침식을 막기 위해 1917년부터 조성되어 스탠리 파크 외곽을 따라 주변 비치까지 이어진 약 10km의 시월 Seawall이다. 시월을 따라 만들어진 트레일에서 산책을 즐기거나 자전거를 타고 공원을 한 바퀴 돌아볼 수 있다. 인포메이션 센터 주변에 무인 자전거 대여소나 스탠리 파크 동쪽 입구 부근에서 자전거를 대여할 수 있다.

스탠리 파크 관광 안내소
📍 스탠리 파크의 동쪽 입구로 들어간 후 도보 12분

스탠리 파크 마차 투어 Horse-Drawn Carriage

마차를 타고 스탠리 파크를 편하게 돌아볼 수 있다. 투어는 약 1시간 진행되고 삼나무 숲, 토템폴, 라이언스 게이트 브리지 등 주요 스폿을 가이드의 친절한 설명과 함께 즐길 수 있다.

📍 스탠리 파크 관광 안내소 옆 주차장
🕐 3월~11월 10:00-17:30 날짜별 운영 시간이 달라지니 자세한 내용은 www.stanleypark.com/ 참고
CAD 성인 CAD 68, 65세 이상 CAD 62, 3-12세 CAD 30, 2세 미만 무료

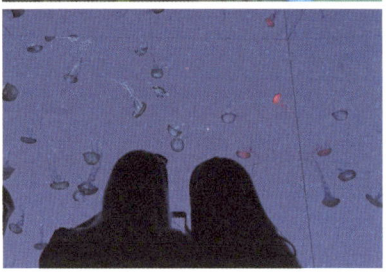

밴쿠버 수족관 Vancouver Aquarium

스탠리 파크 중심부에 자리한 캐나다 서부 최대 규모의 수족관이다. 태평양, 북극, 아열대 등 9개 구역으로 나뉜 넓은 공간에서 해양 생물을 볼 수 있는데, 그 개체 수가 5만 8000종이 넘는다고 한다. 어린이들이 직접 해양 생물을 만져보고 체험할 수 있는 전시장과 돌고래, 시라이언, 펭귄을 만나는 프로그램도 운영하고 있다.

- 📍 스탠리 파크의 동쪽 입구로 들어간 후 도보 15분
- 🕐 매일 10:00-17:00, 여름 18:00까지 운영
- CAD 성인 CAD 39.95, 65세 이상 CAD 35.20, 3~12세 CAD 25.20, 2세 미만 무료

프로스펙트 포인트
Prospect Point

라이언스 게이트 브리지와 노스 밴쿠버의 전경을 배경으로 아름다운 전망을 감상할 수 있는 뷰포인트.

- 📍 스탠리 파크 가장 북쪽, 라이언스 게이트 브리지를 넘기 전

라이언스 게이트 브리지
Lions Gate Bridge

스탠리 파크 북동쪽에 자리한 길이 1823m의 현수교. 밴쿠버 시내와 노스 밴쿠버를 연결하는 유일한 다리로 매일 6만 대가 넘는 차량이 라이언스 게이트 브리지를 통해 밴쿠버 시내와 노스 밴쿠버를 오간다.

잉글리시 베이 비치
English Bay Beach

스탠리 파크의 서쪽 입구에서부터 밴쿠버 다운타운 서쪽 끝까지 이어진 곳에 자리한 비치로 저녁에 아름다운 석양으로 유명하다.

- 📍 스탠리 파크 서쪽 입구 초입

토템폴 Totem Pole

원주민의 문화와 역사를 간직한 토템폴을 가장 많이 볼 수 있는 곳으로 스탠리 파크에 방문했다면 꼭 들러야 할 곳.

- 📍 스탠리 파크 가장 동쪽 부근 브록턴 포인트 Brockton Point 옆

NORTH VANCOUVER

자연이 숨쉬는 곳
노스 밴쿠버

다운타운 북쪽의 스탠리 파크와 라이언스 게이트 브리지를 지나 위치한 지역이다. 캐나다 플레이스에서 노스 밴쿠버 방향을 보면 아름다운 산들이 보이고 여유로운 분위기가 느껴진다. 노스 밴쿠버는 야외 체험으로 가득한 공간이다. 그라우스 마운틴에서 액티비티를 즐기고 론즈데일 키 마켓에서 지역 시장을 경험해볼 수 있다. 이곳에서 가장 주목할 관광지는 캐필라노 서스펜션 브리지 공원으로 울창한 숲에서 산림욕을 즐기며 짜릿한 경험을 할 수 있어 매년 수많은 관광객이 찾는다. 밴쿠버 다운타운의 워터프론트역에서 노스 밴쿠버의 론즈데일 키까지는 시버스로 편하게 오갈 수 있다.

그라우스 마운틴 Grouse Mountain

밴쿠버 다운타운에서 불과 20분 거리에 있는 그라우스 마운틴은 집라인, 하이킹, 산악자전거, 스키, 야생동물 보호소, 풍경 곤돌라 등 다양한 즐길 거리가 마련되어 있어 마치 야외 놀이공원 같은 곳이다. 입구에서 스카이 라이드Sky Ride를 타고 산 중턱으로 오르는 중에는 발아래로 울창한 더글라스 나무숲이 보이고 산 중턱에는 전망 레스토랑, The Observatory가 있다. 이곳에서 다시 한 번 리프트Lift로 산 정상까지 오르면 그라우스 마운틴을 중심으로 주변에 펼쳐진 코스트 마운틴의 절경과 밴쿠버 다운타운의 모습을 내려다볼 수 있다.

- 📍 론즈데일 키 마켓에서 236번 버스 이용 또는 다운타운에서 차로 20분 거리
- 🕐 **스카이라이드** 매일 09:00-21:00, **관광 안내소** 매일 08:00-20:00, **겨울 스키 리프트** 매일 09:00-22:00
- CAD 성인 CAD 75, 65세 이상 CAD 65, 13~18세 CAD 55, 5~12세 CAD 39, 4세 미만 무료

Tip 그라우스마운틴 레스토랑의 저녁예약시 곤돌라 무료탑승 가능

- CAD 에피타이저 CAD 8~26, 메인 CAD 36~56

딥 코브 Deep Cove

노스 밴쿠버의 동쪽에 자리한 조용한 마을로 바다와 인접해 있으나 깊은 협곡 사이에 감춰져 있어 파도가 높지 않아 카약이나 패들보드 등 해양 스포츠를 즐기기 좋다. 항구 주변의 숍에서 카약 장비 대여와 함께 간단한 교육을 받을 수 있으며 관광객으로 붐비는 밴쿠버 다운타운과 떨어져 있어 방해받지 않고 조용한 휴식을 즐길 수 있다. 쿼리 락Qurray Rock 등산로에 올라 딥 코브의 전망을 즐기고, 딥 코브의 명물 허니 도넛에서 달콤한 도넛을 맛보는 것도 잊지 말자.

- 📍 다운타운에서 차로 약 30분 거리로 버라드Burrad역 주변의 버스 정류장에서 211번 버스 이용

Honey Doughnuts & Goodies

딥 코브의 필수 방문 레스토랑으로 겉은 바삭하고 속은 부드러운 허니 도넛으로 유명하다. JJ Bean의 원두로 만든 커피와 함께 달콤한 휴식을 즐겨보자.

- 📍 4373 Gallant Avenue   ☎ +1 604 929 4988
- 🕐 매일 06:00-17:00   CAD 도넛 개당 CAD 3.75~

캐필라노 서스펜션 브리지 공원
Capilano Suspension Bridge Park

밴쿠버 다운타운에서 스탠리 파크를 지나 밴쿠버 북쪽으로 20분 정도 가면 사람 키의 수십 배가 넘는 거대한 나무들이 울창한 공원이 나타난다. 가장 유명한 대형 현수교를 비롯해 절벽 위를 걷는 클리프 워크, 나무 사이를 걷는 트리톱 어드벤처, 숲속 산책로인 네이처스 엣지 그리고 캐나다 원주민에 관련된 전시관도 있다. 공원 내에는 간단한 식사를 할 수 있는 레스토랑과 기프트 숍이 있다. 캐나다 플레이스와 밴쿠버 다운타운의 주요 호텔로 무료 셔틀을 운행해 관광객이 편하게 이동할 수 있다.

캐필라노 윈터 라이트 페스티벌 Canyon Lights

매년 11월 중순부터 1월 말까지 겨울이 오면 숲 전체를 덮은 수십만 개의 전구들이 캐필라노의 아름다움을 더한다. 나무 사이를 연결해둔 다리부터 작은 연못에 띄운 대형 전구까지 다양한 조형물과 초대형 크리스마스 트리를 만들어두어 겨울 축제 분위기를 즐기기 좋다. 크리스마스와 새해까지는 페스티벌을 즐기기 위한 방문객이 많은 시기로 셔틀 탑승객이 한꺼번에 몰리니 스케줄을 잘 확인해 여유롭게 탑승 준비를 하는 것이 좋다.

캐필라노 무료 셔틀 Free Shuttle

캐나다 플레이스 관광 정보 센터 앞, 하얏트 리젠시 호텔, 블루 호라이즌 호텔까지 3곳에서 무료 셔틀을 운행한다. 셔틀버스는 선착순 탑승으로 예약이 불가능하다. 시즌 및 정류장마다 출발 시간이 다르니 홈페이지에서 스케줄을 확인하도록 하자.

- 다운타운에서 무료 셔틀 버스 탑승 또는 차로 15분 거리
- 1/22~2/1 10:00-17:00, 2/2~2/25 10:00-20:00, 2/26~3/31 09:00-18:00, 10/13~10/31 10:00-20:00, 11/1~11/16 10:00-17:00, 11/17~1/21 11:00-21:00
- CAD 성인 CAD 66.95, 65세 이상 CAD 61.95, 18세 이상 학생 CAD 53.95, 13~17세 CAD 36.95, 6~12세 CAD 26.95, 5세 미만 무료(현장 티켓 구매 시 CAD 3 요금 인상)
- @ https://www.capbridge.com

방문 시 주의 사항!

- 조성된 트레일로만 다녀야 한다.
- 바닥이 젖어 미끄러울 수 있으니 주의해야 한다.
- 다리 위에서는 뛰거나 다리를 흔드는 행위는 금지다.
- 휠체어, 유모차를 타고 다리를 건너는 것은 금지다.
- 유아는 어린이 운반 장치를 착용한 채 이동해야 한다.
- 16세 이하는 반드시 보호자와 동반해 손을 잡고 다리를 건너야 한다.
- 협곡 아래로 쓰레기를 버리는 것은 금지다.
- 공원은 전 구역 금연이다.

① 서스펜션 브리지 Suspension Bridge

캐필라노의 명물인 이 다리는 캐필라노 강 위를 가로질러 협곡과 협곡을 잇는 현수교로 높이 70m, 길이는 140m에 이르며 1889년에 건설되었다.

② 트리톱 어드벤처 Treetop Adventure

나무와 나무 사이를 흔들 다리로 연결해 돌아다닐 수 있도록 만들어진 공간으로 이 다리의 높이는 바닥에서 최대 30m 정도다.

③ 클리프 워크 Cliff Walk

캐필라노 협곡 화강암 절벽에 매달려 있는 산책로로 강이 훤히 보일 정도로 구멍이 곳곳에 뚫려 있는 철근과 일부 공간은 유리로 만들어져 짜릿함을 느낄 수 있다.

99번 도로 - 시 투 스카이 하이웨이 Sea to Sky Highway

밴쿠버 다운타운에서 스탠리 파크, 노스 밴쿠버, 홀슈베이Horseshoe Bay, 스쿼미시Squamish를 지나 휘슬러까지 이어지는 99번 도로는 하우 해협Howe Sound의 반짝이는 물과 코스트 마운틴Coast Mountain의 환상적인 절경을 볼 수 있는 드라이브 코스다. 밴쿠버에서 휘슬러까지 올라가는 길에는 샤넌 폭포, 스쿼미시, 시 투 스카이 곤돌라 등 아름다운 명소가 차례차례 나타나 '하늘로 향하는 도로'라는 명칭이 왜 붙여졌는지 알 수 있다.

시 투 스카이 곤돌라 Sea to Sky Gondola

하우 해협과 장엄한 코스트 마운틴의 전경을 내려다볼 수 있는 곤돌라. 한 번에 8인까지 탑승하며 정상까지는 10분이면 이동한다. 정상에 오르면 파노라마로 펼쳐진 풍경을 감상할 수 있고, Sky Pilot 서스펜션 브리지와 하이킹 코스가 마련되어 있다. 겨울에는 정상에서 튜빙이나 스노슈잉 등의 프로그램을 즐길 수 있다. 렌터카 없이 방문하는 경우 밴쿠버 다운타운에서 곤돌라 탑승장까지 왕복 셔틀을 추가해 티켓과 함께 온라인 예약이 가능하다.

- Sea to sky gondola, 36800 BC-99, Squamish
- www.seatoskygondola.com/

샤넌 폭포 Shanon Falls

높이 335m의 샤넌 폭포는 브리티시 컬럼비아 주에서 세 번째로 높은 폭포이며 폭포 주변으로는 잘 정비된 산책로가 마련되어 있어 우뚝 솟은 나무 사이를 걸으며 산림욕을 즐길 수 있다. 가장 방문하기 좋은 시기는 봄부터 가을까지로 눈이 녹으면서 수위가 높아지는 시기다.

- BC-97, Squamish

휘슬러 whistler

북미 최고의 휘슬러-블랙콤 스키 리조트가 있는 곳이자 2010년 밴쿠버 동계 올림픽과 패럴림픽의 알파인 스키, 루지, 스켈레톤, 봅슬레이 등의 경기가 열린 도시다. 휘슬러에서 가장 유명한 것은 단연 최고의 리조트에서 즐기는 스키다. 하지만 스키 이외에도 여름 산악자전거와 스노 월 하이킹Snow Wall Hiking등의 야외 활동을 즐길 수 있고 여러 수상 경력을 자랑하는 레스토랑이나 최고급 스파 시설이 있어 1년 내내 다양한 체험이 가능한 레포츠의 천국이다.

휘슬러 빌리지 Whistler Village

관광 안내소부터 고속버스 정류장, 호텔, 레스토랑, 상점가, 렌털 숍 등 모든 편의 시설이 모여 있는 곳으로 야외 활동 후 식사나 쇼핑을 즐기기 위해 관광객들이 모여드는 곳이다. 휘슬러 빌리지는 크게 페어몬트 호텔과 포시즌스 호텔이 자리한 어퍼 빌리지Upper Village, 크고 작은 호텔들과 관광 안내소가 위치한 빌리지 센터Village Centre, 올림픽 플라자와 마켓 플레이스 쇼핑센터가 자리한 빌리지 노스Village North까지 3구역으로 나눌 수 있다. 이 중에서도 빌리지 센터가 가장 중심이다. 어퍼 빌리지와 빌리지 센터에서는 휘슬러-블랙콤 산으로 오르는 곤돌라와 체어 리프트를 탈 수 있다.

휘슬러의 무료 셔틀

관광객의 편의를 위해 휘슬러의 교통 시스템을 무료로 운영한다. 곤돌라 환승 정거장과 마켓플레이스를 오가는 4번 버스는 11월 중순~4월까지 무료로 운행되며, 곤돌라 환승 정거장과 블랙콤 베이스 롯지를 오가는 5번 버스는 1년 내내 무료로 이용할 수 있다. 로스트 레이크로 가는 8번 버스는 6월 중순에서 9월 초까지 무료로 운행된다.

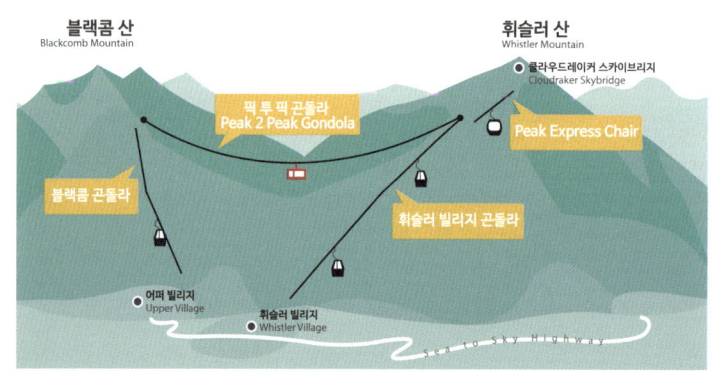

휘슬러 찾아가기

대중교통 휘슬러와 가장 가까운 밴쿠버 공항이나 다운타운에서 에픽 라이드, 휘슬러 라이드, 스카이 링스 등의 버스가 정기적으로 운행한다. (밴쿠버의 교통 050p 참고)
렌터카 99번 도로~시 투 스카이 하이웨이를 따라 밴쿠버부터 시닉 드라이브 코스를 즐기며 이동, 약 1시간 30분 소요

휘슬러-블랙콤 산 Whistler-Blackcomb Mountain

전 세계에서 가장 많은 스키어들이 모여드는 북미 최고의 휘슬러-블랙콤 산은 스키를 즐길 수 있는 기간이 11월부터 다음 해 5월까지로 긴 편이고 평균 적설량이 10m다. 해발 2182m의 휘슬러 산과 2436m의 블랙콤 산이 합쳐 이루어진 거대 스키장의 총면적은 3278만 m²이며, 휘슬러 쪽의 스키장이 조금 더 야생적인 매력을 가지고 있고 블랙콤은 비교적 최신 시설과 험준한 코스를 갖추고 있다. 총 200개가 넘는 슬로프 중 절반 정도가 중급 이상 코스에 해당되지만 초급자를 위한 교육 프로그램과 코스도 마련되어 있다.

©Scandinave Spa Whistler

스칸디네이브 스파 Scandinave Spa

휘슬러 빌리지에서 차로 5분 거리에 있는 북유럽식 야외 온천 스칸디네이브 스파는, 레포츠를 즐긴 후 여행의 피로를 풀기 위해 방문하면 좋다. 가문비나무와 삼나무에 둘러싸인 온천장에서 휘슬러의 깨끗한 자연환경을 만끽하며 여유로운 휴식을 즐길 수 있다.

- 📍 8010 Mons Road
- 🕐 매일 10:00-21:00
- CAD 성인 CAD 100~180(시즌에 따라 요금 변동)

클라우드레이커 스카이브리지 Cloudraker Skybridge

휘슬러 산 정상에 있는 현수교로 130m의 아찔한 다리 위에서 스릴 넘치는 체험을 즐길 수 있으며, 파노라믹 전망을 감상할 수 있다.

- 📍 휘슬러 곤돌라 또는 픽 투 픽 곤돌라를 이용해 휘슬러 산 라운드하우스 로지Roundhouse Lodge에서 피크 익스프레스Peak Express 리프트 탑승, 하차 후 약 10분 정도 도보 이동
- 🕐 월~목요일 10:00-16:00, 금~일요일 10:00-17:30(시즌에 따라 오픈 시간 변경)
- CAD 여름 데이 티켓(360 Experience)을 구매하면 픽 투 픽 곤돌라를 포함해 리프트를 이용할 수 있다. 성인 CAD 70~85, 65세 이상 CAD 60~75, 13~18세 CAD 60~75, 7~12세 CAD 36~43, 6세 미만 무료 (온라인 구매 시 더 저렴)

픽 투 픽 곤돌라 Peak 2 Peak Gondola

휘슬러와 블랙콤 산의 정상을 연결한 곤돌라로 세계 최고 높이다. 산 사이를 이동하며 빙하가 덮인 계곡과 휘슬러 주변 산악지대의 풍경을 감상할 수 있다.

- 🕐 매일 10:00-17:00 여름, 겨울 시즌에 따라 운영시간이 다르며 주말에만 운영하는 경우도 있으니 방문 전 반드시 홈페이지에서 확인해야 한다.
- @ www.whistlerblackcomb.com/explore-the-resort/activities-and-events/summer-activities/peak-2-peak-360-experience/peak-2-peak-gondola.aspx
- CAD 여름 데이 티켓(360 Experience)을 구매하면 픽 투 픽 곤돌라를 포함해 리프트를 이용할 수 있다. 성인 CAD 70~85, 65세 이상 CAD 60~75, 13~18세 CAD 60~75, 7~12세 CAD 36~43, 6세 미만 무료 (온라인 구매 시 더 저렴)

RESTAURANT & CAFÉ

©Bearfoot Bistro

©Araxi Restaurant & Oyster Bar

Bearfoot Bistro

캐나다 요리 선수권 대회에서 우승 경력을 가지고 있는 멜리 사크레이 셰프의 고급 레스토랑. 2만 병 이상의 와인을 보관한 지하 와인 저장고가 이곳의 큰 자랑거리다. 주인은 세이버라는 검으로 샴페인 병을 여는 기네스 기록을 보유하고 있는데, 운이 좋으면 간혹 열리는 샴페인 세이버링도 참여할 수 있다.

- 🏠 4121 Village Green
- ☎ +1 604 932 3433
- 🕒 매일 16:30-22:00
- CAD 애피타이저 CAD 22~30, 메인 CAD 46~87, 디저트 CAD 15~34, 멀티 코스 디너 CAD 198, 소믈리에 와인 페어링 CAD 128

Araxi Restaurant & Oyster Bar

BC 주의 고급 식재료를 사용하는 레스토랑으로 유명하다. 스타 셰프인 고든 램지가 캐나다 최고의 식당으로 공표하기도 했다. 계절에 맞는 식재료를 사용한 해산물 요리를 즐길 수 있다.

- 🏠 110-4222 Village Square
- ☎ +1 604 932 4540
- 🕒 매일 17:00-22:00
- CAD 오이스터 개당 CAD 5, 시푸드 타워 CAD 129, 메인 CAD 36.5~64.5

Rimrock café

크릭사이드와 휘슬러 빌리지 사이에 위치하고 있는 해산물 레스토랑이다. 캐나다에 가면 꼭 가봐야 하는 레스토랑 리스트에 자주 오르는 곳으로, 분위기 있는 조명과 맛 모두 만족스러운 곳이다. 해물요리인 seafood antipasto는 꼭 맛봐야 할 전체 요리이며 다양한 와인과 함께 식사를 즐길 수 있다. 디너만 이용 가능하며 예약은 필수다.

- 🏠 2117 Whistler Road
- ☎ +1 604 932 5565
- 🕒 17:30-21:30
- CAD 오이스터 개당 CAD 3~4, 메인 CAD 49~65

The Den

휘슬러에서 차로 멀지 않은 거리에 있는 니타 레이크 롯지에 있는 레스토랑으로, 니타 호수 위로 보이는 협곡을 바라보면서 우아한 분위기 속에서 식사를 할 수 있다.

- 🏠 2131 Lake Placid Road
- ☎ +1 604 966 5700
- 🕒 07:00-11:00, 18:00-22:00, 일요일 브런치 07:00-14:00
- CAD 일요일 브런치 뷔페 CAD 49, 스테이크 CAD 40~68, 디저트 CAD 14~15

HOTEL

HOTEL
WHISTLER

Four Seasons Resort Whistler ★★★★★

최고의 서비스와 시설을 갖춘 럭셔리 리조트로 휘슬러 빌리지 위쪽에 자리하고 있다. 객실은 산과 숲, 빌리지의 전망을 볼 수 있는 발코니를 갖추고 있으며 키친 시설이 마련된 레지던스 타입의 룸을 선택할 수 있다. 호텔의 컨시어지에서는 장비 렌트나 리프트권 등의 스키 관련 서비스를 제공한다.

🏠 4591 Blackcomb Way
☎ +1 604 935 3400
@ www.fourseasons.com/whistler

Fairmont Chateau Whistler ★★★★

페어몬트 샤토 휘슬러 호텔은 휘슬러-블랙콤 스키장 빌리지에 있는 최고급 리조트다. 호텔에서 리프트권 구매와 스키 장비 대여도 가능하고 호텔 바로 앞에 리프트가 마련되어 있어 스키를 즐기기 최적의 리조트다.

🏠 4599 Chateau Boulevard
☎ +1 604 938 8000
@ www.fairmont.com/whistler

The Westin Resort & Spa, Whistler ★★★★

전 객실 스위트 타입의 럭셔리 리조트호텔로, 스키장의 곤돌라와 휘슬러 골프 클럽까지 도보 5분이면 갈 수 있다. 세련되고 현대적인 레스토랑, 벽난로가 있는 라운지, 피트니스센터, 스파, 자쿠지가 있는 실내외 수영장, 키즈 클럽, 스키 장비 대여소 등의 부대시설이 있다. 여름에는 하이킹과 낚시, 겨울에는 스노보드와 스키에 이르기까지 계절에 관계없이 숙박 동안 다양한 액티비티를 즐길 수 있다.

🏠 4090 Whistler Way
☎ +1 604 905 5000
@ www.marriott.com/en-us/hotels/ysewi-the-westin-resort-and-spa-whistler/overview/

Pan Pacific Whistler Mountainside ★★★★

모든 객실 스위트 타입의 럭셔리 산장 호텔로 블랙콤 엑스칼리버 곤돌라 맞은편에 위치, 휘슬러 골프 클럽까지는 도보로 7분이면 갈 수 있다. 11년 연속 캐나다 베스트 스키 호텔로 선정되었으며, 세련된 객실, 레스토랑, 야외 온수 수영장, 스키 및 골프 장비 보관소 등의 시설을 갖추고 있다.

🏠 4320 Sundial Crescent
☎ +1 604 905 2999
@ www.panpacific.com/en/hotels-and-resorts/pp-whistler-mountainside.html

VANCOUVER HOTEL

Fairmont Waterfront ★★★★★

페어몬트 계열의 또 다른 호텔로 하버 지역 캐나다 플레이스와 맞닿은 위치에 있다. 리노베이션된 룸은 깔끔하고 고급스러움이 느껴지며 한쪽 벽면의 큰 창문으로는 노스 밴쿠버의 아름다운 전망을 볼 수 있다.

- 900 Canada Place Way
- +1 604 691 1991
- www.fairmont.com/waterfront-vancouver

Fairmont Pacific Rim ★★★★★

밴쿠버의 페어몬트 호텔 중에서도 가장 최고급 호텔이다. 세계 최고의 비즈니스 호텔로 평가받았으며 여러 수상 경력을 자랑하는 다이닝이 있다. 콜하버 지역에 있어 롭슨 스트리트나 다운타운 관광에도 편리하다.

- 1038 Canada Place
- +1 604 695 5300
- www.fairmont.com/pacific-rim-vancouver

Fairmont Hotel Vancouver ★★★★

밴쿠버를 대표하는 랜드마크 격인 호텔로 세워진 지 80년이나 된 호텔이다. 외관은 도시 한복판에 성이 지어진 듯 고풍스러운 분위기다. 위치도 밴쿠버의 가장 중심이어서 시내 어디로 이동하든지 접근성이 매우 좋다.

- 900 West Georgia Street
- +1 604 684 3131
- www.fairmont.com/hotel-vancouver

Pan Pacific ★★★★

캐나다 플레이스에 자리해 뷰가 좋은 호텔이다. 노스 밴쿠버와 콜하버의 아름다운 전망을 룸에서 바라볼 수 있다. 항구를 이용할 때 위치가 가장 좋으며 대부분의 관광지를 도보로 5분이면 이동할 수 있다.

- Suite 300-999, Canada Place Vancouver
- +1 604 662 8111
- www.panpacific.com/en/hotels-and-resorts/pp-vancouver.html

Hyatt Regency
★★★★

다운타운 버라드역 바로 앞에 있어 접근성이 좋고, 고층 건물은 밴쿠버의 야경을 보기에도 좋다. 4성급 호텔이지만 숙박 요금이 비싸지 않아 합리적인 금액대에 머물 수 있는 호텔이다.

🏠 655 Burrard Street
☎ +1 604 683 1234
@ www.hyatt.com/en-US/hotel/canada/hyatt-regency-vancouver/yvrrv

Hotel Belmont Vancouver
★★★

밴쿠버에서 젊은 분위기를 한껏 느끼기 좋은 곳이다. 디자인 호텔로 핑크색 레스토랑이 눈에 띄며 내부는 블루 톤으로 모던하게 인테리어되어 있다. 활기찬 분위기를 좋아하는 관광객이 선택하면 좋을 만한 호텔이다.

🏠 654 Nelson Street
☎ +1 604 605 4333
@ www.hotelbelmont.ca

오직, 샬레트래블이기에 가능한 특별한 혜택

샬레트래블은 한국의 럭셔리 여행을 이끄는 여행사로, 전세계 상위 2% 럭셔리 여행 네트워크인 버츄오소 Virtuoso 및 더 리딩호텔 오브 더 월드, 스몰 럭셔리 호텔스, IHG 럭셔리&라이프 스타일, 샹그릴라 럭셔리 서클 등의 에이전트 멤버입니다.
전세계의 포시즌스, 샹그릴라, 불가리, 파크하얏트, 페어몬트 그룹 호텔을 비롯한 주요 럭셔리 호텔을 샬레 컨설턴트를 통해 예약하시면 고품격 휴식을 위한 특별한 혜택을 선사합니다.

Benefit 1 매일 2인 조식
Benefit 2 100달러 상당의 호텔 크레딧(호텔에 따른 적용 범위-푸드 & 음료, 스파, 액티비티 등-별도 안내)
Benefit 3 룸 업그레이드 및 얼리 체크 인 & 아웃 우선권한(호텔 룸 상황에 따라 체크인 당일 가능여부 최종 확정)
Benefit 4 호텔에 따라 추가 어메니티 및 혜택, 프로모션이 주어지는 경우 별도 안내

추가 호텔 확인 & 문의방법
🏠 www.chalettravel.kr ☎ 02-323-1280 @ chalettnl@chalettravel.kr

SPECIAL PAGE
OKANAGAN VALLEY

캐나다 서부 최대의 와인 생산지, 오카나간 밸리

Okanagan Valley

밴쿠버에서 동쪽으로 400km 떨어진 지역으로 앨버타 주의 로키산맥과 밴쿠버 중간에 있어 밴쿠버에서 시작해 로키를 여행하려는 관광객들이 중간에 들러 가기 좋은 곳이다. 이곳은 캐나다에서 가장 비옥한 토지와 햇볕이 잘 드는 날씨로 유명한데, 날씨의 영향으로 많은 과수원과 와이너리가 자리한다. 과일 수확기에 접어들면 농장에서 직접 과일을 수확하는 유픽 체험을 할 수 있으며 크고 작은 와인 농장이 많기 때문에 와이너리 투어 및 신선한 로컬 와인을 구매할 수도 있다. 여름이면 따사로운 햇살 아래 호수에서 수상 레포츠를 즐기거나 오카나간 호수의 절경을 바라보며 골프를 즐기고 겨울이면 스키를 타기 위해 찾는 현지인도 많다.

킬로나 Kelowna

온화한 기후, 따사로운 햇빛, 아름다운 호수와 산에 둘러싸인 도시다. 오카나간 호수의 중심부에 자리해 오카나간 밸리 여행의 중심으로 오카나간 문화유산 박물관, 오카나간 와인 & 과수원 박물관, 파머스 마켓 등의 볼거리가 있다. 마을 외곽으로는 와이너리와 과수원이 자리하고 있어 오카나간 밸리 여행을 계획한다면 이곳에 숙소를 잡는 것이 좋다.

킬로나 관광 안내소
- 238 Queensway Avenue, Kelowna
- 매일 08:30-17:00

과일 따기 체험 Fruits U-Pick

오카나간 밸리의 농장에서 과일 수확 시즌인 6~10월까지 체리, 블루베리, 자두, 포도, 사과 등 각종 과일을 직접 수확하는 체험을 해볼 수 있다. 농장에 방문하면 과일 체험 바구니를 제공한다. 바구니에 직접 과일을 담아 무게당 요금을 계산한 후 가져갈 수 있다. 사전 예약은 필요 없으며 대부분의 농장이 문을 일찍 닫고 홈페이지나 온라인 예약 시스템을 제공하지 않기 때문에 인포메이션 센터에 방문해 농장을 확인한 후 이동하는 것을 추천한다.

SPECIAL PAGE
OKANAGAN VALLEY

오카나간 밸리의 와인

오카나간 호수를 따라 약 200km 이어진 밸리는 BC 주 와인 생산량의 대부분을 차지한다. 여름철 높은 일조량과 따뜻한 기온으로 포도를 재배하고 와인을 만들기에 가장 좋은 날씨다. 겨울철이면 기온이 낮아져 아이스 와인을 생산하기에도 적합하다. 캐나다 와인의 수출량은 5% 미만으로 대부분 내수로 소비되고 있어 한국에서는 자주 만날 수 없다. 캐나다에 방문했다면 BC 와인을 맛보는 것이 큰 매력이다.

©Mission Hill Family Estate Winery

미션힐 와이너리 Missionhill Estate Winery

킬로나의 높은 지대에 자리한 와이너리로 입구에서부터 웅장한 모습이 시선을 끈다. 지대가 높은 만큼 눈앞에 펼쳐지는 호수와 산의 파노라마 전망이 절경이며, 와인 시음뿐 아니라 테라스 레스토랑에서 이 멋진 전망을 바라보며 와인을 곁들인 식사도 즐길 수 있다.

- 🏠 1730 Mission Hill Road, West Kelowna
- 🕐 와이너리 매일 11:00-18:00
- CAD 미션힐 소믈리에 투어 (60분) CAD 65
- @ missionhillwinery.com

서머힐 피라미드 와이너리 Summerhill Pyramid Winery

풍경도 매우 멋지지만 와인을 저장하는 창고가 피라미드 모양으로 되어 있어 눈길을 끈다. 45분간 진행되는 와이너리 투어를 이용하면 독특한 숙성 방법에 대한 설명도 들을 수 있다. 킬로나의 인기 와이너리 중 하나다.

- 🏠 4870 Chute Lake Road, Kelowna
- 🕐 매일 10:00-21:00 (와인 테이스팅 10:00-19:00)
- CAD 피라미드 와인 투어 CAD 20 (매일 14:00에 진행), 와인 테이스팅 CAD 10
- @ www.summerhill.bc.ca

©Summerhill Pyramid Winery

VANCOUVER ISLAND

밴쿠버 아일랜드

밴쿠버 아일랜드는 BC 주 가장 서쪽 태평양 연안의 섬이다. 섬의 남에서 북까지의 길이는 약 460km. 항구 마을이 많고, 원주민의 역사를 보존하며 가장 남쪽에는 BC 주의 주도인 빅토리아가 있다. 장엄한 산맥과 대자연이 가득한 밴쿠버 아일랜드는 해변을 따라 눈부시게 펼쳐진 바다에서 서핑을 즐기고, 작은 항구 마을에서 휴식을 취하는 쉬어 가는 여행이 가능하다.

밴쿠버 아일랜드 여행하기

대중교통이 발달하지 않은 지역이기 때문에 렌터카로 여행하는 방법이 가장 좋다. 빅토리아, 나나이모같이 밴쿠버에서 페리로 연결되는 곳은 렌터카가 필요 없지만 던컨, 슈메이너스, 토피노 등 대중교통 운행 횟수가 많지 않은 곳은 스케줄에 따라 여행하기가 까다롭기 때문에 렌터카를 이용하는 것이 효율적이다.

아일랜드링크버스 IslandLinkBus

I2023년 25주년을 맞이한 아일랜드링크는 밴쿠버 아일랜드의 주요 도시를 오가는 고속버스 서비스를 제공한다. 연간 7만 5천 명 이상의 승객을 수송하고 있으며 무료 Wi-Fi를 갖춘 최대 16대의 버스를 운행하고 있다. 일부 노선은 USB 충전, 리클라이닝 좌석 이용 가능하며 10불을 추가하여 앞자리 예약도 가능하다. 온라인 예약 시 약 5% 할인을 받을 수 있다.

운행노선

IslandExpressBus 빅토리아-나나이모-코트니-캠벨리버(Victoria-Nanaimo-Courtenay-Campbell River)
TofinoExpressBus 나나이모-포트앨버니-우클루릿-토피노(Nanaimo-Port Alberni-Ucluelet-Tofino)
PortHardyExpressBus 캠벨리버-포트맥네일-포트하디(Campbell River-Port McNeil-Port Hardy) *2024년 5월부터 운행
CAD 빅토리아~나나이모 CAD 40, 빅토리아~토피노 CAD 109, 빅토리아~던컨 CAD 76, 나나이모~캠벨리버 CAD 50, 캠벨리버~포트하디 CAD 75
@ www.islandlinkbus.com / tofinoexpressbus.com/

DUNCAN

원주민의 역사 토템폴을 찾아서
던컨

빅토리아에서 차로 약 50분 거리, 나나이모로 이동하는 길에 들러서 관광할 수 있다. 이곳은 인구의 대부분이 원주민인 토템폴 마을이다. 마을 곳곳에 있는 다양한 모양의 토템폴을 구경하기 위해 많은 관광객이 던컨을 방문한다. 바닥에 그려진 노란색 발자국을 따라 걸으면 토템폴 투어를 할 수 있다.

토템폴 Totem Pole

토템폴은 캐나다 서부 지역 원주민의 토테미즘 상징물로 볼 수 있다. 그들이 숭배하는 동물이나 식물 등을 나무 기둥에 조각해 집 앞이나 마을 입구에 만들어놓았다. 한국의 장승 같은 토템폴은 삼나무를 조각해 만들며 그 모양은 사람 같기도, 동물 같기도 한 반인반수 모습이 대부분이다. 이런 조각을 여러 개 쌓아 올리고 가장 꼭대기에 집단의 상징 토템을 놓는다. 브리티시 컬럼비아 주를 여행하다 보면 공원이나 시내 곳곳에서 토템폴을 볼 수 있는데 원주민의 문화와 역사를 보존하기 위해 토템폴을 모아두었다. 밴쿠버, 빅토리아, 던컨, 나나이모 시내를 다니다 보면 Hill's Nation Art 매장을 볼 수 있는데, 이곳에서 원주민이 만든 작품을 전시, 판매한다.

관광 안내소

관광 안내소에서 토템폴 워킹투어 지도를 받을 수 있다. 식당이나 호텔, 주차장 같은 편의 시설에 대한 유용한 정보도 얻을 수 있으니 관광 시작 전에 들러보면 좋다.

- 🏠 2896 Drinkwater Road, Duncan
- ⓧ 월~금요일 09:00-17:00, 토~일요일 10:00-14:00

CHEMAINUS

마을 전체가 야외 미술관
슈메이너스

던컨에서 북쪽으로 약 20분 거리에 있는 벽화 마을이다. 원래 이 도시는 목재 산업과 어업, 광업에 의존해왔는데 1970년 후반 공장이 문을 닫으며 매우 어려운 시기를 겪게 되었다. 마을이 폐허로 변해가는 것을 우려하던 주민들의 아이디어로 이곳에 벽화를 그려 관광객을 끌어모으기로 결정했다. 1982년부터 시작해 현재는 40개가 넘는 벽화가 마을을 뒤덮고 있다. 벽화는 슈메이너스의 역사와 이주민들이 캐나다에 정착하고 살아가는 이야기를 담고 있으며 캐나다의 유명 예술가 에밀리 카의 작품을 볼 수 있다. 길에 그려진 노란색 발자국을 따라 벽화를 구경하면 된다.

> **관광 안내소**
>
> 관광 안내소에 들르면 마을의 지도를 얻을 수 있다. 벽화 위치와 내용이 자세하게 담겨있는 지도를 가지고 관광을 시작하는 것이 좋다.
> 🏠 102-9799 Waterwheel Crescent, Chemainus
> 🕐 월~금요일 10:00-16:00

NANAIMO

여유로운 항구도시
나나이모

밴쿠버 섬에서 빅토리아 다음으로 큰 항구도시이며 밴쿠버 아일랜드의 동부 해안가에 있다. 도시 어디서든지 멋진 바다 경관을 볼 수 있으며 작은 도시이기 때문에 바다에 인접한 항구 주변에 볼거리가 모여 있다. 항구에서는 주변 도시로 이동하는 페리와 수상 비행기가 끊임없이 드나든다.

TOFINO

서퍼들의 지상낙원
토피노

밴쿠버 아일랜드 북서부에 있는, 퍼시픽림 국립공원과 맞닿아 있는 아름다운 해안 마을로 캐내디언에게 사랑받는 휴양지다. 토피노 주변에는 체스터맨 비치, 콕스 베이, 롱비치 등의 해변가가 자리해 여름이면 서핑, 카약 등 워터 액티비티를 즐기는 관광객이 모여드는 곳이다. 또한 5~10월에는 알래스카로 이동하는 고래 떼를 보기 위한 웨일 와칭 투어도 활성화되어 있다. 밴쿠버 아일랜드의 나나이모 페리 터미널에서 차를 타고 한참 이동해야 하지만 도착하고 나면 그만큼 멋진 풍경과 자연을 볼 수 있어 감탄을 자아낸다. 나나이모 항구에서 차로 약 3시간 거리이며 밴쿠버에서 수상 비행기를 이용할 수 있다.

2018년 캐나다 최고의 리조트로 선정된 위카니니쉬 인 Wickaninnish Inn

이 리조트는 태평양 연안에 자리한 폭풍우 관찰에 아주 적절한 곳이다. 태평양을 건너온 거칠고 강한 폭풍우와 거대한 파도를 넓은 창문을 통해 바라볼 수 있도록 디자인되었다. 삼나무와 전나무 등의 목재 인테리어와 로비의 벽난로가 호텔의 따뜻한 분위기를 자아낸다. 호텔은 체스터맨 비치와 연결되어 있고 모든 객실에서 태평양 바다와 해변의 전경을 조망할 수 있다. 디럭스 룸과 스위트 룸을 포함한 총 75개의 객실을 갖추고 있다.

🏠 500 Osprey Lane, Box 250, Tofino
@ www.wickinn.com

VICTORIA

정원의 도시
빅토리아

브리티시 컬럼비아 주의 주도. 19세기 말 영국에서 건너온 이주민들이 개척한 곳으로 도시 이름에서도 영국이 느껴지고 호텔 외관, 관공서 빌딩, 주요 관광지에 영국의 문화와 분위기가 그대로 남아 있다. 정원의 도시라 불릴 만큼 도시 곳곳 아름다운 공원과 나무, 꽃들이 가득해 따사로운 햇살을 즐기며 산책하기에 좋은 도시다.

◆ 대중교통을 이용한 밴쿠버 1일 관광 루트 ◆

부차트 가든 &
영국식 애프터눈 티 즐기기

페어몬트 엠프레스 호텔에서 투어 버스 이용

빅토리아 이너하버

로열 브리티시 컬럼비아 박물관

◆ 찾아가기 ◆

빅토리아 다운타운에서 약 30분 거리에 국제공항이 있다. 우리나라에서 직항 스케줄은 없어 밴쿠버를 경유 해야 한다. 에어 캐나다Air Canada와 웨스트젯West Jet 등의 캐나다 국내 항공사들이 밴쿠버 및 캘거리, 에드먼튼 등 캐나다 국내 도시를 연결하는 노선을 운영한다.

빅토리아 공항에서 시내로

택시 Taxi

공항 ↔ 약 30분 소요 ↔ 빅토리아 다운타운 등 원하는 목적지

CAD 60~
* 요금의 10~15%를 팁으로 주는 것이 관행
* Yellow Cab +1 250 381 2222

Tip 최근 빅토리아지역 우버가 승인되어 우버 예약이 가능하다. (일반버스는 큰 수화물 불가)

④ BC 주 의사당
⑤ 피셔맨즈 워프 관광 & 피시앤칩스 맛보기
⑥ 페어몬트 엠프레스 호텔에서 야경 감상

페리

• 밴쿠버에서 출발 •

츠와쎈 터미널
BC Ferries

페리 1시간 35분 소요, 커넥터 3시간 50분 소요
페리 CAD 19.20, 커넥터 CAD 55~

스와츠베 터미널

• 미국에서 출발 •

미국 시애틀
Clipper Vacation

약 3시간 소요, 하루 1편 운항
USD 99~149

이너하버

미국 포트앤젤레스
Black Ball Ferry

약 1시간 30분 소요, 하루 2~4편 운항
USD 22.75 (차량탑승시 USD 76)

이너하버

Clipper Vacation

시애틀과 빅토리아를 연결하는 노선. 연중 운영하며 하루 연중 1일 1회만 왕복 운행 스케줄이 있다. 미국과 캐나다의 국경을 지나기 때문에 항상 여권을 소지하고 있어야 한다. 업체에서는 페리를 포함해 원데이 투어도 제공해 다양하게 활용할 수 있다.

@ www.clippervacations.com

Black Ball Ferry

미국 워싱턴 주의 올림픽 국립공원에서 빅토리아 이너하버를 오가는 페리. 차를 실을 수 있을 만큼 큰 선박이며 커피숍 등의 편의 시설도 있다. 최소 하루 전에는 예약하는 것을 추천. 하루에 2~4편 스케줄이 있다. 국경을 지나기 때문에 항상 여권을 소지하고 있어야 한다.

@ www.cohoferry.com/Schedule

수상 비행기	밴쿠버 하버	약 35분 소요, 하루 약 10편~ CAD 160~356	이너하버
	휘슬러	약 45분 소요 CAD 212~313	이너하버
	미국 시애틀	약 45분 소요, 하루 2편 CAD 199~388	이너하버

◆ **빅토리아 시내 교통 BC Transit** ◆

빅토리아의 주요 관광지가 모여 있는 이너하버와 다운타운은 충분히 도보 여행이 가능하다. 부차트 가든, 스와츠 베이 터미널 등 근교 지역으로 이동할 때는 시내버스를 이용해야 한다. 또 한 가지 특색 있는 교통수단은 수상 택시로 밴쿠버의 아쿠아 버스와 같은 교통수단이자 빅토리아 이너하버의 풍경을 감상하려는 관광객이 많이 이용한다.

버스

Bus
빅토리아 이너하버와 다운타운, 근교 지역을 운행하는 버스는 90분 이내에 다른 버스로 환승할 수 있는데, 환승 예정이라면 탑승 후 기사에게 트랜스퍼 티켓을 요청해야 한다. 버스 티켓은 리테일 숍(London Drug, Rexall, 7-Eleven)이나 기사에게 직접 구매할 수 있다. 현금 결제만 가능하며 거스름돈을 주지 않으니 금액에 맞춰 동전을 준비해두자. 현금으로 지불한 경우 환승이 불가하다. 1일권은 버스 기사에게만 구입할 수 있다. 1회권은 환승이 불가능하다.
@ www.bctransit.com/victoria
CAD 1회권 CAD 2.5, 10회권 CAD 22.5, 1일권 CAD 5

수상 택시

Victoria Harbour Ferry
빅토리아 하버를 오가는 가장 빠른 방법 중 하나다. 이너하버의 페어몬트 호텔 앞 선착장과 피셔맨즈 워프의 선착장에서 티켓을 구매할 수 있으며 그 외 목적지에서 탑승할 경우 전화로 예약해야 한다. 수상 택시를 타고 45분간 하버의 역사적인 명소를 돌아보는 투어 프로그램도 있다.
@ victoriaharbourferry.com
CAD **수상택시** 성인 CAD 12, 6~18세 CAD 10, 5세 미만 무료 **하버 투어** 성인 CAD 40, 6~12세 CAD 20, 5세 미만 무료

TRAVEL HIGHLIGHT

빅토리아 다운타운

이너하버 Inner Harbour

빅토리아 여행의 가장 중심이 되는 곳으로 요트와 수상 버스, 페리, 수상 비행기 등 여러 교통수단이 이곳을 분주히 오간다. 역사적인 BC 주 의사당, 페어몬트 엠프레스 호텔, 로열 브리티시 컬럼비아 박물관, 피셔맨즈 워프 등 빅토리아의 주요 랜드마크는 대부분 이너하버를 중심으로 펼쳐진다. 이곳에서 보는 야경이 특히 멋있다.

BC 주 의사당 British Columbia Parliament Buildings

빅토리아의 고풍스러움을 대표하는 이너하버의 명물이다. 1971년 빅토리아가 브리티시 컬럼비아의 주도가 된 이후, BC 주가 주 의사당 건축물 공모전을 열었는데 당시 영국에서 이주해온 젊은 영국인 프란시스 래튼버리가 공모전에 당선되었고 그 영향으로 의사당 건물은 영국 분위기를 지니고 있다. 네오 바로크 양식으로 1897년 완공된 이 건물의 내부는 화려한 스테인드글라스와 거대한 벽화로 장식되어 있어 고풍스러운 외부만큼이나 볼 만하다. 무료로 진행하는 가이드 투어도 있다. 수많은 전구로 불빛을 밝히는 주 의사당의 야경도 추천한다.

- 이너하버 남쪽
- 월~금요일 08:30-16:30
- CAD 무료 10시부터 16시까지 무료 가이드 투어를 진행한다. 날짜별로 진행하는 시간대 상이

피셔맨즈 워프 Fisherman's Wharf

형형색색 독특한 디자인의 수상 가옥이 유명한 곳으로 이너하버 남쪽 끝부분에 자리한다. 인근에 서식하는 물개를 쉽게 볼 수 있으며 먹이 주기 체험도 할 수 있다. 빅토리아에서 가장 유명한 밥스 피시앤칩스 레스토랑도 이곳에 있다.

- 이너하버 남쪽의 가장 끝에 위치, 페어몬트 호텔을 기준으로 도보 약 15분

로열 브리티시 컬럼비아 박물관
Royal British Columbia Museum

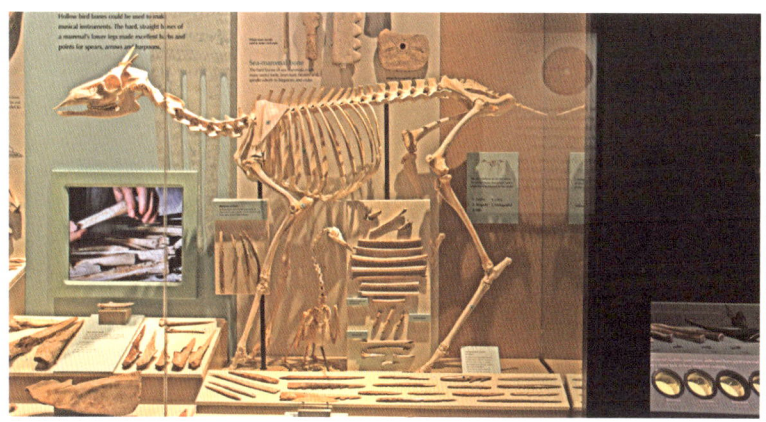

1886년 설립된 브리티시 컬럼비아 주에 관련된 역사를 전시하는 역사 박물관으로 1987년 영국 엘리자베스 2세 여왕이 방문했을 때 왕립Royal 칭호를 얻게 되었다. 자연사, 근대사, 캐나다 원주민에 대한 역사 전시와 BC 주에 관련된 기록물 보관소 역할도 하는데, 특히 2층 자연사 전시관은 동식물의 모양과 소리, 냄새까지 생생하게 표현해놓아 입체감과 생동감을 느낄 수 있다.

- 이너하버 남쪽에 위치, 주 의사당 건물 옆
- 월~목요일 10:00-17:00, 금~일요일 10:00-18:00, 12월25일, 1월1일 휴무
- CAD 성인 CAD 29.95, 65세 이상 CAD 19.95, 19세 이상 학생 CAD 19.95, 6-18세 CAD 16.95, 5세 미만 무료

아브카지 가든 Abkhazi Garden

1946년 아브카지 왕자와 공주가 결혼한 후 빅토리아에 정착하면서 정원을 꾸미기 시작해 지금의 아름다운 정원으로 발전했다. 자연스러움을 그대로 간직한 정원으로 기술적으로 잘 꾸며진 부차트 가든과는 다른 느낌을 주는데, 커다란 나무, 바위, 멋진 경관이 자연스럽게 어우러져 마치 숲속에 있는 듯한 생각이 들게 하는 곳이다. 가든 안에 있는 티 하우스에서 멋진 경관을 바라보며 애프터눈 티도 즐길 수 있다.

- 빅토리아 다운타운에서 차로 약 8분 / 7번 버스 이용 시 약 20분 Foul Bay at Fairfild역 하차
- 10~3월 수~일요일 11:00-16:00, 월~화요일 휴무, 4~9월 매일 11:00-17:00
- CAD 기부입장 CAD 10 권장

크레이다로크 캐슬
Craigdarroch Castle

석탄 사업으로 부유해진 스코틀랜드 이민자 출신 로버트 던스미어가 2대에 걸쳐 완성한 저택이다. 저택은 총 4층 건물로 39개의 방이 있으며 집 안 전체는 스테인드글라스와 화려한 빅토리아풍 가구로 채워져 있다. 실제로 그들이 살았던 공간을 박물관으로 만들어 집 안 곳곳을 구경하는 재미가 쏠쏠하다. 지금의 역사 박물관으로 지정되기 전에는 군인 병원, 대학 등으로 이용되었다고 한다. 한국어 팸플릿을 구비하고 있다.

- 빅토리아 다운타운에서 차로 약 8분 / 11번 또는 14번 버스 이용 시 약 15분 Fort at Joan Cres역 하차
- 수~일요일 10:00-16:00, 월~화요일 휴무
- CAD 성인 CAD 20.60, 65세 이상 CAD 19.60, 18세 이상 학생 CAD 18.50, 13-17세 CAD 14.80, 6-12세 CAD 10, 5세 미만 무료

◆ 빅토리아 다운타운 근교 ◆

부차트 가든 The Butchart Gardens

정원으로 유명한 빅토리아의 트레이드 마크이자 세계적으로 유명한 식물원이다. 시멘트 생산을 위한 석회암 채굴장이었던 곳을 부차트 부부가 전 세계의 식물을 수집해 가꾸기 시작했고 점차 확장돼 지금의 부차트 가든이 완성되었다. 가든은 크게 선큰 가든Sunken Garden, 로즈 가든Rose Garden, 재패니스 가든Japanese Garden, 이탤리언 가든Italian Garden, 메디터레니언 가든Mediterranean Garden 총 5구역으로 이루어졌으며 가든 내부에는 크고 작은 연못과 산책로, 회전목마, 레스토랑, 상점 등이 있다. 여름밤이면 야외 공연이 열리고 토요일 저녁엔 불꽃놀이가 펼쳐지며, 크리스마스 시즌에는 야간 조명을 밝혀 로맨틱한 분위기의 야외 아이스링크장에서 스케이트도 즐길 수 있다.

- 📍 다운타운에서 차로 약 30분, 75번 버스 이용 시 50분 소요. 버스는 소요 시간이 꽤 긴 편이라 CVS Tours에서 제공하는 투어 차량을 이용하면 편리하다. 이너하버 페어모트 호텔 앞에서 출발하며 왕복 셔틀과 가든 입장권이 포함된 패키지로 구매할 수 있다. 출발, 도착 시간을 선택할 수 있고 1인당 비용은 성인 CAD 87, 13~17세 CAD 60, 5~12세 CAD 30, 4세 미만 무료. 요금과 스케줄은 계절에 따라 변동된다. 자세한 내용은 www.cvstours.com 참고
- 🕐 크리스마스 시즌 15:00-21:00 (12월 25일 휴무) **가을, 겨울** 09:00-15:30 **봄** 09:00-17:00 **여름** 09:00-21:00 / 매년 날짜가 변동되니 자세한 내용은 www.butchartgardens.com 참고
- CAD 크리스마스 시즌 성인 CAD 35, 13~17세 CAD 17.5, 5~12세 CAD 3 **겨울** 성인 CAD 22.90~30.70, 13~17세 CAD 11.45~15.35, 5~12세 CAD 3 **봄, 여름** 성인 CAD 38.35~41.50, 13~17세 CAD 19.18~20.75, 5~12세 CAD 3~5 **가을** 성인 CAD 26.80~34.45, 13~17세 CAD 13.4~17.23, 5~12세 CAD 3

선큰 가든 Sunken Garden
입구로 들어서면 가장 먼저 만날 수 있는 선큰 가든은 큰 면적을 가지고 있으며 꽃, 나무, 관목으로 가득하다. 중앙의 언덕에 오르면 선큰 가든 전체를 둘러볼 수 있는 전망대가 있다.

로즈 가든 Rose Garden
여름부터 초가을까지 장미가 만발하는 로즈 가든에서는 장미에 둘러싸인 아치 형태의 길을 걸으며 화려한 장미를 눈으로 담고, 아름다운 향기를 즐길 수 있다.

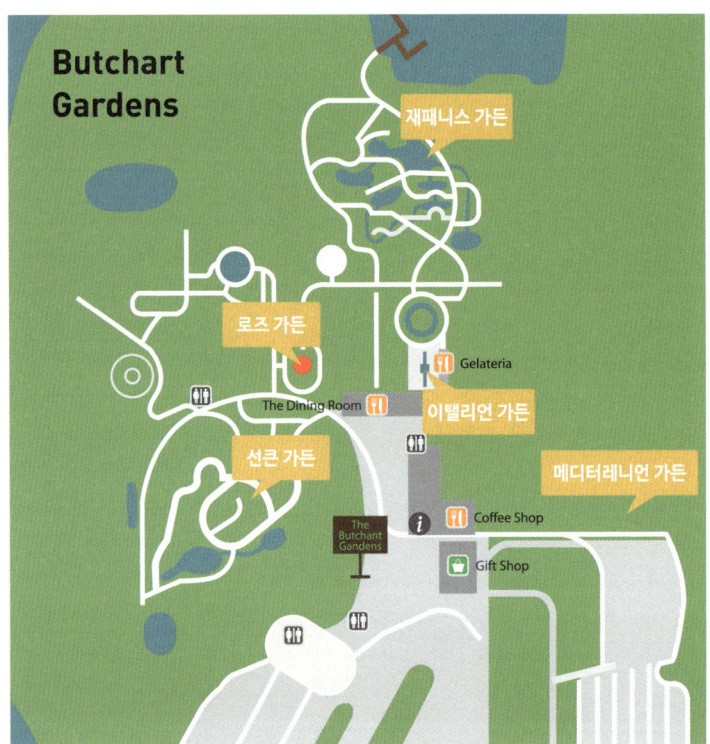

재패니스 가든 Japanese Garden
나무와 관목뿐만 아니라 가든 전체로 흐르는 물, 연못 위에 올려진 디딤돌 등 일본식 가든의 여유로운 분위기가 느껴진다. 단풍나무와 너도밤나무, 히말라야 블루 양귀비꽃을 볼 수 있다.

이탤리언 가든 Italian Garden
부차트 가족의 테니스장이었던 장소를 꽃과 동상, 연못으로 장식해 이탈리아식 가든으로 꾸몄다. 이탈리아 스타일에 어울리는 젤라토 가게와 애프터눈 티를 즐길 수 있는 다이닝 룸이 있다.

메디터레니언 가든 Mediterranean Garden
주차장 옆에 자리 잡은 메디터레니언 가든은 규모가 작아서 그냥 지나치는 경우가 있는데, 온화한 지중해성 기후에서 자라는 다양한 식물을 볼 수 있어 매력적이니 놓치지 말고 들러보자.

레스토랑 The Dining Room
제니 부차트의 프라이빗 가든과 이탤리언 가든의 전망을 감상할 수 있는 레스토랑. 영국 분위기가 물씬 느껴지는 레스토랑에서 품격 있는 애프터눈 티를 즐길 수 있다. 11:30-15:00까지만 제공된다. 시즌에 따라 이용 시간은 변경된다.

빅토리아 버터플라이 가든
Victoria Butterfly Gardens

열대 정글의 아름다움과 다양한 생태계를 체험할 수 있는 독특한 정원이다. 농구 코트 3개 규모의 시설에는 수천 개의 열대 나비와 개구리, 거북, 이구아나, 플라밍고를 비롯한 여러 종류의 열대 조류를 만날 수 있다.

📍 다운타운에서 차로 약 25분, 75번 버스 이용 시 40분 소요된다. CVS Tours의 부차트 가든 투어 차량을 이용할 경우 버터플라이 가든을 경유한다(추가 비용 없음). 입장권은 별도 구매해야 한다. 자세한 내용은 www.cvstours.com 참고

🕐 **6~8월** 월~수요일 10:00-16:00, 목~일요일 10:00-18:00 **9~5월** 매일 10:00-16:00

CAD 성인 CAD 18.50, 65세 이상 CAD 14.50, 학생(13~17세) CAD 14.50, 5~12세 CAD 7.50, 4세 미만 무료

SPECIAL PAGE
VICTORIA

웨일 와칭
Whale Watching

빅토리아는 고래 투어가 유명한 지역으로 태평양 연안의 밴쿠버 아일랜드 주변을 탐험하며 바다사자, 바다표범, 돌고래 및 많은 해양 동물을 볼 수 있다. 이 지역은 캐나다 최초의 해양 보호 지역으로 해양 생물이 풍부한 곳이어서 돌고래를 볼 확률이 높은 것으로 유명하다. 운이 좋다면 고래들이 바다 위로 뛰어올라 물속으로 다시 들어가는 진풍경도 볼 수 있다. 배의 크기는 업체에 따라 소형 조디악 보트부터 실내 공간이 마련되어 있는 중형 보트까지 다양한데, 조디악 보트는 기동성이 좋은 장점이 있지만 배가 많이 흔들리기 때문에 아이를 동반한 가족이라면 중형 보트를 선택하는 것을 추천한다. 또한 이너하버에서 직접 업체 부스를 방문해 요금과 특징을 비교해보고 선택하는 것이 좋다. 투어는 종류에 따라 약 3~5시간 소요된다.

투어 업체 **Eagle Wing Whale & Wildlife Watching Tours** www.eaglewingtours.com | **Prince of Whales Whale Watching** princeofwhales.com | **Springtide Whale Watching & Eco Tours** www.victoriawhalewatching.com

⊙ 연중 (5월 중순~10월까지가 피크 시즌으로 95% 정도의 확률로 고래를 볼 수 있지만 겨울에는 확률이 낮기 때문에 여름 방문 추천)
CAD 성인 CAD 99-1700, 업체 및 시간과 보트 종류에 따라 다름

SPECIAL PAGE
VICTORIA

빅토리아 브루어리 투어
Victoria Brewery Tour

빅토리아 이너하버 주변에 있는 활기 넘치는 지역의 브루어리를 방문해 작은 공장에서 생산된 신선한 맥주를 시음하고 양조장을 견학하며 제조 공정에 대한 설명을 들을 수 있다. 투어는 약 3시간 진행되고 업체에서 엄선한 인기 브루어리를 방문해 각각 특색 있는 맥주 샘플러를 시음해보고 맥주와 잘 어울리는 음식을 즐긴다.

- 금요일 18:00, 토요일 14:30, 18:00, 일요일 16:00 진행 (투어에 따라 방문 브루어리와 순서는 변경될 수 있음)
- @ craftbeertours.ca/products/victoria-brewery-tour
- CAD 1인 CAD 99~

1 스완펍에 모여서 출발!

2 첫번째 펍은 Sult

3 캐네디언 펍에서 맥주 즐기기

4 인도 레스토랑 Varsha에서

5 맥주와 잘 어울리는 인도 커리

6 2가지 맛의 맥주 시음

7 브루어리 투어 참가자들과 즐거운 시간

8 예쁜 디저트 숍에서

9 마카롱 고르기

10 스완펍으로 돌아와서 맥주 제조 과정 견학

11 푸짐한 안주와 함께

12 빅토리아 로컬 맥주 즐기기

RESTAURANT & CAFÉ

Red Fish Blue Fish

영국 분위기가 가득한 빅토리아인 만큼 피시앤칩스가 유명하다. 이너하버에서 항상 줄이 길게 늘어선 맛집으로 겉은 바삭하고 속은 부드러운 대구 피시앤칩스Pacific Cod와 수프Cowder가 인기다. 빅토리아의 하버가 눈앞에 펼쳐진 야외석에서 피시앤칩스를 즐겨보자.

* 2024년 3월 재오픈 예정.
- 🏠 1006 Wharf Street
- ☎ +1 250 298 6877
- 🕒 매일 11:00-21:00
- CAD 피시앤칩스 CAD 12.5~17.5, 차우더 CAD 5.75~

©Fairmont Empress

Tea at the Empress

유서 깊은 페어몬트 엠프레스 호텔에서 영국식 고급 애프터눈 티를 즐길 수 있는 레스토랑이다. 빅토리아를 방문한다면 이곳에서의 애프터눈 티 경험은 필수 코스라고 할 정도로 유명하다. 다양한 종류의 블렌드 티와 정갈하게 내놓는 디저트 셀렉션은 눈과 입을 모두 만족시켜준다.

- 721 Government Street
- +1 250 384 2727
- 매일 11:00-16:00
- CAD 애프터눈 티 세트 CAD 95~142

Jam Café

빅토리아에서 가장 핫한 브런치 카페다. 밴쿠버에도 지점이 있으며 항상 사람들이 몰려들어 오픈 시간에 맞춰 가지 않으면 대기해야 한다. 이곳만의 독특한 메뉴는 찰리볼인데 그릇에 해시 브라운, 베이컨, 소시지, 달걀 등이 소스와 함께 담겨 나온다. 에그 베네딕트도 인기.

- 542 Herald Street
- +1 778 440 4489
- 월~금요일 08:00-14:00, 토~일요일 08:00-15:00
- CAD 브런치 CAD 16.50~22

Il Terrazzo

30년 이상 빅토리아 다이닝의 랜드마크가 된 레스토랑으로 벽돌로 된 벽난로와 촛불 조명의 은은한 분위기를 갖춘 구시가지 안뜰에서 태평양 북서풍이 가미된 북부 이탈리아요리에서 영감을 받은 다양한 메뉴와 인증된 소믈리에가 만든 와인 프로그램을 즐길 수 있다.

- 555 Johnson Street
- +1 250 361 0028
- 16:00-21:15
- CAD 에피타이저 CAD 12~25, 피자 CAD 19~23, 파스타 CAD 26~39

Blue Fox Cafe

1991년이래 빅토리아 최초의 올 데이 조식 레스토랑으로 오전 8시부터~오후 2시까지 조식을 제공한다.

- 🏠 919 Fort Street
- ☎ +1 250 380 1683
- 🕐 08:00-14:00, 토~일요일 08:00-15:00, 수요일 휴무
- CAD 조식 CAD 17~22,
  그리들 케이크 & 프렌치 토스트 CAD 16~19,
  오믈렛 CAD 19~20

Barb's Place

1984년부터 운영되고 있는 빅토리아 최고의 피시앤칩스 매장이다. 활기 넘치는 피셔맨즈 워프 구역에 자리한다. 탱글탱글하고 신선한 생선과 바삭한 튀김옷, 갓 튀겨낸 감자튀김으로 완벽한 영국식 피시앤칩스를 맛볼 수 있다.

- 🏠 Fishermans's Wharf, 1 Dallas Road
- ☎ +1 250 384 6515
- 🕐 매일 11:00-자정
- CAD 피시앤칩스 CAD 15.99~20.99, 버거 CAD 14.99~19.99

Swans Brewpub & Hotel

빅토리아 다운타운에서 1989년부터 운영되는 양조장으로 여러 차례 수상 경력을 가진 인기 브루어리다. 특수 첨가물을 사용하지 않은 자연적이고 건강한 맥주는 공장에서 생산되는 맥주보다 가벼운 탄산을 가지고 있다. 독특한 병에 담긴 맥주는 별도 구매할 수 있다.

- 🏠 1601 Store St
- ☎ +1 250-940-7513
- 🕐 일~목요일 11:30-23:00, 금~토요일 11:30-24:00
- CAD 맥주 CAD 6~8.95, 피자 CAD 32,
  햄버거 CAD 21~22

> **에일맥주 트레일**
>
> 빅토리아는 캐나다 최초의 첫 번째 브루펍이 있는 곳으로, 수제 맥주 혁명에 큰 역할을 한 곳이다. 트레일을 따라 스완스브루펍, 밴쿠버아일랜드 브루어리, 스피네커스 브루펍 등의 주요 브루펍에서 다양한 수제 맥주에 맛있는 요리를 곁들여 맛볼 수 있다.

SHOPPING

SHOPPING VICTORIA

The Bay Centre

허드슨 베이와 위너스 같은 대형 매장부터 판도라, 더 바디샵 등의 작은 매장까지 90개가 넘는 상점이 모여 있는 종합 쇼핑몰이다. 다운타운 중심지에 있어 빅토리아 쇼핑의 가장 핵심이 되는 곳.

🏠 1150 Douglas St

🕐 월~수요일 10:00-18:00, 목~금요일 10:00-19:00, 토요일 12:00-17:00, 일요일 11:00-17:00

Market Square

대형 쇼핑몰과는 다르게 현지 아티스트가 만든 공예품이나 인테리어 소품, 액세서리 등을 판매하는 부티크 매장들이 모여 있는 공간이다. 붉은색 벽돌로 만들어진 외관은 예스러운 분위기를 풍기고 건물 가운데에 위치한 광장에는 휴식을 즐길 수 있는 벤치와 나무, 식물들로 꾸며져 있다. 상점뿐만 아니라 조용한 카페와 레스토랑, 수제 맥줏집도 있어 이국적인 분위기를 느낄 수 있다.

🏠 560 Johnson Street

🕐 월~토요일 10:00-17:00, 일요일 및 공휴일 11:00-17:00

Rogers' Chocolates

1885년에 오픈한 긴 역사를 자랑하는 초콜릿 전문점으로 빅토리아 시대의 중후한 분위기를 담아낸 인테리어와 전통 제조법을 지켜 만든 깊고 진한 맛의 초콜릿을 판매한다. 빅토리아를 방문한다면 누구나 들러야 할 명소다. 가장 유명한 제품은 코코넛, 커피, 체리 등을 넣어 만든 빅토리아 크림 초콜릿이다. 종류가 다양하기 때문에 입맛에 맞게 선택할 수 있다. 캐나다와 빅토리아의 상징물이 그려진 틴케이스는 기념품으로도 좋다.

🏠 913 Government Street
🕒 월~토요일 10:00-18:00, 일요일 11:00-18:00

Munro's Books

2013년 노벨 문학상을 받은 캐나다의 인기 소설가 앨리스 먼로와 그 남편이 함께 세운 서점이다. 1963년에 오픈했으며 55년이 넘도록 운영 중인 독립 서점이다. 1909년 은행으로 사용했던 유서 깊은 건물을 서점으로 재탄생시켜 내, 외부 모두 둘러보는 재미가 있다.

🏠 1108 Government Street
🕒 토~수요일 09:30-18:00, 목~금요일 09:30-19:30

Silk Road Tea

영국의 영향을 많이 받은 빅토리아는 차가 매우 유명한 도시다. 그중에서도 차이나타운에 있는 실크 로드 티는 1992년 오픈했으며 전 세계에서 엄선한 유기농 차를 판매한다. 여러 수상 경력을 자랑하는 차를 시음해보고 입맛에 맞게 구매할 수 있다. 밴쿠버의 키칠라노에도 지점이 있다.

🏠 1624 Government Street
🕒 수~토요일 10:30-17:30, 일요일 11:30-16:30, 월-화요일 휴무

HOTEL

HOTEL
VICTORIA

Hotel Fairmont Empress
★★★★

빅토리아 최고의 호텔이다. 이너하버 중심에 자리 잡아 하버 지역 어디에서든지 호텔을 볼 수 있고 특히 야경이 매우 아름다운 것으로 유명하다. 빅토리아의 스페셜한 하룻밤에 제격인 호텔.

🏠 721 Government Street
☎ +1 250 384 8111
@ www.fairmont.com/empress-victoria

Hotel Grand Pacific
★★★★

이너하버 남쪽에 자리 잡은 호텔은 바로 앞에 고속 페리 터미널이 있어 밴쿠버나 시애틀로 이동할 때 매우 편리하다. 또한 피셔맨즈 워프나 다운타운도 도보로 여행할 수 있는 위치에 있으며 호텔에서 바라다보이는 하버의 모습도 매우 아름답다.

🏠 463 Belleville Street
☎ +1 250 386 0450
@ www.hotelgrandpacific.com

Chateau Victoria Hotel & Suites
★★★

호텔은 다운타운 구역에 자리하며 이너하버까지도 도보 관광이 편리하다. 스위트 타입의 객실이 다양하며 키친 시설도 마련되어 있어 가족 여행객이 선택하기 좋은 호텔이다.

🏠 740 Burdett Avenue
☎ +1 250 382 4221
@ www.chateauvictoria.com

Victoria Regent Waterfront Hotel & Suites
★★★

이너하버 북쪽에 위치한 호텔은 하버가 바라다보이는 전망이 아름답다. 무료 조식, 무료 주차비 등의 서비스가 많고 일부 객실은 콘도 타입으로 최대 6명까지 숙박할 수 있다.

🏠 1234 Wharf Street
☎ +1 250 386 2211
@ www.victoriaregent.com

CANADIAN ROCKIES

캐내디언 로키

북아메리카 대륙 서쪽에 길게 뻗은 로키산맥은 길이가 4500km에 이르며, 캐나다의 브리티시 컬럼비아 주부터 미국 남부까지 이어져 있다. 그중에서도 브리티시 컬럼비아 주와 앨버타 주에 걸친 지역을 캐내디언 로키(캐나다 로키산맥)라 부르며, 캐나다 하면 가장 먼저 떠오르는 관광지다. 캐내디언 로키 국립공원 4곳은 1984년 유네스코 세계자연유산으로 등재되었고 매년 전 세계에서 수백만 명의 관광객이 방문한다. 높이 솟은 산봉우리, 깊은 협곡과 동굴, 거대한 빙원, 에메랄드 빛 호수 등 사시사철 경이로운 자연경관을 볼 수 있다.

캐내디언 로키 한눈에 보기

캐나다 서부 앨버타 주와 브리티시 컬럼비아 주 사이의 로키산맥 주변 공원들을 캐내디언 로키라고 부른다. 밴프 국립공원Banff National Park, 요호 국립공원Yoho National Park, 쿠트니 국립공원 Kootenay National Park, 재스퍼 국립공원Jasper National Park까지 총 4개의 국립공원에 인근 3개의 주립 공원을 포함해 총 7개 공원으로 구성되어 있다. 그중에서도 아래 4개의 국립공원이 캐내디언 로키의 핵심이다.

밴프 국립공원 141p

캐내디언 로키의 국립공원 중 가장 오래된 곳으로 밴프와 레이크 루이스가 주요 관광지이며 다른 국립공원에 비해 다양한 편의 시설을 갖추고 있다.

요호 국립공원 167p

BC 주에 속한 국립공원으로 높고 험준한 산길로 이루어져 숨겨져 있는 자연 명소들이 많다. 에메랄드 호수와 타카카우 폭포가 주요 관광지다.

재스퍼 국립공원 178p

로키의 국립공원 중 가장 규모가 크며 자연 그대로의 모습이 잘 보존되어 있다. 재스퍼 타운을 중심으로 멀린 호수와 빙하 그리고 하이킹 등 다양한 즐길 거리가 있다.

쿠트니 국립공원 171p

1920년 BC 주와 앨버타 주를 잇는 93번 도로를 만들면서 국립공원으로 조성되었다. 마블 캐넌과 협곡, 래디움 온천이 대표 관광지다.

캐내디언 로키 여행 계획 세우기

캐내디언 로키를 여행하는 가장 좋은 방법은 국내선을 이용해 캘거리, 에드먼튼 공항으로 이동한 후 여행을 시작하는 것이며 비아레일, 로키마운티니어 등 기차를 이용하는 경우도 있다. 항공에 비해 기차가 비싼 편이고 소요 시간이 길어 시간이나 비용면으로도 여유로운 관광을 선호하는 사람들이 주로 선택한다. 캐내디언 로키 국립공원까지 이동한 후에는 지역을 남북으로 관통하는 아이스필드 파크웨이Icefield Parkway를 따라 밴프~재스퍼 구간을 즐겨보자.

주요 도시 간 소요 시간

캘거리~밴프 1시간 30분~2시간 | **밴프~레이크 루이스** 40분~1시간
캘거리~레이크 루이스 2시간~2시간 30분
에드먼튼~재스퍼 4시간~4시간 30분
재스퍼~밴프 3시간 30분~4시간

로키의 교통

로키의 셔틀 업체들은 공항과 국립공원의 주요 도시를 연결하는 서비스를 제공한다. 밴프 국립공원과 레이크 루이스는 롬 버스, 홉온 밴프 관광버스, 무료 스키 셔틀 등의 대중교통 서비스가 다양하기 때문에 편하게 여행할 수 있다. 하지만 재스퍼, 요호 등의 다른 국립공원은 대중교통이 거의 없는 편이어서 렌터카나 투어 프로그램을 이용해 주요 관광지를 다녀야한다.

렌터카

캐내디언 로키를 여행할 때 가장 편리한 방법은 렌터카를 이용하는 것으로 캘거리와 에드먼튼 공항은 물론 국립공원의 타운에서도 차를 빌릴 수 있다. 타운에서 렌트하는 경우 차량의 수가 제한적이므로 예약을 서둘러야 한다.

로키 렌터카 여행 시 주의 사항

타운에서는 주유소를 쉽게 찾을 수 있지만 시내를 벗어나면 주유소를 찾기 힘드니, 이동할 때는 항상 연료를 넉넉하게 주유해두도록 하자. 또한 타운 이외의 국립공원에서는 인터넷을 사용할 수 없으므로 미리 오프라인 지도를 휴대폰에 다운받는 편이 좋다.

국립공원 입장료

캐나다의 국립공원 및 유적지를 방문할 때는 각각의 입장료를 지불해야 하지만 캐내디언 로키 국립공원(밴프, 쿠트니, 요호, 재스퍼)은 한 번의 입장료를 지불하고 4곳을 자유롭게 다닐 수 있다. 입장료는 1일 단위로 내야 하며 그룹 요금은 차량 1대에 최대 7명까지 적용할 수 있다. 캐나다의 모든 국립공원은 17세 이하 무료. 차량으로 진입할 경우 요금소에서 지불하고 영수증을 받는데, 이 영수증을 외부에서 확인할 수 있도록 차량 내에 붙이고 다니면 된다.

CAD 1일권 성인 CAD 10.50, 65세 이상 CAD 9, 패밀리&그룹 CAD 21 (한 차량에 최대 7명) / 연간패스 CAD 72.25
@ www.pc.gc.ca/en/pn-np/ab/banff/visit/tarifs-fees

로키 평균기온 및 계절별 여행 시기

봄 | 4~6월
산과 들에 야생화가 피고 강의 수량이 많아져 래프팅을 즐기기 이상적인 날씨. 6월부터는 호수가 녹기 시작하면서 산에서 녹아 흘러 들어가는 빙하수의 양이 많아지므로 호수의 색이 아름답다.

여름 | 7월~9월 초순
날씨가 온화하며 해가 일찍 뜨고 늦게 지는 시기로 여행하기 가장 좋다. 호수를 관광하고 산 하이킹을 즐기기 좋은, 1년 중 가장 바쁜 시기이다.

가을 | 9월 중순~10월
서서히 단풍이 들며 10월이면 날씨가 추워진다. 노란색 단풍과 눈이 온 모습을 함께 볼 수 있는 시기이다. 고도가 높은 지역의 호수는 서서히 얼고 호수 크루즈나 스카이 트램 등의 곤돌라는 문을 닫는다.

겨울 | 11~3월
춥고 눈이 많이 내리며 건조한 날씨다. 1월이 가장 추우며 스키를 즐기는 관광객이 많다. 눈이 쌓이는 경우 도로에 갇힐 위험이 있어 렌터카 이용은 추천하지 않는다.

캐나다 기상청 사이트 weather.gc.ca/canada_e.html

평균기온 (°C)

	최저	최고
1월	-21	5
2월	-18	-2
3월	-14	2
4월	-6	7
5월	1	12
6월	5	18
7월	7	22
8월	6	22
9월	2	16
10월	-1	10
11월	-8	1
12월	-20	-5

로키의 투어 프로그램

렌터카 없이 로키를 관광할 경우 대중교통 이용이 편리한 밴프 지역은 관광하는 데 큰 어려움이 없지만, 요호 국립공원이나 재스퍼 국립공원 타운을 벗어난 지역 관광이 까다롭기 때문에 투어를 이용하면 편리하다. 주요 투어는 밴프 지역의 브루스터와 재스퍼의 선독 투어를 통해서 예약 가능하며 모두 외국인 가이드로 진행되지만 영어를 잘하지 못하더라도 간단한 듣기만 가능하면 충분히 참여할 수 있다.

@ www.banffjaspercollection.com | www.sundogtours.com

밴프 투어

Explore Banff
대중교통으로는 다니기 까다로운 밴프 타운 외곽 지역의 스폿을 돌아보는 투어 프로그램
- 밴프 곤돌라, 보우 폭포, 서프라이즈 코너, 후두스, 투 잭 호수, 미네완카 호수 크루즈
- 5~10월 중순, 소요시간 약 7시간
- CAD 212~ (식사포함)

밴프 & 요호 국립공원 투어

Mountain Lakes & Waterfalls
렌터카가 없다면 하루에 돌아보기 어려운 스폿을 관광하는 프로그램. 특히 타카카우 폭포까지 관광하는 투어를 찾기 어려운데 이 프로그램은 요호 국립공원의 깊숙한 곳까지 둘러볼 수 있다.
- 모레인 호수, 스파이럴 터널, 타카카우 폭포, 에메랄드 호수, 레이크 루이스
- 6~10월 중순, 소요시간 약 9시간
- CAD 203~ (식사포함)

아이스필드 파크웨이 투어

Icefield Parkway Tour
캘거리, 캔모어, 밴프, 레이크 루이스에서 출발해 아이스필드 파크웨이의 주요 스폿을 돌아보는 프로그램. 투어 시작과 종료 지점을 다르게 설정할 수 있는 것이 큰 장점이며, 재스퍼에서 종료하는 경우 애서배스카 폭포를 관광할 수 있다.

Icefield Parkway Discovery
- 레이크 루이스, 보우 호수, 페이토 호수, 글래시어 어드벤처, 애서배스카 폭포
- 5~10월 중순, 소요시간 약 10시간
- CAD 315~ (점심식사, 글래시어 어드밴처 이용권 포함)

Columbia Icefield Discovery
- 레이크 루이스, 보우 호수, 페이토 호수, 글래시어 어드벤처
- 5~10월 중순, 소요시간 약 10시간 30분
- CAD 315~ (식사, 글래시어 어드밴처 이용권 포함)

재스퍼 투어

Explore Jasper
렌터카 없이 타운 외곽을 관광하기 어려운 재스퍼에서 효율적으로 이용할 수 있는 프로그램
- 멀린 캐년, 메디신 호수, 멀린 호수 크루즈
- 5~10월 초, 소요시간 약 6시간 30분
- CAD 208~

재스퍼 기차 투어

Jasper Train Tour
재스퍼에서 출발해 반나절 정도 기차 여행을 즐길 수 있는 프로그램. 로키 기차 여행을 짧게 즐겨보고 싶은 사람에게 추천한다. 편도는 기차를 타고 풍경을 즐기고 돌아올 때 모터 코치를 이용한다.
- 연중운영(금&일요일), 소요시간 5~6시간
- CAD 125~

로키 여행 추천 코스

캐내디언 로키 One Way 여행
렌터카 일정

Day 1
에드먼튼 — 약 4시간 → 미에트 온천 — 약 1시간 → 재스퍼 숙박

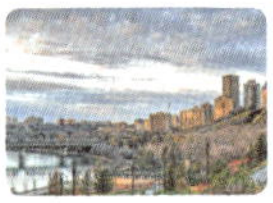

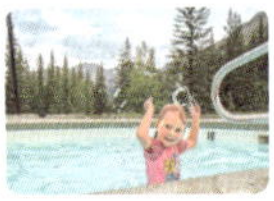

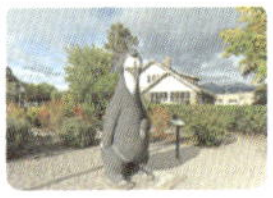

Day 2
애서배스카 폭포 — 약 1시간 → 컬럼비아 아이스필드 디스커버리 센터 — 약 1시간 → 페이토 호수 — 약 5분 → 보우 호 — 약 5분 → 크로우풋 빙하 — 약 1시간 → 요호 국립공원 — 약 30분 → 레이크 루이스 숙박

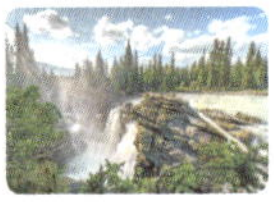

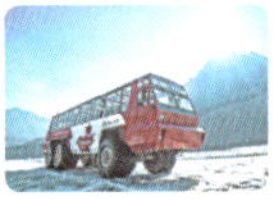

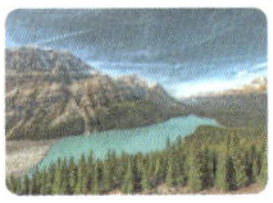

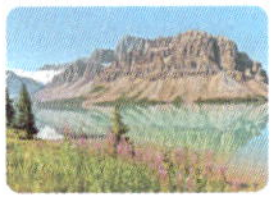

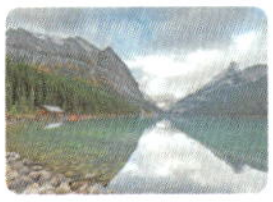

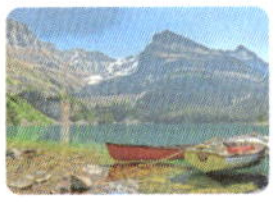

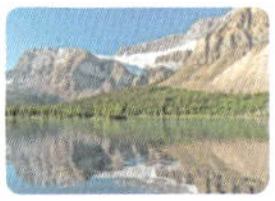

Day 3
모레인 호수 — 약 1시간 → 밴프 — 약 1시간 30분 → 캘거리 숙박

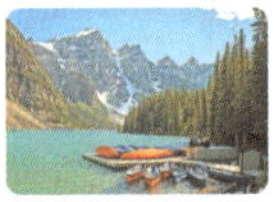

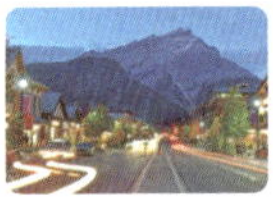

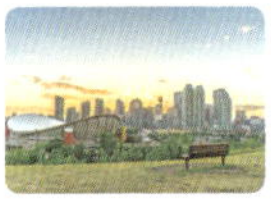

로키 셔틀로 떠나는 로키 여행
대중교통 일정

Day 1 | 캘거리 — 로키 셔틀 — 밴프 | 도보로 밴프 애비뉴 관광 및 롬 버스, 홉온 밴프, 밴프 셔틀 등 다양한 대중교통으로 밴프 주변 여행

Day 2 | 밴프 — 로키 셔틀 — 레이크 루이스 | 레이크 루이스 하이킹 또는 레이크 루이스 셔틀 또는 홉온 밴프로 레이크 루이스 주변 여행

Day 3 | 레이크 루이스 — 컬럼비아 아이스필드 디스커버리 센터 — 재스퍼 (투어) | 투어 차량으로 컬럼비아 아이스필드 관광(설상차, 스카이워크) 후 재스퍼로 이동

Day 4 | 재스퍼 — 로키 셔틀 — 에드먼튼 | 웨스트 에드먼튼 몰 쇼핑 및 다운타운 관광

캐내디언 로키의 야생동물

야생동물의 생태계를 해치지 않으면서 그들의 생활을 보호하려는 꾸준한 노력을 통해 로키에는 야생동물의 천국이라 불릴 만큼 다양한 종류가 서식하고 있다. 여행 중 야생동물을 만났을 때 쉽게 알아볼 수 있도록 간단한 특징을 살펴보자.

그리즐리 베어와 블랙 베어

가장 눈에 띄는 특징은 털의 색이지만, 같은 종에서도 다른 색을 가진 경우가 있기 때문에 색보다는 외형으로 판단하는 것이 좋다. 가장 쉽게 구별할 수 있는 방법은 등에 있는 혹으로, 그리즐리 베어는 목과 등 사이 어깨 부분이 볼록하게 솟아 있는 것이 특징이다. 그에 비해 블랙 베어의 등은 굴곡 없이 부드럽게 이어져 있다. 또한 블랙 베어가 그리즐리 베어보다 크고 동그란 귀를 가지고 있으며 몸집이 좀 더 작은 편이다.

블랙 베어

그리즐리 베어

뿔 모양으로 야생동물 구분

무스 Moose — 가장 몸집이 크며 뿔은 평평한 손바닥을 넓게 펼쳐놓은 모양, 코가 길고 둥글다.
엘크 Elk — 뾰족하고 긴 뿔이 일정한 간격으로 여러 갈래 퍼져 있다.
카리부 Caribou — 굵직한 뿔이 세 갈래로 뻗어 있고, 뿔에 또 작은 뿔들이 있다.
빅혼른십 Bighorn Sheep — 동그랗게 말려 있는 뿔이 특징이다.
바이슨 Bison — 머리 양옆으로 뿔이 동그랗게 말려 올라가 있고, 턱과 어깨까지 털이 수북하다.

야생동물을 만났을 때 주의 사항

운전 중 도로에서 야생동물을 만난다면 주변 차량을 잘 살핀 뒤 천천히 차를 세우고 야생동물이 도로에서 벗어난 것을 확인한 후 천천히 출발할 수 있도록 항상 제한속도를 유지해 운전해야 한다. 야생동물은 생각보다 빠르고 예측되지 않은 행동을 할 수 있으므로 가까이 가지 말고 멀리서 관찰해야 하며 야생동물에게 음식을 주는 것은 금지되어 있다. 국립공원 내부의 관광 안내소에서 야생동물에 관련된 주의 사항과 정보를 얻을 수 있다.

무스 엘크
카리부 빅혼른십 바이슨

BANFF NATIONAL PARK

캐나다 최초의 국립공원
밴프 국립공원

캐나다에서 가장 오래된 국립공원으로 1885년 지정되었다. 빙하 호수, 울창한 침엽수림, 최고의 풍경을 가진 하이킹 코스를 비롯한 아름다운 자연환경은 물론이고 관광객을 위한 현대적인 시설이 잘 갖추어져 있어 캐내디언 로키를 여행할 때 가장 먼저 떠오르는 곳이다. 밴프 타운에서 약 1시간 거리에 레이크 루이스가 있고 이곳을 지나 재스퍼 국립공원으로 연결된다. 서쪽으로는 요호 국립공원, 쿠트니 국립공원이 맞닿아 있으며 캘거리에서 차량으로 1시간 30분 정도에 진입할 수 있는 위치에 있어 접근성이 좋다.

◆ 찾아가기 ◆

항공

밴프에서 가장 가까운 공항은 2시간 거리의 캘거리 국제공항으로 에어캐나디, 웨스트젯West Jet 항공사에서 캐나다 여러 도시와 캘거리 간의 다양한 스케줄을 운영하고 있다.

캘거리 공항에서 밴프 이동하기

1 | 셔틀버스

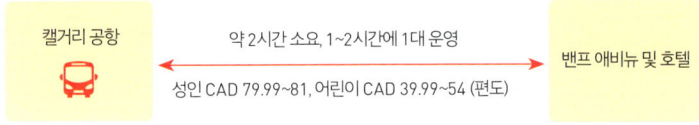

약 2시간 소요, 1~2시간에 1대 운영
성인 CAD 79.99~81, 어린이 CAD 39.99~54 (편도)

캘거리 공항 ↔ 밴프 애비뉴 및 호텔

- **밴프 에어포터** Banff Airporter 캘거리 공항~캔모어~밴프 지역 셔틀 운영
- **브루스터** Brewster Express 캘거리 다운타운~공항~캔모어~밴프~레이크 루이스~재스퍼 셔틀 운영
- 셔틀은 쉐어밴 형태로 여러 관광객이 모여 함께 탑승. 당일 예약도 가능하지만 온라인 예약 추천
- @ 밴프 에어포터 www.banffairporter.com | 브루스터 www.banffjaspercollection.com/brewster-express

2 | 렌터카

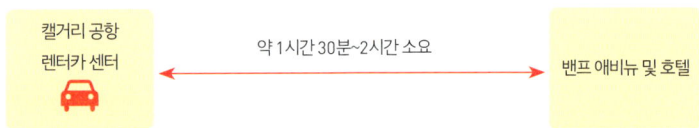

약 1시간 30분~2시간 소요

캘거리 공항 렌터카 센터 ↔ 밴프 애비뉴 및 호텔

- **공항 렌터카 센터 업체** AVIS, Budget, Dollar, Thrifty, Enterprise, Hertz, National, Alamo
- 오전 7시부터 밤 12시까지 운영

기차

• 로키마운티니어 •

1박 2일 First Passage of the West
실버리프 CAD 2150~2600
골드리프 CAD 2900~3580

밴쿠버 로키마운티니어역 ↔ 밴프 기차역

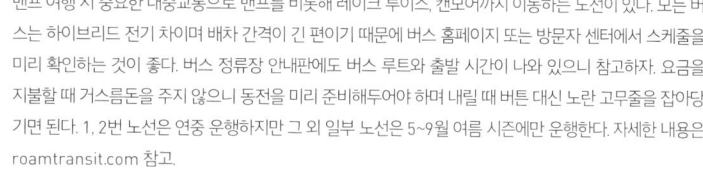

밴프 시내 교통

롬 버스 Roam Bus

밴프 여행 시 중요한 대중교통으로 밴프를 비롯해 레이크 루이스, 캔모어까지 이동하는 노선이 있다. 모든 버스는 하이브리드 전기 차이며 배차 간격이 긴 편이기 때문에 버스 홈페이지 또는 방문자 센터에서 스케줄을 미리 확인하는 것이 좋다. 버스 정류장 안내판에도 버스 루트와 출발 시간이 나와 있으니 참고하자. 요금을 지불할 때 거스름돈을 주지 않으니 동전을 미리 준비해두어야 하며 내릴 때 버튼 대신 노란 고무줄을 잡아당기면 된다. 1, 2번 노선은 연중 운행하지만 그 외 일부 노선은 5~9월 여름 시즌에만 운행한다. 자세한 내용은 roamtransit.com 참고.

©Roam Transit

노선	주요 목적지	시즌	요금
1	설퍼 산 곤돌라, 어퍼 핫 스프링스	연중 운행	성인 CAD 2 어린이 CAD 1
2	터널 마운틴, 밴프 스프링스 호텔	연중 운행	성인 CAD 2 어린이 CAD 1
3	캔모어	연중 운행	성인 CAD 6 어린이 CAD 3
4	케이브 앤 베이슨	여름시즌만 운행	성인 CAD 2 어린이 CAD 1
5C	캔모어 다운타운 - Cougar Creek	연중운행	무료
5T	캔모어 다운타운 - Three Sisters	연중운행	무료
6	미네완카 호수, 투 잭 호수	여름시즌만 운행	성인 CAD 2 어린이 CAD 1
8X	레이크 루이스 (트랜스 캐나다 하이웨이 루트)	연중운행	성인 CAD 10, 13~18세 & 65세 이상 CAD 5, 12세 미만 무료
8S	레이크 루이스(보우 밸리 파크웨이 루트)	여름시즌만 운행	성인 CAD 8 어린이 CAD 4
9	존스턴 캐년	주말&공휴일 운행 (크리스마스제외)	성인 CAD 5, 13~18세 & 65세 이상 CAD 2.5, 12세 미만 무료

밴프 관광 셔틀 Hop on Banff

©Hop on Banff

밴프와 레이크 루이스, 모레인 호수, 존스턴 캐년 등 밴프에서 차로 1~2시간 정도 소요되는 관광지를 여행할 수 있는 관광버스로, 이용 날짜에 무제한으로 버스를 타고 내릴 수 있는 홉-온, 홉-오프Hop-on, Hop-off 방식이다.

CAD 성인 CAD 80, 6~17세 CAD 65, 5세 미만 무료
@ www.hoponbanff.com

밴프 투어 업체

Brewster Sightseeing

숙련된 가이드와 편안한 차량, 호텔 픽업 등 고객 맞춤으로 편의 서비스를 제공한다. 밴프와 재스퍼 시내만 둘러보는 반일 투어, 요호 국립공원 투어, 아이스필드 파크웨이 빙하 체험 전일 투어까지 다양한 상품이 있다. 캘거리나 밴프에서 시작해 아이스필드 파크웨이를 지나 재스퍼에 내려주는 편도 투어도 있다.

CAD 요호 국립공원 Mountain Lakes & Waterfalls CAD 203~, 아이스필드 파크웨이 Columbia Icefield Discovery CAD 315~

@ www.banffjaspercollection.com/brewster-sightseeing

Discover Banff Tours

밴프 국립공원과 주변 캐나다 로키산맥의 소규모 가이드 투어를 진행하는 업체. 미니버스나 스프린터 밴을 이용해 소그룹으로 운영한다. 전문 가이드와 함께 즐기는 하이킹, 래프팅, 승마 체험, 사파리 등 특색 있는 프로그램부터 레이크 루이스, 밴프 시내를 둘러보는 프로그램까지 다양하다.

CAD 밴프 시내 Discover Banff & Its Wildlife CAD 82~, 하이킹 Guided Signature Hike CAD 120~

@ www.bannftours.com

◆ 밴프 추천 관광 루트 ◆

여름

- 미네완카 호수 & 크루즈 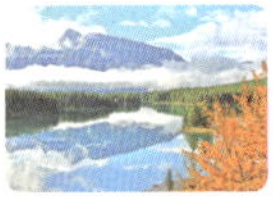
- 터널 마운틴 트레일 하이킹 (롬 버스 이용)
- 서프라이즈 코너 (왕복 약 1시간 30분)
- 밴프 애비뉴 산책 & 기념품 쇼핑
- 밴프 곤돌라 (곤돌라 무료 셔틀 이용)
- 밴프 어퍼 핫 스프링스 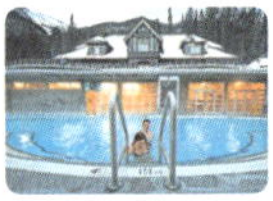
- 밴프 애비뉴에서 저녁 식사

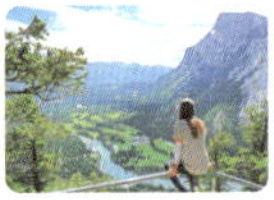

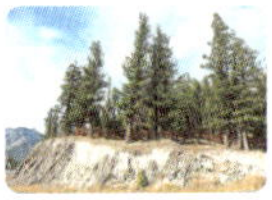

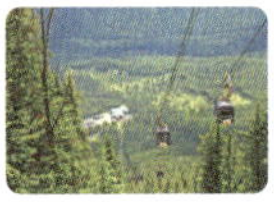

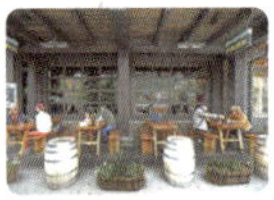

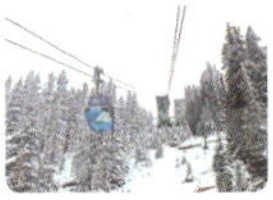

겨울

- 존스턴 캐년 아이스 워크 투어 (가이드 투어 이용, 왕복 4시간) ©Paul Zizka
- 밴프 애비뉴 산책 & 기념품 쇼핑 (롬 버스 이용)
- 밴프 곤돌라
- 밴프 어퍼 핫 스프링스
- 밴프 애비뉴에서 저녁 식사

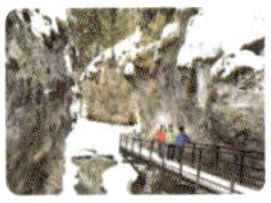

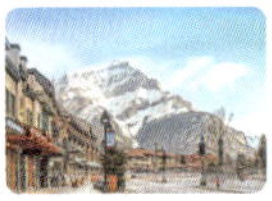

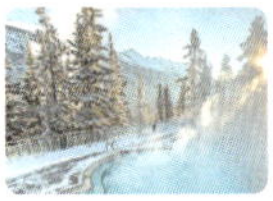

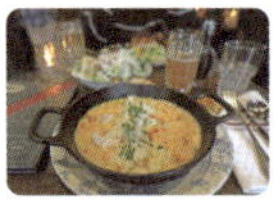

TRAVEL HIGHLIGHT

밴프 애비뉴
Banff Avenue

밴프의 가장 중심이 되는 거리로 관광 안내 센터, 쇼핑몰, 갤러리, 레스토랑, 호텔 등의 주요 편의 시설이 모두 이 애비뉴를 중심으로 모여 있으며 Roam Bus와 Hop on Banff도 이곳을 거쳐 간다. 밴프 타운 자체는 굉장히 작은 마을이어서 타운 관광은 애비뉴를 돌아보는 것만으로 충분하다. 밴프 애비뉴 거리에서 북쪽으로 보이는 웅장한 캐스케이드 산은 밴프 타운의 아름다움을 한층 더한다.

밴프 곤돌라 Banff Gondola

밴프 타운 남쪽에 자리한 설퍼 산 정상으로 오르는 곤돌라로 산 아래에서 타면 10분 이내에 정상까지 오른다. 전망대에서는 밴프 타운과 밴프를 감싸고 있는 국립공원 산맥이 어우러진 경관이 한눈에 들어오며 전시관, 레스토랑, 기념품 숍 등의 편의 시설이 있다. Sanson's Peak 정상까지는 산책로가 있어 쉽게 오를 수 있고, 도중에 야생동물을 만날 수도 있으니 시간 여유가 있다면 정상까지 걸어보도록 하자. 해가 일찍 지는 겨울에는 스타게이징 프로그램이 운영되니 늦은 시간에 올라 참여해보는 것도 좋다. 계절에 상관없이 즐길 거리가 다양해 밴프에서 제일 인기 있는 관광지다. 여름 시즌이면 밴프 스프링스 호텔과 애비뉴의 엘크 호텔 앞에서 곤돌라 탑승장까지 20~40분 간격으로 무료 셔틀이 운행된다.

- 롬 버스 1번 Banff Gondola 정류장
- 겨울 10:00-22:00 (시즌에 따라 변동 있음)
- www.banffjaspercollection.com/attractions/banff-gondola
- CAD 성인 CAD 60~ (시즌에 따라 변동 있음)

밴프 어퍼 핫 스프링스
Banff Upper Hot Springs

밴프 타운 남쪽 해발 1585m에 있어 캐나다에서 가장 높은 온천으로 유명하다. 1883년에 발견되어 100년이 넘는 역사를 지닌 유서 깊은 유황 온천으로 레포츠를 즐긴 후 피로를 풀기 위해 많이 찾는다. 겨울이면 눈 덮인 산을 바라보며 온천욕을 즐기는 낭만을 느껴볼 수 있다. 수영복과 타월을 렌트할 수 있다.

- 롬 버스 1번 Upper Hot Springs 정류장
- 매일 10:00 - 22:00
- CAD 성인 CAD 16.50, 3~17세 CAD 14.25, 3세 미만 무료, 65세 이상 CAD 14.25

©Banff & Lake Louise Tourism / Noel Hendrickson

케이브 앤 베이슨 내셔널 히스토릭 사이트
Cave & Basin National Historic Site

1883년 밴프에서 가장 먼저 발견된 온천으로 밴프가 캐나다 최초의 국립공원으로 선정되는 데 기여했다. 발견 당시에는 온천으로 이용했지만 현재는 온천 발견의 역사와 국립공원에 대한 다양한 자료를 전시하는 박물관으로 이용하고 있다.

- 롬 버스 4번 Cave and Basin 정류장
- **여름~가을** 09:30-17:00, **겨울~봄** 11:00-17:00, 크리스마스 휴무
- CAD 성인 CAD 8.50, 65세 이상 CAD 7, 17세 미만 무료

미네완카 호수 Lake Minnewanka

밴프 타운에서 약 5km 떨어져 있는 큰 빙하 호수다. 밴프 국립공원의 호수 중 가장 큰 규모로 유일하게 모터보트를 운행할 수 있어 여름에 방문하면 크루즈 투어를 비롯해 카누, 낚시(라이선스 필수), 다이빙, 하이킹 등 다양한 액티비티를 즐길 수 있다. 여름 시즌인 5월 중순부터 10월 초까지 운행하는 크루즈 투어에 참여하면 1시간 동안 선장의 설명을 들으며 에메랄드 빛 호수와 숲이 우거진 경사면, 폭포를 돌아보고 국립공원의 야생을 느껴볼 수 있다. 겨울 시즌은 호수가 얼어 있어 트레일에서 크로스컨트리를 즐기거나 스노슈잉 등 겨울 액티비티를 즐길 수 있다.

- 롬 버스 6번 Lake Minnewanka 정류장
- CAD 크루즈 성인 CAD 65, 5세 이하 무료(날짜에 따라 요금 변동)

서프라이즈 코너 Surprise Corner

밴프 타운에서 남쪽 언덕을 오르면 아름다운 서프라이즈 코너 뷰포인트가 나타난다. 버팔로 스트리트와 터널 마운틴 드라이브가 만나는 지점의 코너에서 바라보는 보우 폭포, 설퍼 산, 울창한 숲을 배경으로 자리한 밴프 스프링스 호텔의 절경은 감탄을 자아낸다.

- 밴프 애비뉴에서 차로 약 7분, 도보 약 25분

후두스 뷰포인트 Hoodoos Viewpoint

단단한 바위 위에 퇴적암들이 덮여 높은 첨탑 형태로 솟아 있는 후두스를 볼 수 있는 전망 포인트다. 이곳, 후두스 뷰포인트에서 서프라이즈 코너까지 이어진 후두스 트레일은 보우 강줄기를 따라 풍경을 감상할 수 있어 인기다.

- 밴프 애비뉴에서 차로 약 10분, 도보로 올라갈 경우 약 50분. 서프라이즈 코너부터 시작하는 하이킹으로 오르면 약 1시간 30분 소요

보우 폭포 Bow Falls

밴프 타운 남쪽으로 흐르는 보우 강의 산책로를 따라 걷다 보면 만날 수 있다. 폭포가 크지 않지만 주변 밴프 국립공원 산맥과 어우러진 자연경관이 아름답다. 밴프 애비뉴 남쪽의 보행자 전용 다리를 건너면 바로 산책로와 연결된다.

- 밴프 애비뉴 남쪽 YWCA 호텔 옆 트레일을 따라 도보 10분

버밀리온 호수 Vermilion Lake

석양이 비치면 호수가 주황빛으로 아름답게 변해 이름을 버밀리온(Vermilion, 주홍) 호수라고 했다. 낮에는 런들 산과 설퍼 산의 멋진 전망을 볼 수 있고 투명한 호수에 산이 반사되는 모습은 신비롭기까지 하다. 호수 근처에서 느긋하게 산책을 즐기거나 카누를 탈 수 있으며 종종 엘크나 무스 등 야생동물이 나타나기도 한다.

📍 밴프 타운에서 차로 약 7-9분

보우 밸리 파크웨이 Bow Valley Parkway

밴프에서 레이크 루이스까지 연결되어 있는 도로로, 트랜스 캐나다 하이웨이가 생기기 전까지 이 도로를 사용했다. 레이크 루이스까지 트랜스 캐나다 하이웨이를 이용하면 더 빨리 가지만, 보우 밸리 파크웨이가 주변의 수려한 자연경관과 어우러진 시닉 드라이브 코스로 유명하기 때문에 관광객이 많이 찾는 곳이며, 존스턴 캐년을 방문하려면 보우 밸리 파크웨이를 이용해야 한다.

존스턴 캐년 Johnston Canyon

밴프 애비뉴에서 보우 밸리 파크웨이를 따라 30분 정도 이동하면 만날 수 있는 존스턴 캐년은 밴프에서 가장 인기 있는 하이킹 장소다. 내부는 수천 년 동안 침식된 석회암들로 이루어져 있으며 돌출된 협곡과 가파른 계곡 사이로 흐르는 급류 위로 만들어진 트레일을 따라 하이킹을 즐길 수 있다. 입구에서 로워 폭포까지는 약 1.2km, 어퍼 폭포까지는 약 2.5km 거리로 두 폭포를 모두 다녀올 경우 왕복 2시간 30분~3시간 정도 소요된다. 어퍼 폭포를 지나서 연결된 잉크 팟 트레일은 어퍼 폭포까지 온 길만큼 더 들어가야 하는 긴 코스로, 겨울에는 캐년 내부가 꽁꽁 얼어 있어 장비를 갖추고 아이스 워크를 체험할 수 있다. 트레일은 걷기 좋게 정비되어 있어 연령대에 관계없이 누구나 쉽게 하이킹을 즐길 수 있다.

📍 밴프 타운에서 차로 약 30분 / 롬 버스 9번 Johnston Canyon 정류장

캔모어 Canmore

밴프 국립공원에서 약 20~25분 떨어진 곳에 있는 작은 도시로 밴프 국립공원으로 들어가는 길목에 있어 빼어난 자연경관을 자랑한다. 밴프 타운과 비슷한 분위기이지만 국립공원을 벗어난 위치에 있다 보니 최신식 호텔이 많고 타운 중심에는 식당이나 카페, 대형 상점이 밀집해 있다. 성수기에는 밴프 국립공원 호텔을 예약하기 힘들기 때문에 캔모어에 머무는 관광객이 많아지는 추세다. 캔모어에서 동쪽으로 약 10분 거리의 카나나스키스Kananaskis에서는 로키산맥의 절경을 내려다볼 수 있는 헬기 투어가 가능하다.

©Darren Roberts

SPECIAL PAGE
BANFF
NATIONAL PARK

밴프 헬기 투어

높은 하늘 위에서 에메랄드 빛 호수와 울창한 침엽수림, 장엄한 산맥을 한눈에 내려다볼 수 있는 특별한 경험을 할 수 있어 로키산맥의 가장 화려하고 비싼 관광 프로그램 중 하나다. 약 25-55분까지 소요 시간별로 다양한 투어를 선택할 수 있다. 투어는 연중 가능하며 대표 업체는 캔모어 주변의 로키산맥을 둘러보는 알파인 헬리콥터와 아이스필드 파크웨이의 호수와 산맥을 둘러보는 로키 헬리 캐나다다. 위치가 다르니 일정을 고려해 적절한 업체를 선택하자.

CAD 219~749

@ 캔모어 알파인 헬리콥터 alpinehelicopter.com | 아이스필드 파크웨이 로키 헬리 www.rockiesheli.com

RESTAURANT & CAFÉ

밴프 스테이크 하우스 **Best 3**

The Bison Restaurant

앨버타산 바이슨과 소고기, 서부 해안의 해산물 등 현지 식재료만 사용하며 메뉴는 계절에 따라 바뀌어서 방문할 때마다 새로운 요리를 맛볼 수 있다. 시그니처 메뉴는 바이슨 스테이크로 인생 스테이크를 만날 수 있는 곳이다. 일요일에만 운영하는 브런치도 인기.

- 🏠 213 Bear Street
- ☎ +1 403 762 5550
- 🕐 일~목요일 17:00-21:00, 금~토요일 16:30-21:00
- CAD 애피타이저 CAD 23~30, 메인 CAD 27~65, 바이슨 요리 CAD 33~63 (바이스 토마호크는 시가)

Saltlik Banff

앨버타산 소고기를 사용하는 스테이크 전문점으로 캘거리와 밴프 2곳에 매장이 있다. 1층은 와인이나 칵테일을 마시거나 간단히 식사를 하는 바 공간이고 2층이 스테이크 레스토랑이지만, 밴프의 분위기를 한껏 느낄 수 있는 1층 테라스 좌석에 앉는 것을 추천한다. 스테이크와 엄선된 와인을 함께 즐길 수 있다.

- 221 Bear Street
- +1 403 762 2467
- 매일 12:00-23:00
- CAD 애피타이저 CAD 10~28, 스테이크 CAD 39~81, 그 외 단품 요리 CAD 16~55

Chuck's Steak House

앨버타산 소고기를 매장에서 직접 드라이에이징 기법으로 숙성시키는 것으로 유명하다. 와규, 텐더로인, 뉴욕 프라임, 립아이 등 스테이크 종류가 다양하니 여럿이 방문했다면 스테이크를 골고루 맛볼 수 있는 스페셜 메뉴로 주문해보자. 부위별로 굽는 정도를 서버에게 추천받아 주문하는 것이 좋다. 직접 테이블에 와서 만들어주는 시저 샐러드도 이곳의 인기 메뉴.

- 101 Banff Avenue
- +1 403 762 4825
- 일~목요일 17:00-21:30, 금~토요일 16:30-21:30
- CAD 애피타이저 CAD 23~30, 사이드 CAD 13~14, 스테이크 CAD 67~179

The Grizzly House

1967년 오픈한 노장 레스토랑으로 퐁듀와 앨버타산 스테이크, 각종 특수 부위 고기를 메인으로 하고 있다. 이곳의 가장 인기 메뉴는 뜨겁게 달군 돌에 갈릭 버터를 두르고 스테이크나 해산물을 구워 먹는 핫락 퐁듀Hot Rock Pondue. 밴프 애비뉴의 중심에 있어 쉽게 찾을 수 있다.

- 207 Banff Avenue
- +1 403 762 4055
- 11:30-21:00, 금~토요일 11:30-21:30, 화요일 휴무
- CAD 애피타이저 CAD 12.95~35.95, 퐁듀 CAD 21.95~79.95

Park Distillery

밴프 애비뉴에서 가장 핫한 양조장 겸 레스토랑이다. 술을 만들 때 로키산맥의 빙하수를 사용하는 것으로 유명하다. 여럿이 모여 즐거운 이야기를 나누는 캠프 파이어에서 영감을 얻어 디자인한 내부 분위기가 친근함을 자아낸다. 꼬치구이나 스모키한 풍미의 스테이크가 인기 메뉴. 입구에서는 직접 만든 술을 판매하며 양조장 투어도 가능하다.

- 219 Banff Avenue
- +1 403 762 5114
- 월~금요일 11:30-21:00, 토~일요일 11:00-21:30
- CAD 버거 CAD 25.5~29.75, 스테이크 CAD 47~69, 보드카, 진 CAD 8-10, 칵테일 CAD 10.75~21

Pacini

피자나 파스타 같은 한국인의 입맛에 맞는 퓨전 이탤리언 요리를 맛볼 수 있는 레스토랑. 하우스 메이드 피자 종류를 다양하게 즐길 수 있다. 식전 빵은 셀프 바에서 다양한 버터를 발라 직접 구워 먹는 재미가 있다.

- 345 Banff Avenue
- +1 403 760 8580
- 일~목요일 07:00-22:00, 금~토요일 07:00-23:00
- CAD 조식메뉴 CAD 12~21.75, 파스타, 리조토 CAD 24~34, 피자 CAD 23~27

Maclab Bistro

밴프 애비뉴에서 차를 타고 약 5분 거리, 서프라이즈 코너 뷰포인트를 지나 콘퍼런스 센터 건물에 있는 레스토랑이다. 높은 지대에 자리 잡고 있어 창밖으로 펼쳐진 로키의 풍경을 바라보며 식사를 즐길 수 있다. 매일 매장에서 만드는 수제 버거와 콥 샐러드가 인기 메뉴다. 크래프트 비어와 다양한 와인 리스트도 있어 함께 즐기기에 좋다.

- 🏠 107 Tunnel Mountain Drive
- ☎ +1 403 762 6141
- 🕐 매일 08:00-01:00
- CAD 샐러드 CAD 10~24, 버거,피자 CAD 19~24

서울옥

밴프 유일의 한식당이다. 갈비, 불고기, 찌개, 갈비탕, 육개장, 비빔밥 등 다양한 메뉴가 있어서 여행 중 한식이 그립다면 방문하도록 하자. 단체 손님이 몰리는 시간에는 생각보다 번잡할 수 있음을 유념하자.

- 🏠 215 Banff Avenue
- ☎ +1 403 762 4941
- 🕐 매일 11:30-15:00, 17:00-21:00
- CAD 식사류 CAD 17~19, 고기류 CAD 26~45, 찌개 CAD 18, 전골 CAD 52~58

Beaver Tails

캐나다의 대표 간식이라고 할 수 있는 비버 테일즈, 패스트리 모양이 비버의 꼬리를 닮았다. 1978년 오타와에 처음 오픈한 후 지금은 캐나다 전역에 많은 매장이 있다. 패스트리에 원하는 토핑을 올려 입맛대로 구성할 수 있어 인기다.

- 🏠 120 Banff Avenue
- ☎ +1 403 985 0086
- 🕐 월~금요일 12:00-21:00, 토~일요일 11:00-22:00
- CAD 7.25~9.25

COWS

프린스 에드워드 아일랜드의 조용한 마을에서 시작해 지금은 캐나다 서부와 동부 주요 관광지에 13개 매장을 보유하고 있는 천연 아이스크림 전문점이다. 매일 최상급 재료를 사용해 수제로 만든 아이스크림과 와플 콘이 많은 사랑을 받고 있다.

- 🏠 138 Banff Avenue
- ☎ +1 403 760 3493
- 🕐 매일 11:00-21:00
- CAD CAD 4.95~5.95

SHOPPING

Rocky Mountain Soap Company

100% 천연 성분으로 만든 화장품을 판매하는 곳. 스킨케어 제품부터 보디 로션, 비누 바에 이르기까지 다양한 종류의 화장품이 있다. 그중에서도 이곳은 다양한 허브 향을 내는 비누가 가장 유명하며 성분별로 고를 수 있다. 유기농 코코넛 버터가 포함된 스틱 형태의 보디 제품은 선물용으로 좋다.

🏠 204 Banff Avenue
🕐 매일 10:00-20:00
CAD 비누 CAD 7.95, 바디버터 CAD 7.95~16, 핸드크림 CAD 12, 샤워젤 CAD 10~18

The Spirit of Christmas

캐나다에서 가장 큰 크리스마스 용품점으로 시즌에 관계없이 1년 내내 크리스마스 분위기를 느낄 수 있다. 밸런타인데이, 부활절, 핼러윈 같은 특별한 날에는 관련된 용품을 판매하기도 한다.

🏠 133 Banff Avenue
🕐 월~수요일 10:00-19:00, 목~일요일 10:00-21:00

Monod Sports

밴프 애비뉴에 있는 프리미엄 스포츠 용품점. 신발, 등산복, 낚시, 스키, 캠핑 용품 등 모든 종류의 아웃도어 제품을 판매하는 브랜드가 입점되어 있어 캐나다산 구스 제품을 사려는 사람들로 늘 붐빈다.

🏠 129 Banff Avenue
🕐 매일 10:00-20:00

SPECIAL PAGE
BANFF
NATIONAL PARK

밴프 스키장

©Reuben Krabbe

스키 셔틀 Ski Shuttle

밴프에 겨울이 찾아오고 본격적인 스키 시즌에 접어들면 각 스키장에서는 이용객을 대상으로 무료 셔틀을 제공한다. 밴프 애비뉴에서 셔틀을 타고 3개의 스키 리조트를 모두 다녀올 수 있다. 인포메이션 센터와 밴프 애비뉴의 각 호텔에서 셔틀 스케줄을 확인할 수 있다. 오전 일찍부터 오후 3~4시까지 셔틀을 운행한다.

스키빅3 SkiBig3

밴프 국립공원 3개 스키장의 리프트 이용권을 통합해 사용할 수 있는 스키 패스다. 머무는 날짜에 맞춰 최대 14일권까지 리프트권을 구매할 수 있다. 사용 날짜는 플렉시로 이용할 수 있어 2일권을 구매한 경우 3일 이내, 3일권을 구매한 경우 5일 이내에 선택해서 사용할 수 있고 8일권부터는 3일이 추가되어 11일 이내에 8일을 사용하면 된다. 패스는 밴프 애비뉴의 Ski Hub에서 픽업하면 되고, 3일 전에 예약한 경우 머무는 호텔로 배송해준다. 온라인으로 예약 시 21일 전까지 가장 큰 할인을 받을 수 있으며 3일권 이상 패스 예약해도 핫스프링스 무료 입장 불가. SkiBig3는 스키장 리프트권과 함께 호텔, 장비 대여, 레슨을 묶어 예약할 수 있다.

- 114 Banff Avenue (SkiBig3 Adventure Hub)
- 08:00-20:00   @ www.skibig3.com

SPECIAL PAGE
BANFF NATIONAL PARK

©Banff & Lake Louise Tourism / Noel Hendrickson

©Reuben Krabbe

1 | 밴프 선샤인 Banff Sunshine

밴프 타운에서 차로 약 20분 거리의 산 중턱에 만들어진 스키장이다. 스키 빌리지의 높이는 해발 2730m로 <Ski Canada Magazine>에서 주는 최고의 전망 상을 받을 정도로 탁 트인 절경을 바라보며 스키를 즐길 수 있다. 슬로프는 약 137개, 초급자와 고급자 모두 즐길 수 있는 다양한 슬로프가 있지만 그중 55%가 중급자 코스다. 스키 빌리지에는 슬로프, 리프트 체어, 스키 교실, 레스토랑 등의 편의 시설과 이곳의 큰 자랑거리인 선샤인 마운틴 로지가 자리한다. 이 로지는 스키인 스키아웃 Ski-In Ski-Out이 가능한 호텔로 어디에서나 하얀 눈이 쌓인 스키장 풍경과 주변을 에워싸고 있는 산맥의 웅장한 뷰를 볼 수 있다. 선샤인 빌리지의 스키 시즌은 11월 초부터 5월 말까지라 캐나다에서 가장 길다.

🏠 1 Sunshine Access Road, Banff
@ www.skibanff.com

© Banff & Lake Louise Tourism / Paul Zizka

2 | 마운트 노키 Mt. Norquay

밴프 다운타운에서 가장 접근성이 좋은 곳으로 규모가 크지 않지만 아이들과 함께 즐기기 좋은 튜빙장이 있어 가족 여행객들이 선호한다. 또한 로키에서 유일하게 야간 스키와 야간 튜빙을 함께 즐길 수 있는 곳이기도 하다. 76만 8902㎡ 규모에 74개 슬로프가 있으며 초급 코스보다는 고급, 전문가 코스의 비중이 높은 편이어서 실력 있는 스키어들이 많이 찾는 편. 11월부터 4월 중순까지 스키를 즐길 수 있다.

🏠 Mount Norquay Road
@ banffnorquay.com

3 | 레이크 루이스 스키 리조트 Lake Louise Ski Resort

©Noel Hendrickson
©Banff & Lake Louise Tourism / Jake Dyson

밴프 국립공원에 있는 스키장 중 가장 큰 규모이며 경치가 아름답기로 매우 유명하다. 2017년 월드 스키 어워즈에서 캐나다 1위의 스키 리조트 및 세계 3대 프리스타일 스키 리조트 중 하나로 선정되었다. 스키뿐만 아니라 튜빙, 스노슈잉 등 다양한 겨울 액티비티를 즐길 수 있다. 4개 산을 가로질러 펴져 있는 스키장은 면적이 약 1699만 6797㎡, 슬로프는 145개 이상, 초급부터 고급 코스까지 고르게 분포되어 있어 가족 단위 스키어들이 많이 찾는다. 광활한 산맥에 걸쳐 있다보니 워낙 경치가 좋은 것으로 유명해 여름에는 관광용 곤돌라를 운영한다. 곤돌라를 타고 레이크 루이스를 내려다보거나 산꼭대기의 레스토랑에서 경치를 즐기며 식사를 할 수 있다. 다른 2개의 스키장과 달리 여름에도 곤돌라 탑승을 위한 관광객이 많아 무료 셔틀을 운행하며 레이크 루이스 빌리지, 레이크 루이스 캠프장, 샤토 페어몬트 레이크 루이스 호텔에서 탑승할 수 있다.

🏠 1 Whitehorn Road, Lake Louise
@ www.skilouise.com

HOTEL

HOTEL
BANFF
NATIONAL PARK

밴프 애비뉴

Moose Hotel & Suites
★★★★

밴프 애비뉴에 있는 호텔 중 유일한 4성급 호텔로 현대적인 시설과 고급스러운 분위기를 갖추었다. 일반 룸과 키친 시설이 있는 스위트 타입의 객실이 있으며 야외 자쿠지에서 밴프를 에워싼 로키산맥의 아름다운 경치를 볼 수 있다. 밴프 시내의 롬 버스 무제한 패스를 이용할 수 있다.

🏠 345 Banff Avenue
☎ +1 866 379 0021
@ moosehotelandsuites.com

Fox Hotel & Suites
★★★

일반 객실과 키친 시설이 마련된 스위트 타입을 모두 갖춘 호텔. 유럽식 조식이나 무료 Wi-Fi, 실내 수영장 등의 편의 시설도 마련되어 있다. 숙박 고객은 밴프 시내의 롬 버스 무제한 패스도 이용할 수 있다.

🏠 461 Banff Avenue
☎ +1 866 4740425
@ foxhotelandsuites.com

©Mount Royal Hotel by Pursuit

Banff Aspen Lodge
★★★

밴프 애비뉴에 있어 관광하기 매우 편리하고 호텔 건물 사이에 마련된 야외 자쿠지가 유명하다. 또한 무료 조식을 제공하며 2~4인까지 숙박할 수 있는 3가지의 룸 카테고리를 가지고 있다.

🏠 401 Banff Avenue
☎ +1 403 762 4401
@ www.banffaspenlodge.com

Mount Royal
★★★

밴프 애비뉴의 타운 센터 몰 건너편에 자리한 호텔로 밴프의 호텔 중 가장 위치가 좋다. 최근에 대대적인 리노베이션을 거쳐 깔끔하고 현대적인 시설로 탈바꿈했다.

🏠 138 Banff Avenue
☎ +1 877 862 2623
@ www.banffjaspercollection.com/hotels/mount-royal-hotel

Banff Inn
★★★

밴프 애비뉴 북쪽에 위치한 현대적 시설의 호텔로 기본 룸, 복층, 스위트 타입까지 다양한 룸이 있다. 밴프의 호텔 중 숙박 요금이 저렴한 편이다. 가성비가 좋은 숙소를 찾는 관광객에게 좋은 옵션.

🏠 501 Banff Avenue
☎ +1 403 762 8844
@ banffinn.com

밴프 외곽

Fairmont Banff Springs
★★★★

밴프에서 가장 웅장하고 럭셔리한 호텔. 영화 속에서나 등장할 법한 고성 분위기의 호텔은 주변 침엽수림과 어우러져 환상적인 풍경을 선사한다. 수영장, 레스토랑, 스파 등의 편의 시설이 마련되어 있어 호텔 내에서도 여러 활동을 즐길 수 있다.

- 405 Spray Avenue
- +1 403 762 2211
- www.fairmont.com/banff-springs

The Rimrock Resort
★★★★

밴프에서 매우 훌륭한 전망을 자랑하는 럭셔리 호텔이다. 총 346개의 룸을 갖추고 있으며 그중 그랜드 뷰 Grand View 객실에서는 로키산맥의 멋진 전망을 볼 수 있다. 밴프 곤돌라 탑승장과 밴프 어퍼 핫 스프링스 바로 앞에 있어서 관광도 편리하다.

- 300 Mountain Avenue
- +1 403 762 3356
- www.rimrockresort.com

Hidden Ridge Resort
★★★

밴프 타운이 내려다보이는 경치 좋은 곳에 자리한 리조트. 콘도 타입의 객실에는 간단한 취사 시설과 바비큐 시설, 발코니가 마련되어 있다. 숙박 고객은 밴프 시내의 롬 버스 무제한 패스도 이용할 수 있다.

- 901 Hidden Ridge Way
- +1 800 661 1372
- banffhiddenridge.com

Sunshine Mountain Lodge
★★★

밴프 선샤인 스키장 산 중턱에 있는 부티크 호텔. 여름에는 로키산맥의 아름다운 풍광을, 겨울이면 하얀 설원에서 스키를 즐길 수 있다. 밴프에서 스키인, 아웃이 가능한 유일한 호텔.

- 1 Sunshine Access Road
- +1 877 542 2633
- www.sunshinemountainlodge.com

YWCA Banff Hotel
★★

밴프 애비뉴 남쪽 보우 강변에 자리한 호텔. 애비뉴에서 다리만 건너면 닿을 수 있다. 숙박 비용이 높은 밴프에서 저렴한 금액의 숙소를 찾는다면 적합하다. 룸은 개인실부터 공용 다인실까지 다양하다.

- 102 Spray Avenue
- +1 403 762 3560
- ywcabanff.ca/hotel

LAKE LOUISE

세계 10대 절경
레이크 루이스

밴프 국립공원에 자리한 레이크 루이스는 유네스코가 지정한 세계 10대 절경, BBC에서 선정한 베스트 여행지 중 한 곳으로 꼽힐 만큼 아름답기로 유명하다. 빙하가 녹은 물이 흘러드는 호수는 햇빛을 받으면 에메랄드 빛으로 화려하게 빛나며 호수를 감싸고 있는 로키산맥들과 어우러져 최고의 절경을 감상할 수 있다. 호수 정면으로는 거대한 빙하를 품은 빅토리아 산이 있어 이곳을 배경으로 아름다운 사진을 남길 수 있다.

레이크 루이스 관광 안내소
🏠 Samson Mall, 201 Village Road, Lake Louise
🕐 겨울 09:00-17:00, 여름 08:30-18:30 (12/25 휴무)

◆ 찾아가기 ◆

밴프에서 40분, 재스퍼에서 3시간, 캘거리에서 2시간 거리에 있으며 가장 가까운 공항은 캘거리 공항이다. 렌터카를 빌리지 않을 경우 캘거리에서는 브루스터Brewster 셔틀을, 재스퍼에서는 선독Sundog 셔틀을 이용하면 된다.

1 셔틀버스

캘거리 공항 ↔ 레이크 루이스 호텔
약 3시간 30분 소요, 하루에 약 4편 운행
성인 CAD 122, 어린이(6~15세) CAD 81

밴프 애비뉴 및 호텔 ↔ 레이크 루이스 호텔
약 1시간~1시간 30분 소요, 하루 약 4편 운행
성인 CAD 41, 어린이(6~15세) CAD 28

• 브루스터 www.banffjaspercollection.com/brewster-express

2 렌터카

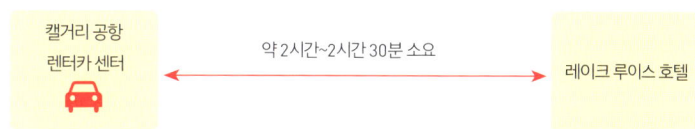

캘거리 공항 렌터카 센터 ↔ 레이크 루이스 호텔
약 2시간~2시간 30분 소요

레이크 루이스의 계절 액티비티

여름

1 | 카누 Canoe

에메랄드 빛 레이크 루이스에서 카누를 타고 빅토리아 빙하와 호수의 전망을 감상하며 여유로운 시간을 보내자. 호수의 서쪽 보트하우스에서 렌트가 가능하며 성인 2~3명 또는 성인 2명과 어린이 2명이 탑승할 수 있다. 일출 또는 일몰을 보는 가이드 프로그램도 있는데, 미리 호텔 컨시어지에서 예약해야 한다.

- 여름 시즌 (날씨에 따라 변동)
- CAD **호텔 게스트** 1시간 CAD 95, 30분 CAD 85
일반 손님 1시간 CAD 155, 30분 CAD 145

2 | 가이드 하이킹 Guided Hiking

레이크 루이스의 3가지 하이킹은 로키의 여러 코스 중에서도 최고로 꼽힌다. 레이크 루이스 호텔에서 호수 주변 하이킹 프로그램을 예약할 수 있으며 가이드를 동반해 안전하게 다녀올 수 있어 인기다. 특히 소요 시간이 가장 긴 플레인 식스 글래시어 하이킹은 플레인 오브 식스 글래시어 하이킹 프로그램도 있다.

- 여름 시즌 (날씨에 따라 변동)
- CAD **반나절 가이드 투어** 성인 CAD 80, 소아 (8~12세) CAD 40 **풀데이 가이드 투어** 성인 CAD 105, 소아 (8~12세) CAD 50

겨울

1 | 아이스 스케이팅 Ice Skating

레이크 루이스 위에서 환상적인 풍경을 감상하며 아이스 스케이트를 즐겨볼 수 있다. 스케이트는 호텔 로비에 있는 숍에서 렌트할 수 있다. 밤이면 불빛으로 아름답게 밝혀져 로맨틱한 분위기를 자아낸다.

- 매년 12월 중순~4월 중순 (날씨에 따라 변동)
- CAD 스케이트 렌트 2시간 CAD 23

2 | 겨울 마차 Sleigh Rides

흰 눈으로 뒤덮인 레이크 루이스와 주변 트레일을 말이 끄는 전통식 마차를 타고 둘러보는 체험으로 담요가 덮여 있어 따뜻하고 편안해서 추운 겨울에도 문제없다. 마치 겨울 왕국에 들어온 듯한 색다른 경험을 선사한다.

- 매년 12월 중순~4월 초 (날씨에 따라 변동)
- CAD 성인 CAD 52, 소아 (4~10세) CAD 45

3 | 개썰매 Dog Sledding

레이크 루이스에서 요호 국립공원으로 갈라지는 그레이트 디바이드 지역의 키킹 호스 패스의 경치를 감상하며 16km를 달리는 Great Devide Tour는 이곳의 개썰매 투어 중 가장 인기다. 개썰매는 밴프에서도 즐길 수 있는 액티비티다.

- 매년 12월초~4월말 (날씨에 따라 변동)
- CAD 287

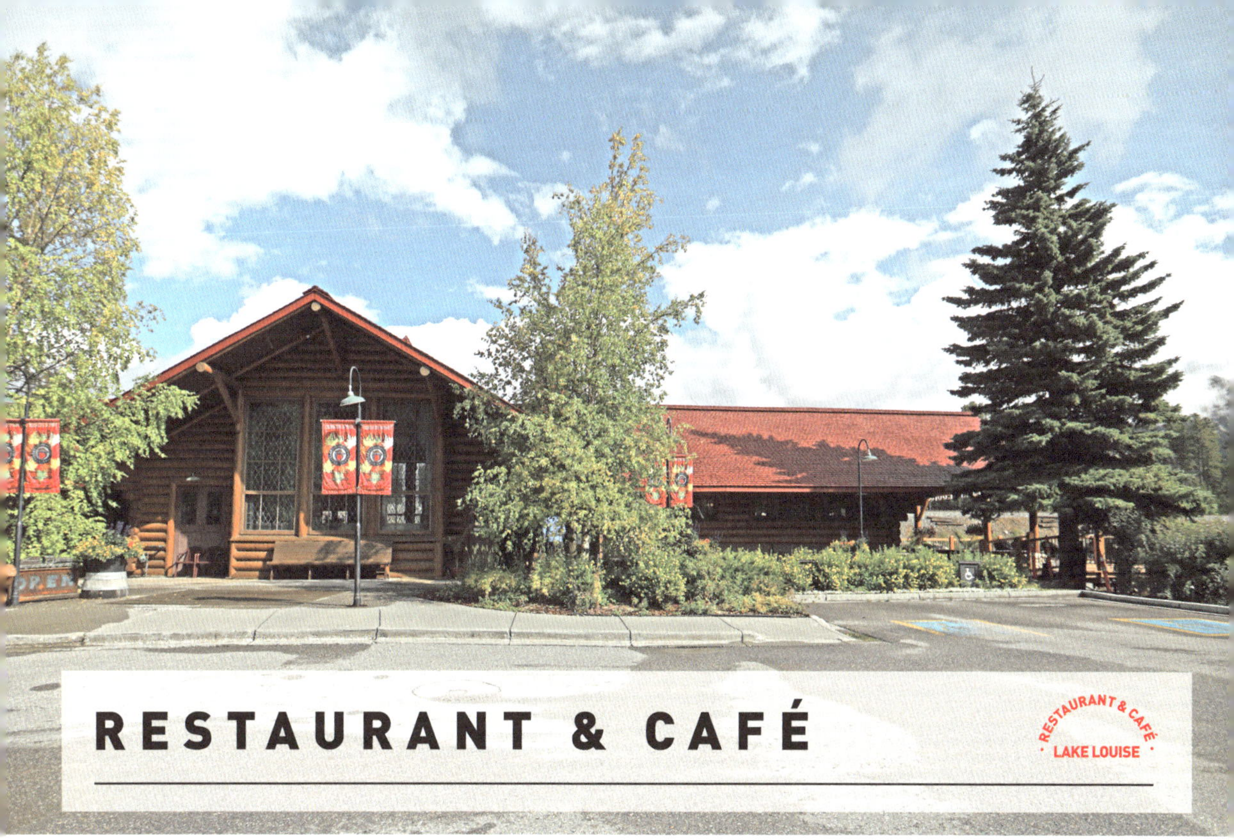

RESTAURANT & CAFÉ

RESTAURANT & CAFÉ · LAKE LOUISE ·

Lake Louise Railway Station & Restaurant

옛 기차역을 개조해 레스토랑으로 운영하는 곳으로 건물 밖에는 과거에 사용하던 열차가 그대로 자리하고 있다. 영화 '닥터 지바고'의 이별 장면에 등장해 더 유명해졌다. 점심 식사로 앨버타산 소고기로 만든 햄버거를 맛보자. 함께 제공되는 사이드로는 샐러드, 어니언링, 감자튀김, 고구마튀김 중 선택할 수 있다.

- 200 Sentinel Road, Lake Louise
- +1 403 522 2600
- 12:00-16:00, 17:00-20:30. 월~화요일 휴무
- CAD 메인 CAD 30-75

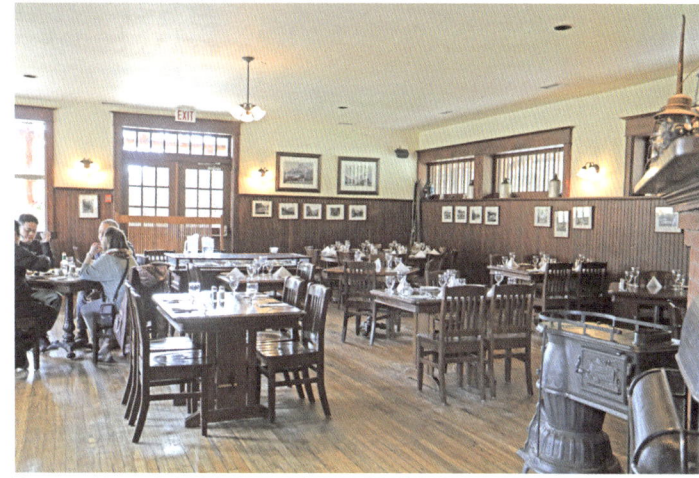

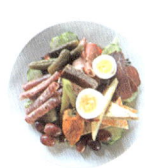

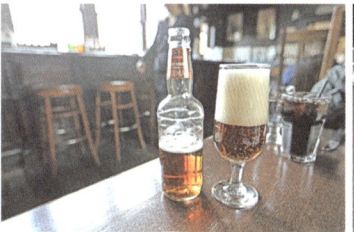

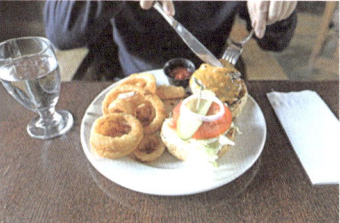

SPECIAL PAGE
LAKE LOUISE

모레인 호수
Moraine Lake

로키산맥의 보석이라 불리는 아름다운 호수로, 바벨 산에서 내려온 빙력토 입자가 빙하가 녹은 물에 섞여 호수로 흘러 들어와 선명하고 영롱한 푸른빛을 띤다. 호수 옆으로 산책로가 있으며 록파일Rockpile 코스를 오르면 호수를 한눈에 담을 수 있는 뷰포인트가 나오는데, 이곳에서 10개 산봉우리Ten Peaks 절경과 함께 호수를 감상할 수 있다. 1시간 정도 소요되는 간단한 코스이니 날씨가 좋으면 시도해보자. 조금 더 상급 코스를 즐기고 싶다면 라치 밸리Larch Valley나 에펠 호수Eiffel Lake 까지 다녀오는 코스를 추천한다. 5시간 정도 소요되는 센티널 패스Sentinel Pass는 캐나다 로키 5대 트레일 중 하나로 손꼽힐 정도로 아름다움이 절정에 이른다. 모레인 호수 주변의 트레일은 곰이 나타나는 것을 대비해 4명 이상 그룹 지어 출발해야 한다는 점을 꼭 유의하자. 호수를 방문하기 좋은 시즌은 6~9월로 1년에 불과 3~4개월 남짓한 시간이므로 이 시기에는 많은 관광객이 모여든다.

대중교통으로 찾아가기 (모레인 호수 버스)

레이크 루이스의 레이크쇼어, 모레인 호수, 파크 앤 라이드Park and Ride 3곳을 오가는 국립공원 셔틀Park Canada Shuttle을 운행한다(5월 중순~10월 중순). 가장 피크 시즌인 6월 중순~9월 말까지는 파크 앤 라이드에서 얼리버드 셔틀을 추가 운행한다. 밴프 애비뉴의 Banff High School Transit 정류장에서 모레인 호수까지 9월 말~10월 중순 기간 동안 롬 버스가 다닌다. 자세한 운행 정보는 www.pc.gc.ca/en/pn-np/ab/banff/visit/parkbus/louise에서 확인할 수 있다.

렌터카 여행 Tip

모레인로드가 열리는 6월부터 10월 중순까지 모레인레이크 개인차량 주차장이 폐쇄된다(현재 2024년까지 폐쇄 결정). 레이크루이스 스키장에 있는 파크 앤 라이드Park & Ride 주차장에서 셔틀버스를 이용해야 하며, 사전예약을 권장한다(왕복 CAD 8). 셔틀 티켓을 소지한 경우 레이크 커넥터Lake Connector 버스가 무료로 운행되므로 하루에 두 호수를 모두 쉽게 볼 수 있다.

파크 앤 라이드
Park and Ride

레이크 루이스 타운으로 진입하는 길목에 자리 잡은 주차장. 여름철 수많은 방문객으로 레이크 루이스와 모레인 호수에는 주차 전쟁이 일어난다. 이곳에서 레이크 루이스, 모레인 호수로 이동하는 국립공원 셔틀이 출발하기 때문에 대안으로 선택하기 좋다. 이곳의 버스 정류장 명칭은 파크 앤 라이드Park and Ride다.

SPECIAL PAGE
LAKE LOUISE

페어몬트 샤토 레이크 루이스 호텔 & 애프터눈 티
Fairmont Chateau Lake Louise Hotel & Afternoon Tea

페어몬트 샤토 레이크 루이스 호텔
Fairmont Chateau Lake Louise Hotel

유네스코 세계문화유산인 밴프 국립공원의 장엄한 빅토리아 빙하와 반짝이는 에메랄드 호수에 둘러싸인 호텔. 세계 10대 절경으로 꼽힌 레이크 루이스의 아름다운 모습을 호텔 룸에서 볼 수 있는 특별한 경험을 즐길 수 있는 곳으로 고풍스러운 외관, 우아한 객실, 세계 정상급 레스토랑, 거기에 수상 경력을 자랑하는 스파까지 럭셔리 호텔의 모든 것을 갖추고 있다. 여름에는 호수 위에서 카누를 타고 겨울에는 케이트나 마차를 타는 등 다양한 액티비티를 즐길 수 있다. 로키산맥에서 특별한 숙박을 찾는다면 이곳을 선택하자.

- 111 Lake Louise Drive
- +1 403 522 3511
- www.fairmont.com/lake-louise

애프터눈 티 Afternoon Tea

©Fairmont Chateau Lake Louise

창가에 앉아 넓은 창으로 세상에서 가장 아름다운 전망을 보면서 즐기는 애프터눈 티는 다른 어느 곳에서 즐기는 것과는 비교할 수 없을 정도로 근사한 시간을 선사해준다. 매일 12:00-14:30에 이용 가능.

HOTEL

.HOTEL.
LAKE LOUISE

Post Hotel & Spa
★★★★

2019년 여름 캐나다의 10대 리조트 중 하나로 선정된 곳이다. 보우 강이 흐르는 레이크 루이스 타운에 자리한 호텔은 앞으로는 강이 펼쳐지고 뒤로는 로키산맥이 에워싼 풍경을 자랑한다. 실내 수영장과 스파 시설이 잘 되어 있는 것으로 유명하다.

🏠 200 Pipestone Road
☎ +1 403 522 3989
@ posthotel.com

Lake Louise Inn
★★★

레이크 루이스 타운에 있는 호텔. 2인실부터 8명까지 숙박할 수 있는 콘도 형태의 객실이 있어 가족 단위의 관광객이 선택하기에 좋다. 호텔 가까이에 샘손 몰이나 관광 안내소, 주유소, 편의점 등이 있어서 여행하기 편리하다.

🏠 210 Village Road
☎ +1 403 522 3791
@ www.lakelouseinn.com

Deer Lodge
★★★

레이크 루이스까지 도보로 이동할 수 있는 호텔 중 하나. 손으로 깎은 통나무 구조와 장식이 유지되어 있어 로키 산장 호텔의 분위기를 충분히 느낄 수 있다. 페어몬트 호텔이 마감되었거나 숙박 요금이 부담되는 관광객에게 차선책으로 좋은 옵션이다.

🏠 109 Lake Louise Drive
☎ +1 403 522 3991
@ crmr.com/deer

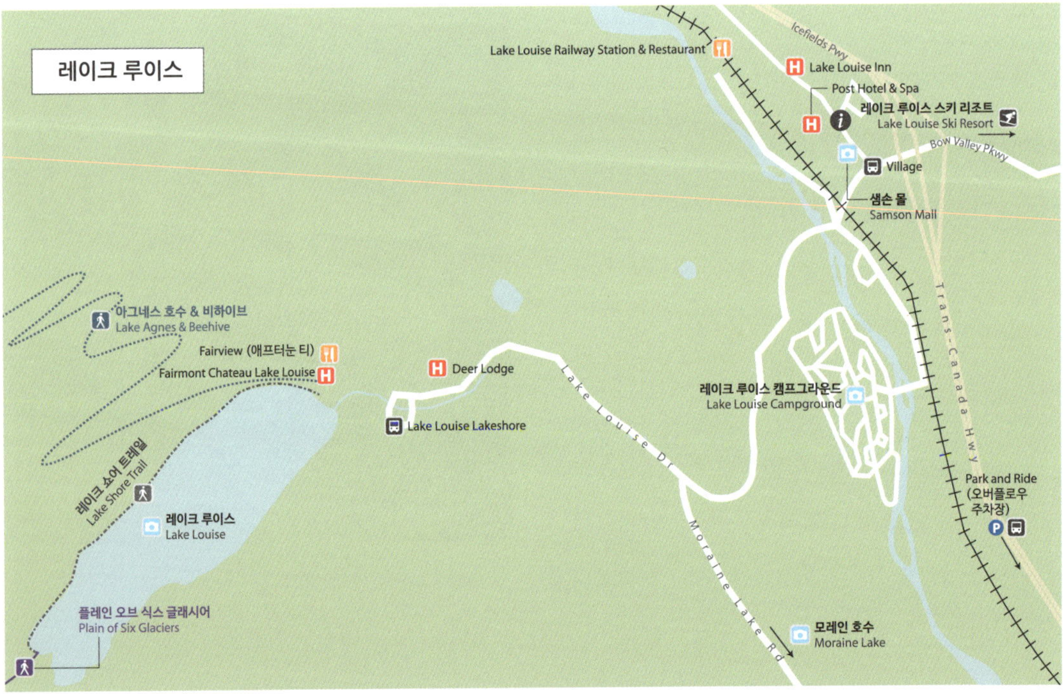

YOHO NATIONAL PARK

감춰진 아름다움
요호 국립공원

'요호'는 놀라움, 경외감을 뜻하는 원주민의 언어로, 그만큼 아름다운 자연미가 가득한 곳이다. 로키 국립공원에서 가장 높고 웅장한 타카카우 폭포와 아름다운 에메랄드 빛 호수가 이곳에 있으며 캐나다 대륙 횡단 철도와 관련된 역사적인 관광지인 키킹 호스 패스, 스파이럴 터널 등의 여러 명소가 자리한다. 또한 캐나다를 동서로 횡단하는 트랜스 캐나다 하이웨이가 이곳을 관통하고 있다.

요호 국립공원 관광 안내소
🏠 5764 Trans-Canada Hwy
🕘 5월 1일~6월 7일, 9월 5일~10월 9일 09:00-17:00, 6월 8일~9월 4일 08:30-18:30, 10월 10일~4월 30일 휴무

◆ 찾아가기

레이크 루이스와 맞닿아 있으며 밴프에서는 약 1시간 거리에 있다. 길이 좁고 험준하기 때문에 대중교통이 발달하지 않아 렌터카를 빌리거나 브루스터Brewster의 투어 프로그램을 이용해서 방문할 수 있다.

TRAVEL HIGHLIGHT

TRAVEL HIGHLIGHT
YOHO NATIONAL PARK

에메랄드 호수 Emerald Lake

1882년 캐나다 대륙 횡단 철도 건설 도중 톰 윌슨이 발견한 호수로 산에서 흘러내린 빙하 속의 빙퇴석이 강물을 막으면서 만들어졌다. 에메랄드 빛의 호수 주변으로는 침엽수가 빽빽하게 우거져 있으며 이를 거대한 산맥들이 둘러싸고 있다. 호숫가를 따라 만들어진 5km의 산책로를 걸으며 호수를 한 바퀴 돌아볼 수 있고, 로지에서 카누나 패들보드를 렌트해 호수를 즐겨볼 수도 있다. 그림 같은 Emerald Lake Lodge에서 하룻밤 머무는것도 좋다.

키킹 호스 패스 Kicking Horse Pass

요호 국립공원과 밴프 국립공원 사이를 가로지르는 높은 산길인 키킹 호스 패스는 브리티시 컬럼비아 주와 앨버타 주의 경계에 있다. 트랜스 캐나다 하이웨이와 캐나다 대륙 횡단 철도가 키킹 호스 패스를 넘어 앨버타 주로 이어진다. 역사적 명소로 지정된 이유는 1884년 캐나다 대륙 횡단 열차가 이곳으로 다니기 시작했기 때문이다. 키킹 호스 패스는 워낙 높고 험준한 산길이었기 때문에 조금 더 북쪽의 옐로헤드 패스를 이용하려 했지만 결국 이곳에 선로를 공사해 훨씬 빠르게 연결할 수 있게 되었다.

스파이럴 터널 Spiral Tunnel

높고 험준한 키킹 호스 패스를 넘어가는 대륙 횡단 열차의 노선을 공사할 때, 지형 특성을 고려해 선로를 나선형 모양으로 최대한 경사를 완만하게 만들었다고 한다. 캐나다의 화물열차는 길이가 매우 길어 이 터널을 통과할 때 중간 부분은 밖으로 나와있고 앞 부분은 터널 속에 들어가 있어 이색적인 경관을 연출한다.

타카카우 폭포 Takakkaw Falls

254m 높이의 깎아지른 절벽 위로 빙하에서 녹은 물이 흐르는, 로키에서 가장 높은 폭포다. 빙하가 녹기 시작하는 봄부터 가을까지만 방문할 수 있는데, 특히 겨울이 끝나고 눈과 얼음이 녹는 봄 시즌은 폭포가 절정에 이른다. 워낙 산속 깊숙이 있어 이곳을 보기 위해서는 타카카우 폭포가 포함된 로키 투어를 이용하거나 렌터카로만 접근할 수 있다. 가는 길은 구불구불하고 가파르며 도로 폭도 매우 좁기 때문에 운전에 주의해야 한다.

- 6월~10월 초 (겨울에는 도로 폐쇄)

SPECIAL PAGE
YOHO NATIONAL PARK

오하라 호수
Lake O'Hara

해발 2000m 높이에 있는 요호 국립공원의 숨은 보석 같은 호수. 높고 깊숙한 곳에 감춰져 있어 방문하기가 어렵지만 일단 호수에 가면 숨 막히는 아름다움에 반하게 된다. 호숫가에 자리 잡은 로지는 오하라 호수의 한가로운 분위기를 한층 더 여유로운 모습으로 만들어준다. 호수 주변의 하이킹 코스 중 오에사 호수Lake Oesa 코스는 올라가는 중간중간 크고 작은 호수와 폭포 그리고 오하리 호수를 한눈에 담을 수 있는 전망이 펼쳐져 인기다. 높은 곳에서 내려다보는 호수는 또 다른 색을 보여주기 때문에 하이킹은 꼭 시도해보자.

오하라 호수 찾아가기

국립공원에서는 자연을 보호하기 위해 하루 방문자 수를 제한하므로 공원에서 운영하는 버스를 타고서만 갈 수 있다. 하루 2회(8시 30분, 10시 30분)만 운영하며 자리도 제한적이다. 사전 예약이 필수이고 1년에 한 번 예약 시스템을 오픈한다. 매년 4월 오픈되며 예약 시스템이 열리자마자 바로 마감될 만큼 방문하기 어려운 곳. 버스 예약에 실패했다면 11km 거리를 직접 걸어서 들어가는 방법도 있다. 자동차와 자전거 통행은 금지되지만 걸어가는 것은 가능하다. 돌아오는 버스는 종종 빈자리가 생겨 상대적으로 버스를 타기 수월하다.

Tip 당일 취소된 버스 자리는 현장에 도착한 순서대로 줄을 선 사람들에게 주어진다.

@ parks.canada.ca/pn-np/bc/yoho/activ/randonnee-hike/ohara/visit

O'Hara Lake Lodge

오하라 호숫가에 자리한 조용한 로지로, 문을 열면 호수가 눈앞에 펼쳐지고 평화롭게 앉아 여유로운 시간을 보내거나 하이킹을 즐기고 쉬어 가기 좋다. 예약을 하려면 미리 계획해서 1년 전부터 서두르는 편이 좋으며 로지 또는 캠핑장 이용객은 숙박객 전용 버스를 이용할 수 있으니 참고하자.

CAD 1박 CAD 945~1335
@ www.lakeohara.com

KOOTENAY NATIONAL PARK

캐내디언 로키의 또 다른 얼굴
쿠트니 국립공원

캐내디언 로키에 속하는 국립공원이지만 지역적으로는 앨버타 주가 아닌 브리티시 컬럼비아 주에 자리한다. 공원을 가로지르는 93번 도로가 생겨나면서 국립공원으로 지정되었고 쿠트니 국립공원의 주요 관광지는 이 도로를 따라 형성되어 있다. 깊은 협곡과 구불구불한 도로에서 드라이브를 하거나 온천을 즐기며 지친 여행에 힐링을 더할 수 있다.

쿠트니 국립공원 관광 안내소
- 7556 Main Street East, Radium Hot Springs
- 5월 1일~10월 12일 09:00-17:00, 1월 1일~4월 30일, 10월 13일~12월 31일 휴무

◆ 찾아가기 ◆

밴프에서 트랜스 캐나다 1번 도로를 따라 레이크 루이스 방향으로 이동하는 도중 93번 도로로 빠지면 바로 쿠트니 국립공원이 시작된다. 밴프에서 30분 정도의 거리이며 대중교통이 발달하지 않은 지역이기 때문에 렌터카를 이용해야 한다.

싱클레어 캐년 Sinclair Canyon

쿠트니 국립공원을 관통하는 93번 도로 양옆의 캐년은 싱클레어 산이 깎여 좁고 깊은 협곡이 되었다. 양옆으로 깊고 아찔한 절벽을 보며 드라이브를 즐길 수 있다.

🏠 TARY PARK, Radium Hot Springs

마블 캐년 Marble Canyon

좁고 깊은 협곡 사이로 에메랄드 빛 빙하수가 흐르는 곳이다. 협곡 사이사이에 놓인 다리 위에서 빙하수를 내려다보면 마음까지 시원해진다. 침엽수가 우거진 잘 다듬어진 산책로를 따라 주변 풍경을 감상하며 둘러보면 좋다.

🏠 Marble Canyon, East Kootenay G

래디움 핫 스프링스 Radium Hot Springs

캐나다에서 가장 규모가 큰 야외 온천으로 밴프나 재스퍼처럼 방문객이 많지 않아 비교적 한적하게 온천을 즐길 수 있다. 풀은 2개로 나뉘는데 40℃의 온수풀과 29℃의 풀로 나뉘어 있다. 온천은 싱클레어 협곡에 둘러싸여 있어 멋진 전경을 보며 휴식을 취할 수 있다.

🏠 5420 BC-93, Radium Hot Springs
🕐 월~금요일 11:30-21:00, 토~일요일 10:30-21:00
CAD 성인 CAD 16.50, 65세 이상 CAD 14.25, 3~17세 CAD 14.25, 2세 미만 무료

ICEFIELD PARKWAY

캐나다 No.1 드라이브 코스
아이스필드 파크웨이

캐나디안 로키의 중심에 자리한 레이크 루이스부터 재스퍼까지 연결되어 있는 232km 길이의 도로다. 사방으로 펼쳐진 로키산맥의 숨막히는 풍경을 배경 삼아 드라이브를 즐길 수 있다. 캐나다에서 가장 아름다운 드라이브 코스를 한 곳만 골라야 한다면 당연히 이 도로를 손꼽을 만큼 낙엽송 숲, 빙하, 계단식 폭포, 에메랄드 빛 호수 등 로키의 보석 같은 경치를 만날 수 있다.

TRAVEL HIGHLIGHT

TRAVEL HIGHLIGHT
ICEFIELD PARKWAY

보우 호수 Bow Lake

크로우풋 산에서 녹은 빙하수가 흘러 들어와 만들어진 호수. 보우 강의 근원이며 앨버타 주와 브리티시 컬럼비아 주의 경계인 컨티넨탈 디바이드를 따라 놓여 있다. 크로우풋 산, 지미 심슨 산, 톰슨 산 등 웅장한 산들이 호수를 병풍처럼 두르고 있어 아름다운 절경을 자랑한다. 이 호수의 가장 큰 특징은 날씨에 따라 시시각각 변하는 물빛인데 주변 산의 모습을 투영하면 갈색이나 파란빛을 띠기도 한다. 많은 사람들이 호수를 둘러싼 산책 코스를 따라 걷거나 호숫가 로지에서 호수를 바라보며 식사를 하기도 한다.

크로우풋 빙하 Crowfoot Glacier

처음 발견했을 때 산을 뒤덮고 있는 모양이 까마귀 발과 닮아서 크로우풋 빙하로 불렸지만 지금은 빙하가 많이 축소되어 이전과 같은 거대한 모습은 볼 수 없다. 빙하에서 녹은 물이 보우 호수로 흘러들고 이 빙하수가 보우 강이 되어 남부 앨버타 주를 관통한다.

위핑 월 Weeping Wall

깎아지른 절벽 위를 흐르는 폭포수가 마치 흐르는 눈물처럼 보여 지어진 이름이다. 여름이면 빙하가 녹아 폭포수로 흐르며 겨울이면 폭포가 얼어 빙벽 등반장으로 탈바꿈한다.

페이토 호수 Peyto Lake

아이스필드 파크웨이의 가장 높은 해발 2088m에 있는 보우 서밋 Bow Summit에 이르면 보이는 호수. 산과 산 사이의 높은 계곡에 형성되어 있다. 아이스필드 파크웨이에서 단연 최고의 풍경을 선사하는 곳으로 여름에는 빙하수가 호수로 흘러들어 밝고 진한 에메랄드 빛으로 빛난다. 계절마다 흘러드는 빙하수의 양이 다르기 때문에 날씨에 따라 다른 빛을 낸다. 높은 지역 탓에 가을~겨울 시즌에는 얼어 있어 신비로운 색의 호수를 보려면 여름에 방문하는 것을 추천한다.

Tip 연중무휴로 언제든지 방문할 수 있지만 6월 말~9월 말이 에메랄드 푸른빛 호수를 보기 가장 좋다.

사스카추완 리버 크로싱 Saskatchewan River Crossing

3개의 강이 교차하는 곳이자 아이스필드 파크웨이와 데이비드 톰슨 하이웨이가 만나는 지점이다. 크로싱이라는 이름은 19세기 모피 상인들이 사스카추완 강을 건너 브리티시 컬럼비아로 가는 도중에 쉬어 가는 길로 이용했다고 해서 붙여졌다. 아이스필드 파크웨이에서 유일하게 주유소가 있고 레스토랑이나 휴게소 등 편의 시설이 있다.

애서배스카 폭포 Athabasca Falls

재스퍼 국립공원에 속하는 폭포로 약 23m 높이에서 협곡 사이로 쏟아져 내리는 폭포수를 볼 수 있다. 수량이 많아 시원스럽게 흐르는 폭포를 보기 위해 관광객이 많이 모인다. 폭포 주변으로는 전망대와 산책로가 있어 안전하게 감상할 수 있다.

SPECIAL PAGE
ICEFIELD PARKWAY

컬럼비아 대빙원 & 빙하 어드벤처

컬럼비아 대빙원 Columbia Icefield

컬럼비아 대빙원은 캐내디언 로키에서 가장 큰 빙원으로 넓이 325km², 두께는 가장 두꺼운 지점이 365m다. 100층 가까이 되는 빌딩과 비슷한 두께이니 얼마나 두껍게 쌓여 있는지 상상할 수 있다. 이 지역의 강설량은 매년 7m 정도, 여름이 짧고 겨울이 길기 때문에 오랜 시간 동안 빙하가 축적되어 빙원이 만들어졌다. 짧은 여름에 잠깐 녹은 물이 아래로 흘러 여러 주변의 빙하로 만들어졌는데 그중 애서배스카 빙하를 탐험해볼 수 있는 글래시어 어드벤처 프로그램이 인기다. 전 세계 빙원 중 유일하게 설상차가 오갈 수 있어서 로키를 방문한 관광객의 필수 코스다.

©Columbia Icefield Skywalk by Pursuit

컬럼비아 아이스필드 빙하 어드벤처
Columbia Icefield Glacièr Adventure

아이스필드 파크웨이 중간에 자리한 컬럼비아 빙원 관광 센터로 이곳에서 설상차Ice Explorer와 스카이워크Skywalk 프로그램이 시작된다. 로키를 방문한다면 설상차와 스카이워크 프로그램은 필수 요소가 된 만큼 성수기에는 미리 티켓을 구매하지 않으면 오랜 시간 기다려야 한다. 방문 전 온라인에서 티켓을 미리 사는 것을 권장한다. 내부에는 레스토랑과 간이식당이 마련되어 있어 쉬어 가기에도 좋다.

- Columbia Icefield Glacier Adventure
- 5월 초~10월 중순 (정확한 날짜는 방문 전 홈페이지 확인 필요)
- CAD 설상차+스카이워크 성인 CAD 109, 어린이 CAD 70.85

SPECIAL PAGE
ICEFIELD PARKWAY

빙하 어드벤처 Glacier Adventure

©Columbia Icefield Skywalk by Pursuit

1 | 설상차 Ice Explorer

사람 키만 한 대형 바퀴가 달린 거대한 설상차를 타고 컬럼비아 빙원의 일부인 애서배스카 빙하를 구경할 수 있는, 전 세계에서 유일하게 차를 타고 빙하 위를 달릴 수 있는 프로그램이다. 빙하 위에 도착해 직접 걷거나 빙하를 만져보고 빙하수도 마셔보며 여러 체험을 즐길 수 있다. 여름 시즌이어도 따뜻한 옷을 준비해야 하며 미끄럼 방지 운동화 착용은 필수다.

2 | 스카이워크 Skywalk

컬럼비아 아이스필드 디스커버리 센터에서 셔틀버스를 타고 5분 정도 가면 스카이워크가 나온다. 선왑타 계곡 위에 만들어진 아찔한 트레일은 바닥이 투명한 유리로 되어 있으며 280m 가까이 되는 높이에서 로키산맥을 발 아래 두는 색다른 경험을 할 수 있다.

©Columbia Icefield Skywalk by Pursuit

JASPER NATIONAL PARK

순수한 대자연의 품으로
재스퍼 국립공원

캐내디언 로키 4개의 국립공원 중 가장 큰 곳으로 1907년 국립공원으로 조성되었으며 밴프 국립공원과 함께 로키에서 가장 많은 관광객이 방문한다. 밴프에 비해 사람의 손길이 적게 닿은 자연 그대로의 모습을 가지고 있어 세계적으로 야생동물을 관찰하기 좋은 곳으로 유명하다. 그리즐리 베어, 무스, 순록 및 희귀한 야생동물을 우연히 만날 수 있는 기회를 누릴 수 있다.

재스퍼 국립공원 관광 안내소
🏠 500 Connaught Drive
◎ 매일 09:00-17:00

찾아가기

항공

가장 가까운 공항은 약 4시간 거리의 에드먼튼 국제공항으로 에어캐나다와 웨스트젯 항공사에서 캐나다의 여러 도시와 에드먼튼 간 스케줄을 운영 중이다.

에드먼튼 공항에서 재스퍼 이동하기

재스퍼 현지 투어 업체
Sundog Tour

1997년부터 20년 넘게 재스퍼 국립공원 투어를 제공하는 업체. 재스퍼 시내 투어와 멀린 호수 보트 투어, 야생동물 탐험, 가이드 하이킹 프로그램 등을 갖추고 있으며 캘거리와 에드먼튼 공항에서 재스퍼를 잇는 셔틀 서비스도 운영한다. 약 5~7시간 일정으로 기차를 타고 재스퍼 주변의 멋진 풍광을 둘러보는 투어와 밤하늘의 별을 보는 스타게이징 투어가 인기다.

CAD Jasper Wildlife Discovery Tour 성인 CAD 74, 어린이 CAD 36, Jasper Train Tour to Dunster 성인 CAD 125, 어린이 CAD 65, Winter Dark Sky Astronomy Tours CAD 29~
@ www.sundogtours.com

1 | 셔틀버스

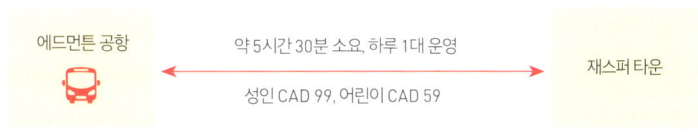

에드먼튼 공항 ⟷ 약 5시간 30분 소요, 하루 1대 운영 / 성인 CAD 99, 어린이 CAD 59 ⟷ 재스퍼 타운

- 에드먼튼 공항에서 오후 3시 15분 출발, 재스퍼에서 오전 7시 출발 (힌튼, 에디슨, 웨스트 에드먼튼 정차)
- 사전 예약 권장
- www.sundogtours.com

2 | 렌터카

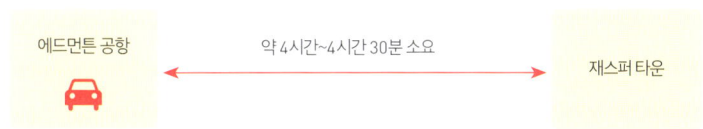

에드먼튼 공항 ⟷ 약 4시간~4시간 30분 소요 ⟷ 재스퍼 타운

- 공항 렌터카 센터 업체 Alamo, Avis, Budget, Enterprise, Hertz, National, Thrifty
- 이른 오전 6~7시부터 밤 12~1시까지 운영

기차

• 비아레일 •

밴쿠버 퍼시픽 센트럴역 ⟷ 1박 2일 캐내디언 라인 약 19시간 / CAD 170~4000 ⟷ 재스퍼 기차역

렌터카를 이용한 재스퍼 1일 관광 루트

재스퍼 스카이 트램 — 1시간 30분 → 멀린 호수 & 크루즈 — 50분~1시간 → 메디신 호수 — 20~25분 → 멀린 캐년 — 15분 → 재스퍼 타운에서 저녁 식사

ⓒJasper SkyTram

TRAVEL HIGHLIGHT

TRAVEL HIGHLIGHT
JASPER NATIONAL PARK

재스퍼 타운 Town of Jasper

재스퍼 여행의 가장 중심이 되는 곳으로 도보로 30분 정도면 타운을 모두 돌아볼 수 있을 정도로 작은 마을이다. 기차역, 관광 안내소, 투어 사무소, 상점, 레스토랑, 호텔 등 각종 편의 시설이 이곳에 집중되어 있어 여행 관련 정보를 얻을 수 있고, 식사 및 쇼핑을 할 수 있는 곳이다.

재스퍼 스카이 트램 Jasper Sky Tram

캐나다에서 가장 길고 높은 트램으로 2263m 높이를 약 7분 만에 오른다. 전망대에 도착하면 주변을 감싸는 6개 산맥, 아름다운 호수와 빙하, 재스퍼 타운을 한눈에 내려다볼 수 있다. 휘슬러 마운틴 정상으로 이어지는 1.2km의 트레일을 따라 하이킹을 즐기거나 주변을 산책하며 뷰포인트를 방문해 아름다운 사진을 남겨보자. 5~10월 여름 성수기에는 재스퍼 다운타운에서 스카이 트램까지 왕복 차량이 포함된 패키지를 예약할 수 있다.

- 재스퍼 타운에서 차로 12분
- 봄, 가을 10:00-17:00, 여름 09:00-17:00, 겨울 휴무
- @ www.jasperskytram.com
- CAD 성인 CAD 59.95, 6~15세 CAD 33, 5세 미만 무료, 강아지 CAD 9

©Jasper SkyTram

©Parks Canada - Olivia Robinson

미에트 핫 스프링스 Miette Hot Springs

재스퍼 타운에서 약 1시간 거리에 위치한 온천으로 깊은 산속에 있어서 아름다운 경관 때문에 많은 관광객이 찾는다. 약 54℃의 천연 온천수는 온천장으로 흘러 들어갈 때 약 40℃로 맞춰진다. 국립공원의 다른 온천에 비해 수온은 조금 더 높은 편이다. 재스퍼에서 에드먼튼으로 이동하는 도중 들르기에 좋은 위치다.

- 재스퍼 타운에서 차로 1시간
- 5-6월, 9-10월 10:30-21:00, 7-8월 08:30-22:30
- CAD 성인 CAD 16.50, 65세 이상 CAD 14.25, 3~17세 CAD 14.25, 2세 미만 무료

멀린 캐년 Maligne Canyon

메디신 호수에서 흘러나오는 물에 석회암 지대가 침식되며 깊은 골짜기 형태의 협곡이 만들어졌다. 좁고 깊은 협곡의 여러 지점에 걸쳐진 6개 다리를 건너며 계곡을 탐험할 수 있는데 입구부터 1~2번 다리까지 하이킹을 즐기려면 왕복 20~40분 정도의 시간이 필요하다. 2번 다리는 협곡의 가장 높은 지점으로 50m 이상 높이에 만들어져 있다. 6번 다리까지 하이킹할 경우 왕복 3시간 정도 소요된다.

- 재스퍼 타운에서 차로 15분

메디신 호수 Medicine Lake

산에서 녹은 빙하수의 양이 많아져 호수를 가득 채워 아름답게 빛나는 기간은 여름 시즌 뿐이다. 호수의 물은 고이지 않고 멀린 캐년을 지나 다시 애서배스카 강까지 흘러가는데 날씨가 추워지면 빙하 녹는 속도가 줄면서 점점 호수는 사라진다. 이런 신비로운 현상 때문에 메디신 호수로 불린다.

📍 재스퍼 타운에서 차로 30분

멀린 호수 Maligne Lake

재스퍼 타운에서 멀린 레이크 로드를 따라 멀린 캐년, 메디신 호수를 지나 1시간 정도 달리면 만날 수 있는 호수다. 캐나다 로키산맥에서 가장 큰 자연 호수로 길이가 22km에 이르며 북쪽 선착장부터 고요한 스피릿 아일랜드를 지나 코로넷 빙하가 녹은 수로까지 길게 뻗어 있다. 보트 크루즈에 탑승하면 호수에서 가장 멋진 장소인 스피릿 아일랜드에 갈 수 있다. 클래식 크루즈는 15분 정도 스피릿 아일랜드를 볼 수 있는 시간이 주어지며 프리미엄 크루즈는 클래식 크루즈보다 CAD 30 정도 비싸지만 스피릿 아일랜드에 30분 정도 정박하기 때문에 조금 더 여유롭게 볼 수 있다.

📍 재스퍼 타운에서 차로 1시간
🕐 5월 말~10월 중순 (매년 운영 시간이 다름)
CAD 클래식 크루즈 성인 CAD 82, 어린이 CAD 53.30, 5세 미만 무료
@ www.banffjaspercollection.com/attractions/maligne-lake-cruise

©Maligne Lake Cruise by Pursuit

피라미드 호수 Pyramid Lake
패트리샤 호수 Patricia Lake

재스퍼 타운 뒤쪽으로 이어진 도로를 따라 약 10분, 산길로 들어가면 패트리샤 호수와 피라미드 호수가 있다. 주변의 산이 호수 위에 반사될 정도로 물빛이 투명하다. 피라미드 산자락과 주변을 둘러싼 침엽수림, 한적한 로지가 함께 어우러져 풍경이 아름답다. 카약이나 패들보드를 렌트해 여유로운 시간을 보내기 좋다.

📍 재스퍼 타운에서 차로 10분

RESTAURANT & CAFÉ

RESTAURANT & CAFÉ · JASPER NATIONAL PARK

Raven Bistro

재스퍼 타운에서 분위기 좋은 곳을 찾는다면 단연 이곳이다. 애피타이저와 샐러드 등의 기본 메뉴부터 스테이크, 해산물, 파스타에 베지테리언 메뉴까지 다양하게 준비되어 있다. 매일 오후 3시~5시 30분에는 와인과 스카치를 반값, 맥주를 CAD 5에 제공하는 해피아워를 진행한다.

- 🏠 504 Patricia Street
- ☎ +1 780 852 5151
- 🕐 매일 11:00-21:30
- CAD 런치 CAD 21~40, 디너 CAD 28~46

김치하우스

새스퍼 유일의 한식당으로 페트리샤 스트리트에 있어 접근성이 매우 좋다. 순두부찌개, 김치찌개, 불고기, 비빔밥 등의 식사 메뉴는 물론 떡볶이나 김밥 등의 분식 메뉴까지 다양하다.

- 🏠 407 Patricia Street
- ☎ +1 780 852 5022
- 🕐 매일 12:00-21:00
- CAD 메인 CAD 22.95~29.95

©Sunhouse Café

Patricia Street Deli

테이크 아웃 샌드위치 전문점. 빵과 채소, 소스 등의 샌드위치 재료를 입맛에 맞게 선택해서 즐길 수 있다. 재스퍼의 레스토랑 중 가장 높은 평점을 받은 곳으로 식사 시간이면 항상 손님들로 붐빈다.

- 🏠 610 Patricia Street
- ☎ +1 780 852 4814
- 🕐 토~목요일 10:00-16:00, 금요일 10:00-17:00
- CAD 샌드위치 CAD 11.95~

Sunhouse Café

트렌디하고 모던한 분위기의 브런치 카페로 2층에 자리 잡아 멋진 전망을 자랑한다. 샌드위치나 그래놀라, 샐러드 같은 전형적인 카페 스타일의 식사를 즐길 수 있으며 인기 메뉴는 오픈형 아보카도 샌드위치와 수란이 올라간 샐러드다.

- 🏠 610 Patricia Street
- ☎ +1 780 852 4742
- 🕐 월~금요일 09:00-15:00, 토~일요일 08:00-15:00
- CAD 푸드 CAD 14~22, 드링크 CAD 3.5~6.25

©Fairmont Jasper Park Lodge

HOTEL

HOTEL: JASPER NATIONAL PARK

● 재스퍼 타운 외곽 ●

Fairmont Jasper Park Lodge
★★★★

유네스코 세계문화유산에 등재되어 있는 재스퍼 국립공원 최고의 럭셔리 호텔이다. 로키산맥에 둘러싸여 청정한 공기를 맡으며 안락한 휴식을 즐길 수 있다.

- 📍 재스퍼 타운에서 차로 약 10분
- 🏠 1 Old Lodge Rd, Jasper
- ☎ +1 780 852 3301
- @ www.fairmont.com/jasper

Alpine Village Jasper
★★

재스퍼의 애서배스카 강변에 자리 잡은 숙소이며 독채 통나무집이 여러 개 모여 있는 마을 형태다. 문 앞으로 나가면 재스퍼를 감싼 빙하 산과 푸른 숲, 강 길이 펼쳐져 있다. 스위트 독채에는 주방 시설과 바비큐 공간도 마련되어 있어 마치 캠핑장 같은 분위기를 느낄 수 있다.

- 📍 재스퍼 타운에서 차로 5분
- 🏠 Athabasca Road, AB-93A, Jasper
- ☎ +1 780 852 3285
- @ www.alpinevillagejasper.com

재스퍼 타운

Jasper Inn & Suites
★★★

키친 시설이 마련된 스위트 타입과 여러 명이 함께 숙박할 수 있는 복층 형태의 룸을 갖추고 있어 가족 단위 관광객이 이용하기 좋다. 호텔 내에는 수영장, 자쿠지, 무료 주차장과 같은 편의 시설이 마련되어 있다.

🏠 98 Geikie Street
☎ +1 780 852 4461
@ www.jasperinn.com

Chateau Jasper Hotel
★★★

새롭게 리노베이션된 3성급 호텔로 일반 룸과 스위트 타입 등 객실을 다양하게 제공하며 각 객실은 로키의 산장 형태로 꾸며져 있다. 일반 객실에도 전자레인지나 냉장고는 기본적으로 구비되어 있다.

🏠 96 Geikie Street
☎ +1 800 468 8068
@ www.banffjaspercollection.com/hotels/chateau-jasper/

Bear Hill Lodge
★★★

한국의 펜션 같은 분위기의 숙소다. 일반 룸부터 다인실까지 다양한 종류의 룸을 갖추고 있다. 일반 룸의 경우 키친 시설이 없는 대신 여름에는 무료 조식이 포함되어 있으며 키친 시설이 마련된 오두막은 단독으로 이용해 편안하게 머물기 좋다.

🏠 100 Bonhomme Street
☎ +1 780 852 3209
@ www.bearhilllodge.com

SPECIAL PAGE
ROCKIES

로키의 호수 베스트 3

레이크 루이스
Lake Louise

레이크 루이스는 피아니스트 유키 쿠라모토가 호수의 아름다움에 영감을 받아 유명 연주곡인 'Lake Louise'를 작곡할 정도로 아름다운 물빛과 호수를 감싸고 있는 웅장한 빅토리아 산, 촘촘하고 높은 침엽수림 등 동화 속에 등장할 법한 신비한 모습이다. 페어몬트 샤토 레이크 루이스 호텔에서 애프터눈 티를 즐기며 그림 같은 풍경을 바라볼 수도 있고, 직접 카누를 타고 물빛을 감상해도 좋다. 겨울이면 꽁꽁 언 호수 위에서 스케이트를 탈 수도 있어, 모든 계절에 그 아름다움을 만끽할 수 있다.

모레인 호수 Moraine Lake

1년 중 길어야 다섯 달 동안만 방문할 수 있는 호수로 사람의 손길이 덜 닿은 모습을 볼 수 있어 좋다. 호수 주변을 하이킹하며 높이와 빛의 각도에 따라 달라지는 호수의 색을 지켜보는 것도 모레인 호수 관광의 즐거움 중 하나다. 해가 반짝이는 낮에 호수의 아름다움이 절정에 이른다.

페이토 호수 Peyto Lake

신비로운 밀키블루 색의 호수로 아이스필드 파크웨이 중심에 있다. 빙하를 머금은 호수는 묘하게 빠져드는 매력을 지니고 있어 한 번 방문하면 절대로 잊지 못할 풍경이다. 대부분 높은 산으로 올라야 호수가 한눈에 바라다보이는 풍경을 만날 수 있는데, 페이토 호수는 10분만 걸으면 아름다운 풍경이 눈앞에 펼쳐진다.

SPECIAL PAGE
ROCKIES

로키의 특별한 숙소

Moraine Lake Lodge

로키산맥의 아름다운 계곡에 자리 잡은 로지는 모레인 호수와 어우러져 로맨틱한 분위기를 갖추고 있다. 원목 가구로 꾸며진 객실은 깔끔하고 운치 있다. 호수 주변을 산책하며 여유로움을 즐겨보자.

🏠 1 Moraine Lake Road, Lake Louise
☎ +1 403 522 3733
@ morainelake.com

Emerald Lake Lodge

전통적인 캐나다의 작은 산장으로 각 룸에는 벽난로가 설치되어 있어 따뜻한 분위기를 자아낸다. 총 24개 객실은 발코니에서 에메랄드 호수가 바라다보이는 캐빈 룸을 비롯해 레이크 룸, 일반 룸 등으로 나뉘어 있다.

🏠 1 Emerald Lake Lodge
☎ +1 250 343 6321
@ crmr.com/emerald

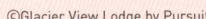
©Glacier View Lodge by Pursuit

The Lodge at Bow Lake

아이스필드 파크웨이 보우 호수에 자리한 전통 통나무 로지. 1920년 서부 개척 시대 로키의 유명 가이드인 지미 심슨이 만든 곳이다. 그 시절 주인이 직접 수집한 물건을 산장 곳곳에 인테리어해두어 옛 로키의 분위기를 느낄 수 있다. 24년 겨울 오픈 예정 2/1-4/8, 6/1-10/7 운영

🏠 Icefields Pkwy, Lake Louise
☎ +1 403 522 0148
@ www.banffjaspercollection.com/hotels/pyramid-lake-lodge/

Glacier View Lodge

컬럼비아 아이스필드 센터와 같은 지역에 있어 빙하와 설산이 펼쳐지는 전망을 자랑한다. 낮에는 빙하 체험, 밤에는 하늘을 뒤덮은 별을 바라보며 특별한 추억을 남길 수 있다. 패키지 예약 고객은 늦은 시간 설상차 투어를 할 수 있다.

🏠 Highway 93N, Icefield Pkwy
☎ +1 888 770 6914
@ www.banffjaspercollection.com/hotels/glacier-view-lodge

Pyramid Lake Resort

피라미드 산이 둘러싼 호숫가에 자리한 산장은 여름이면 패들보드나 카누, 카약을 즐기고 겨울에는 크로스컨트리, 스케이팅을 즐길 수 있다. 다양한 객실을 갖추고 있어 인원이나 목적에 따라 선택할 수 있다.

🏠 6 Km North On, Pyramid Lake Road
☎ +1 780 852 4900
@ www.banffjaspercollection.com/hotels/pyramid-lake-lodge/

로키의 베스트 하이킹

모레인 호수의 라치 밸리 트레일 Larch Valley Trail

모레인 호수를 둘러싼 10개의 봉우리를 마주하며 라치 숲속에서 하이킹을 즐길 수 있는 코스다. 처음에는 지그재그로 되어 있는 길을 따라 약간의 경사로를 오르면 10개의 봉우리와 낙엽송 라치Larch가 양옆으로 우거진 평지가 나온다. 여기에서부터 본격적인 라치 밸리 트레일이 시작되는데 가을이면 황금색으로 물들어 아름다우니 가을에 방문한다면 꼭 한번 걸어보자.

©Paul_Zizka

난이도	중급
소요 시간	3.5~4시간
왕복 거리	8.6km

아그네스 호수 & 비하이브, 플레인 오브 식스 글래시어 트레일 Lake Agnes & Beehive, Plain of Six Glaciers

레이크 루이스를 에워싸고 있는 아그네스 호수 & 비하이브와 호수 정면에 자리 잡은 거대한 빅토리아 빙하에 한 발자국 더 가까이 가보는 플레인 오브 식스 글래시어는 로키의 국립공원을 통틀어 가장 인기 있는 곳이라고 할 정도로 멋진 풍경을 보여준다.

아그네스 호수 & 비하이브

레이크 루이스 오른쪽에서 시작되는 트레일은 거울처럼 주변의 사물을 선명하게 비추는 미러 호수를 지나, 아그네스 호수와 그 옆에 자리 잡은 티 하우스를 마주한다. 이곳에서 간단하게 다과를 즐기며 멈추는 관광객이 많지만, 조금만 더 오르면 그림 같은 풍경을 볼 수 있으니 리틀 & 빅 비하이브까지 올라가보자. 기대하던 절경을 만날 수 있다.

난이도	중급
소요 시간	3~4시간
왕복 거리	6.8~10.3km

플레인 오브 식스 글래시어

레이크 루이스 정면의 빅토리아 빙하 가까운 곳까지 오르는 코스로 상대적으로 시간이 오래 걸리는 편이지만 룩아웃에 도착하면 레이크 루이스가 바라다 보이는 최고의 풍경을 볼 수 있다. 트레일 뷰포인트 끝까지 하이킹한 후 하이라인 트레일을 따라 내려오면 올라갈 때와 다른 풍경을 볼 수 있다. 두 코스는 중간 지점에서 연결되어 한 바퀴 도는 형태이며 하루를 꼬박 투자해야 하지만 난도가 높은 하이킹에 익숙한 사람은 도전해볼 만하다.

난이도	중급
소요 시간	4~5.5시간
왕복 거리	10.6~13km

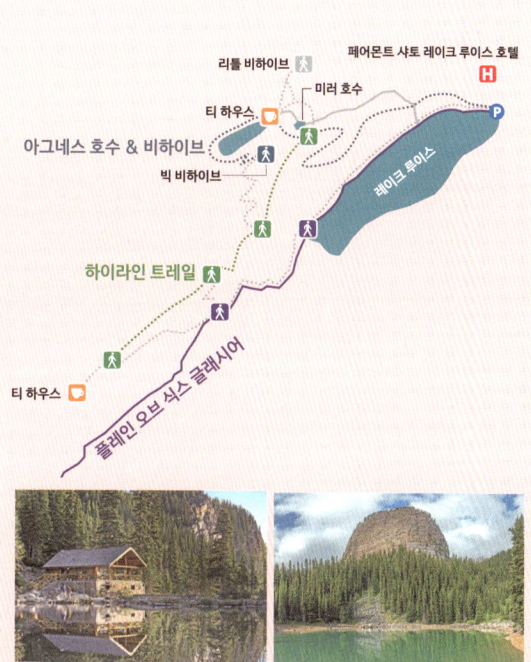

밴프 선샤인의 선샤인 메도우
Sunshine Meadows

곤돌라와 체어리프트를 타고 2400m 이상 높이의 뷰포인트까지 오른 후 본격적으로 시작되는 트레일은 선샤인 빌리지 스키장을 360도로 둘러싼 주변의 장엄한 산맥을 감상하고, 산 중턱에 있는 3개의 에메랄드 호수를 돌아보는 코스다. 트레일 주변으로 야생화와 침엽수림, 다양한 종류의 야생동물도 볼 수 있다. 트레일 자체는 힘들지 않지만 꽤 긴 코스이기 때문에 체력을 요한다.

ⓒPaul_Zizka

난이도	초급
소요 시간	4~5시간
왕복 거리	10km

재스퍼의 카벨 메도우 Cavell Meadow &
패스 오브 더 글래시어 Pass of the Glacier

에디스 카벨 산의 가파른 절벽을 보며 트레일을 따라 올라가면 빙하에서 떨어져 나온 유빙이 떠 있는 작은 호수를 만나게 된다. 이곳을 한 바퀴 돌아보는 구간이 패스 오브 더 글래시어 트레일이다. 산 위에 날개를 펴고 올라가 있는 엔젤 빙하의 모습도 다각도로 볼 수 있다. 주차장에서부터 약 30분이면 빙하를 볼 수 있어 간단하게 하이킹하기 좋으며 이곳에서 1시간 정도 더 걸어 들어가면 카벨 메도우 트레일이 나온다. 카벨 메도우로 들어서면 야생화가 만발한 초원, 빙하에 덮여 장관을 이루는 산맥의 풍경을 감상할 수 있다. 재스퍼에서 가장 인기인 트레일이지만 날씨의 영향으로 6월부터 9월 중순까지만 방문할 수 있다. 또한 빙하의 낙하 위험이 있어 관광 안내소에 접근 가능 여부를 반드시 확인해야 한다.

카벨 메도우

난이도	중급
소요 시간	3.5~5시간
왕복 거리	7km

패스 오브 더 글래시어

난이도	중급
소요 시간	1시간
왕복 거리	1.2km

SPECIAL PAGE
ROCKIES

로키의 캠핑

로키의 자연 속으로 들어가 진정한 야생을 느껴볼 수 있는 캠핑은 캐내디언 로키를 즐기는 색다른 방법 중 하나다. 특히 여름 성수기에는 부족한 숙소와 높은 가격 때문에 여행 계획을 세우기 힘든 경우가 많은데, 이때 캠핑 여행은 좋은 대안이 될 수 있다. 캐나다의 캠핑장은 캠프그라운드Campground라고 하며 아늑한 호숫가와 웅장한 산맥을 배경으로 자리하기 때문에 수려한 경관을 즐기기도 좋다. 국립공원에서 직접 관리해 비교적 깔끔한 편이지만 장소에 따라 시설이 천차만별이므로 예약 전 사이트에서 확인해봐야 한다. 기본으로 화장실과 쓰레기 처리 시설은 모두 갖추었지만 샤워실이 없거나 발전기, 전기 이용에 제한이 있는 곳도 있다. 텐트 및 캠핑카 등의 모든 장비는 개인이 챙겨야 하지만 글램핑이 가능한 풀 서비스 캠프그라운드도 있다. 캠프그라운드 이용 금액은 1박에 CAD 30~. 국립공원 사이트에서 미리 예약하는 것이 좋으며 대략 6개월 전부터 예약이 오픈된다. 성수기인 6~8월 여행을 계획한다면 사전 예약은 필수다. 운영 시기는 장소마다 다른데 대부분 5월 초에서부터 9월까지다. 일부 캠프그라운드는 1년 내내 운영하는 곳도 있다.

@ reservation.pc.gc.ca/

지역별 캠프그라운드

밴프 국립공원
레이크 루이스 캠프그라운드 Lake Louise Campground
터널 마운틴 캠프그라운드 Tunnel Mountain Campground
존스턴 캐년 캠프그라운드 Johnston Canyon Campground
투 잭 메인 캠프그라운드 Two Jack Main Campground
투 잭 레이크사이드 캠프그라운드 Two Jack Lakeside Campground

재스퍼 국립공원
포카혼타스 캠프그라운드 Pocahontas (Miette) Campground
와바쏘 캠프그라운드 Wabasso Campground
와피티 캠프그라운드 Wapiti Campground
휘슬러 캠프그라운드 Whistler's Campround

요호 국립공원
키킹 호스 캠프그라운드 Kicking Horse Campgrounrd
모나크 캠프그라운드 Monarch Campground

쿠트니 국립공원
레드스트릭 캠프그라운드 Redstreak Campgrounrd
마블 캐년 캠프그라운드 Marble Canyon Campgrounrd

로키의 글램핑
Glamping

A자 형태의 오두막에 캔버스로 만들어진 대형 숙박 시설인 오텐틱OTENTIK은 최대 6명까지 한 공간에서 머무를 수 있고 전기, 난방 시설, 2층 침대가 마련되어 있어 쾌적한 편이다. 전문적인 캠핑 장비를 갖추지 않아도 침낭과 조리 기구, 스토브 등의 준비물만 챙기면 캠핑을 즐길 수 있다.

오텐틱 캠프그라운드 밴프 국립공원 Two Jack Lakeside Campground | 재스퍼 국립공원 Whistler's Campground Jasper | 쿠트니 국립공원 Redstreak Campground

캐나다의 캠프그라운드 이용 시 주의 사항

야생동물이 나타날 수 있기 때문에 음식은 항상 차와 텐트 등 실내에 두어야 한다. 또한 밤 11시부터 오전 7시까지 소음을 삼가야 한다. 발전기를 사용할 수 있는 곳은 소음 발생을 줄이기 위해 오전 9~10시 30분, 오후 5~7시로 사용 시간이 제한된다. 모든 캠프그라운드에는 안내소가 있으니 캠핑에 대한 정보와 주의 사항을 미리 체크하자.

캠핑카 RV 대여 시 주의 사항

로키의 캠핑카는 2인승에서부터 다인승까지 종류가 다양하고 침대와 테이블, 세면 공간, 주방이 마련되어 있어 어디서든 편하게 지낼 수 있다. 캠프그라운드에는 대부분 RV를 주차할 수 있는 공간이 있지만 캠핑카 마크가 있는 곳인지 미리 확인하는 편이 좋다. 캠핑카는 기본 렌트 비용뿐 아니라 주행 거리당 추가되는 요금과 픽업과 반납이 다른 지역일 경우의 편도 반납 비용, 주방 용품이나 이불 대여 등의 추가 요금, 보험까지 여러 부분을 고려해서 비교해야 한다. 대략의 일정을 짠 후, 총 주행거리를 예측해 주행거리당 요금을 계산한 뒤 여러 업체를 비교하자. 사람들이 가장 많이 이용하는 3~5인승 캠핑카는 인기가 많아 예약을 서두르는 것이 좋다.

@ 프레이저웨이 www.fraserway.com | 캐나드림 www.canadream.com | 크루즈 캐나다 www.cruiseamerica.com

CALGARY

카우보이의 역사속으로
캘거리

약 100만 명의 인구가 거주하는 앨버타 남부 지역의 도시로 캐나다 내에서 대도시로 분류된다. 1988년 이곳에서 동계 올림픽이 열리기도 했다. 서쪽으로 약 1시간 30분 거리에는 로키산맥의 밴프 국립공원이 있어 로키 여행의 관문으로 통한다. 캐나다 서부 문화의 전통을 이어가는 곳으로 매년 7월 스탬피드 축제가 열린다.

◆ 찾아가기 ◆

항공

한국에서 캘거리까지 직항 항공편은 없지만 에어캐나다로 밴쿠버를 경유하는 스케줄이 가능하며 캐나디언 로키의 관문이므로 캐나다 내 크고 작은 도시부터 미국 도시들까지 캘거리 국제공항으로 다양한 항공 스케줄을 운영하고 있다. 캘거리 국제공항은 다운타운에서 약 20분 거리에 있다.

캘거리 공항에서 시내로 이동하기

1 | 일반 셔틀 Shuttle

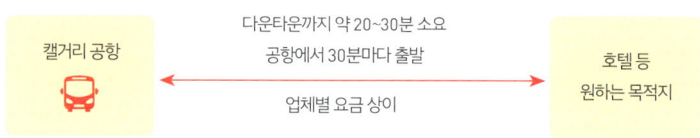

- 공식업체는 없으며 일반적인 셔틀 업체들로 예약 가능하다. 업체별 요금 상이

2 | 시내버스 300번 Bus 300

택시

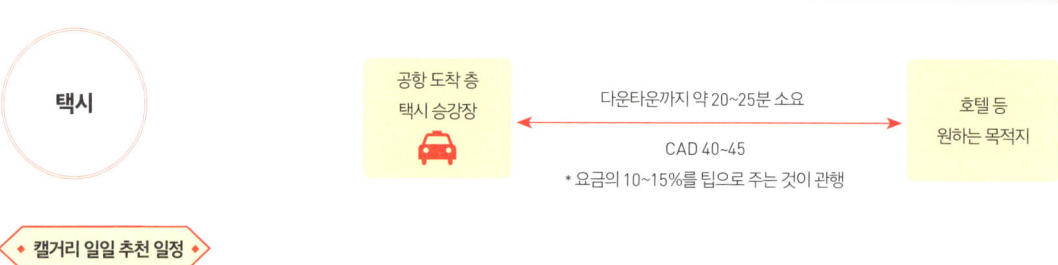

◆ 캘거리 일일 추천 일정 ◆

캘거리 시내 교통

캘거리 시내 교통은 버스, 시트레인C-Train 두 종류로 캘거리 트랜싯Calgary Transit에서 함께 관리하며 1개의 티켓으로 이용할 수 있다. 티켓은 90분 동안 유효하며 이 시간 내에 다른 교통편으로 환승할 수 있다. 티켓은 시트레인 정류장의 기계나 시내의 리테일 숍에서 구매할 수 있으며 버스와 시트레인 모두 내릴 때 문 앞의 버튼을 눌러야 문이 열리니 참고하자.

CAD **1회권** 성인 CAD 3.7, 어린이 CAD 2.5, **1일권** 성인 CAD 11.6, 어린이 CAD 8.5
@ www.calgarytransit.com

시트레인 C-train

밴쿠버의 스카이 트레인 같은 열차로 캘거리 전역으로 운행하는 레드와 블루 라인이 있다. 두 라인이 교차하는 다운타운 중심 지역은 무료로 탑승할 수 있는 Free Fare Zone으로 다운타운을 중심으로 여행하는 관광객에게 편리하다.

버스 Bus

버스 배차 간격이 넓어 한 번 놓치면 오래 기다려야 하지만 예정된 스케줄에 맞춰 운행하기 때문에 미리 버스 시간을 확인해서 이용하면 편리하다. 탑승 후 버스 기사에게 직접 티켓을 구매할 수 있지만 거스름돈을 주지 않으니 요금을 미리 준비해두자.

택시 Taxi

다운타운 중심에서는 무료 시트레인을 이용하거나 도보로 여행할 수 있기 때문에 택시를 탈 일이 많지 않다. 다운타운에는 어디서든 택시 잡기가 쉽지만 외곽에서는 콜택시를 주로 이용한다.
CHECKER CAB +1 403-299-9999 | **Calgary Cabs** +1 403 777 1111

❹ 글렌보우 박물관

❺ 캘거리 타워

❻ 크로스아이언 밀스 아웃렛에서 쇼핑

TRAVEL HIGHLIGHT

★ TRAVEL HIGHLIGHT
CALGARY

캘거리 타워 Calgary Tower

시내 어디에서나 보이는 캘거리의 랜드마크로 캐나다에서 세 번째로 높은 191m이며 엘리베이터로 62초 만에 오를 수 있다. 전망대에서는 번화한 도시와 장엄한 로키산맥, 대초원의 360도 파노라마 뷰가 펼쳐지며 일부 유리로 된 바닥에 서면 아찔한 타워 높이가 생생하게 느껴진다. 여름에는 해가 늦게 지므로 저녁 8시쯤 전망대에 오르면 일몰과 야경을 함께 볼 수 있다. 인포메이션 센터에 요청해 한국어 안내 오디오 서비스를 이용하면 더 좋다.

- 📍 C-Train 1 Street역 또는 Centre Street역 하차 후 도보 5분
- 🕘 9~5월 10:00-21:00, 6~8월 10:00-22:00
- @ www.calgarytower.com
- CAD 성인 CAD 21, 65세 이상 CAD 19, 4~12세 CAD 10, 3세 미만 무료
  * 온라인 티켓 구매 시 CAD 2 할인 적용

스티븐 애비뉴 Steven Avenue

캘거리 중심에 있는 가장 번화한 거리로 보행자 전용 도로다. 길에는 백화점과 대형 쇼핑센터, 기념품 가게, 레스토랑, 카페 등이 줄지어 있다. 스티븐 애비뉴의 바로 위, 7번가는 시트레인 무료 탑승 구간이다.

- 📍 C-Train 3 street역 또는 Centre Street역 하차

글렌보우 박물관 Glenbow Museum

캐나다 서부 개척 시대와 원주민의 역사와 문화에 관한 전시품 및 캐나다 출신 작가들의 예술 작품 등을 전시해놓은 박물관이다. 서부 지역 최대 규모의 박물관 중 하나로 1966년 설립되었으며 100만 점 이상의 유물과 3만 3000점의 예술 작품을 보유하고 있다. 다른 박물관들이 대부분 캐나다 원주민의 역사에 대한 전시품을 다루는 데 비해 글렌보우 박물관은 더 넓은 범위의 북미 대륙 원주민에 대한 전시품을 다루고 있는 점이 다르다. (2024년 3월 재오픈)

- 📍 C-Train EB Centre Street역 하차 후 도보 3분
- 🕐 월~목요일, 토요일 09:00-17:00, 금요일 09:00-20:00, 일요일 10:00-17:00
- CAD 성인 CAD 18, 65세 이상 CAD 12, 어린이 CAD 11

캘거리 동물원 Calgary Zoo

캘거리 외곽 보우 강변의 세인트조지 섬 바로 옆에 자리하며 시트레인을 타고 갈 수 있어 외곽에 있지만 접근성은 좋은 편이다. 캐나다에서 두 번째로 큰 규모로 각기 다른 119종의 동물 약 1000마리가 서식한다. 또한 다른 동물원에서는 보기 힘든 동물들도 있어 가족 여행지로 인기다. 아프리카, 유라시아, 캐나다 야생 동물, 식물원, 펭귄관 등 저마다 특색 있는 구역으로 나뉘어 있다.

- 📍 C-Train Zoo역 하차 후 도보 1분
- 🏠 210 Street Geore's Drive NE
- 🕐 월~금요일 10:00-17:00, 토~일요일 09:00-17:00, 12월 25일 휴무
- CAD 성인 CAD 29.95, 65세 이상 CAD 27.95, 3~15세 CAD 19.95, 2세 미만 무료

프린시스 아일랜드 공원 Prince's Island Park

캘거리 중심을 관통하는 보우 강 위에 떠 있는 섬에 조성된 공원으로 캘거리 주민이나 관광객에게 휴식처를 제공한다. 저녁에는 시내의 아름다운 야경을 한눈에 담기 좋으니 산책 겸 방문해보자. 캘거리 다운타운에서는 오클레어 마켓 뒤쪽으로 다리가 연결되어 있다.

- 📍 캘거리 다운타운 북쪽 보우 강, 오클레어 마켓과 연결되어 있다.
- 🕐 매일 05:00-23:00

크로스아이언 밀스 CrossIron Mills

앨버타의 대표 아웃렛으로 캘거리 다운타운에서 차로 15분 거리에 있다. 200여 개의 다양한 브랜드 상점이 입점되어 있어 쇼핑을 즐길 수 있으며 푸드 코트도 비교적 잘 되어 있다. 캠핑, 낚시, 등산 등 아웃도어 브랜드는 물론 크로스아이언 밀스만의 장점인 배스 프로 숍스 Bass Pro Shops도 빼놓지 않도록 하자. 앨버타주는 주세가 없기 때문에 다른 지역에 비해 좀 더 저렴하게 쇼핑을 즐길 수 있다.

- 📍 캘거리 다운타운에서 차로 약 20분
- 🏠 261055 CrossIron Blvd
- 🕐 월~토요일 10:00-21:00, 일요일 11:00-19:00

텔러스 스파크 사이언스 센터 TELUS Spark Science Centre

캐나다 최초의 과학 박물관으로 과학기술의 탐구와 발견을 체험 형태의 전시로 즐겨볼 수 있다. 모든 연령대가 즐길 수 있는 다양한 프로그램으로 가족 단위 방문객이 많으며 캘거리에서 유일한 돔 극장에서 쇼를 보거나 야외 공원의 전시회를 보기 위해서도 많이 찾는 곳이다.

- C-Train Zoo역 하차 후 도보 12분   220 Saint Geore's Drive NE
- 일~수요일 09:00-16:00, 목요일 09:00-15:00, 금~토요일 09:00-17:00 (시즌에 따라 변동)
- @ www.sparkscience.ca
- CAD 성인 CAD 26, 65세 이상 CAD 24, 학생 CAD 22, 어린이 CAD19, 2세 이하 무료

캐나다 올림픽 공원 WinSport Canada Olympic Park

1988년 동계 올림픽이 열렸던 곳으로 지금은 공원 곳곳에서 다양한 레포츠를 즐길 수 있도록 시설을 만들어두어 캘거리 시민과 관광객이 많이 찾고 있다. 내부에는 동계 올림픽의 역사를 볼 수 있는 전시실이 있으며 여름이면 산악자전거, 집라인, 미니 골프, 루지, 전망 리프트 등의 프로그램, 겨울에는 튜빙, 스케이트, 아이스하키 등을 즐길 수 있다.

- 캘거리 다운타운에서 차로 약 20~25분
- 88 Canada Olympic Road SW
- 화-금요일 11:00-19:00, 토~일요일 10:00-16:00(시즌에 따라 변동), 월요일 휴무
- CAD 종일권 성인 CAD 59, 65세 이상 CAD 49, 6~17세 CAD 49, 5세 미만 무료 (시즌에 따라 변동)

©Heritage Park Historical Village

헤리티지 공원
Heritage Park Historical Village

캐나다 서부 개척 시대를 재현한 공원으로 마치 과거로 돌아간 듯한 착각을 불러일으킨다. 내부는 각각의 콘셉트로 구역이 나뉘며 입장해서 처음 만나게 되는 것은 1910년대 초원을 달리던 클래식 기차 탑승장으로 이 기차를 타고 공원을 한 바퀴 돌아볼 수 있다. 빌리지 센터에는 골동품이나 앤티크 제품을 판매하는 상점이 늘어서 있고 전통 마차인 웨건을 경험해볼 수 있는 투어도 있다. 티피를 비롯한 전통 가옥을 재현해놓은 구역도 있어 흥미롭다. 과거 서부에 정착했던 시절에 대한 이야기가 가득 담겨 있는 공원은 캘거리 여행의 필수 코스로 방문하기 가장 좋은 시기는 5~9월이다.

- 캘거리 다운타운에서 차로 약 17~20분
- 1900 Heritage Drive SW, Calgary
- 5/20~9/4 10:00-17:00, 9/5~10/9 10:00-17:00(주말, 추수감사절 월요일만 오픈), 10/10~5/19 휴무
- CAD 성인 CAD 34.95, 65세 이상 CAD 26.95, 3-15세 CAD 22.95, 2세 미만 무료

스탬피드 축제
Calgary Stampede

100년이 넘는 역사를 자랑하는 캐나다 서부 지역의 대표 행사이자 카우보이 축제로 매년 7월 개최된다. 축제는 스탬피드 공원에서 열리는데 이 기간에는 공원뿐 아니라 다운타운까지도 축제 분위기로 활기를 띤다. 세계 최대의 로데오 퍼레이드, 마차 경주, 라이브 콘서트, 이브닝 콘서트, 전통적인 게임 등 여러 행사가 진행되어 볼거리가 가득하다. 스탬피드 공원에는 각종 푸드 트럭과 놀이 기구가 설치되어 온 가족이 함께 즐기기 좋다. 행사 첫날 다운타운에서 시작하는 퍼레이드가 볼 만하다. 10일 간의 축제 기간에는 매년 100만 명이 넘는 관광객이 방문할 정도로 인기 있다.

- 캘거리 다운타운에서 도보 20분
- 1410 Olympic Way SE, Calgary
- 2024년 7월 5일~14일(축제 기간은 매년 변경, 홈페이지에서 확인)
- www.calgarystampede.com
- CAD 성인 CAD 23, 65세 이상 CAD 15, 7~12세 CAD 14, 6세 미만 무료

RESTAURANT & CAFÉ

Caesar's Steak House

1972년 오픈한 품격 있는 스테이크 하우스. 스테이크를 주문하면 캐러멜라이징 양파 수프와 신선한 샐러드, 마늘 빵과 버터 빵이 함께 제공된다. 양이 워낙 많기 때문에 배고픈 시간에 가는 것을 추천한다.

- C-train WB 4Street역 하차 후 도보 5분
- 512 4 Avenue SW ☎ +1 403 264 1222
- 월~목요일 11:30-21:30, 금요일 11:30-22:00, 토요일 17:00-22:00, 일요일 휴무
- CAD 스테이크 CAD 34.95~130

River Café

프린스 아일랜드 공원에 위치한 리버 카페는 캘거리를 대표하는 레스토랑 중 하나로 꼽힐 만큼 음식이면 음식, 분위기면 분위기 어느 것 하나 빠지지 않는 곳이다. 공원 산책과 함께 여유로운 식사를 즐기기 좋다.

- 프린시스 아일랜드 공원 내
- 25 Prince's Island SW
- +1 403 261 7670
- 11:00-23:00, 금~토요일 10:00-23:00
- CAD 에피타이저 CAD 20~35, 메인 CAD 29~39

CRAFT Beer Market

CRAFT Beer Market

양조장에서 직접 만드는 신선한 맥주와 세계 각국의 다양한 맥주를 맛볼 수 있는 로컬 브랜드 펍이다. 맥주와 함께 곁들이는 음식을 중요하게 생각해 신선한 재료로 만든 맛있는 요리를 제공한다. 애피타이저와 샐러드, 버거, 플랫 브레드 등 아메리칸 캐주얼 식사를 즐길 수 있다.

- C-train NB 4 Street역 하차 후 도보 2분
- 345 10 Avenue SW
- +1 403 514 2337
- 일~수요일 11:00-24:00, 목요일 11:00-01:00, 금~토요일 11:00-02:00, 브런치 11:00-15:00
- CAD 맥주 CAD 8.75~10.25, 단품요리 CAD 23~35

©Holy Grill

OEB Breakfast Co. Downtown

캘거리의 브런치 맛집으로 항상 상위권에 오르는 식당이다. 2017, 2018년 최고의 조식 부문에서 상을 받았던 곳으로 밴쿠버에도 매장이 있다. 치즈와 수란이 곁들여진 감자 요리, 달콤한 프렌치토스트 메뉴가 인기다.

- C-train WB 4 Avenue역 하차 후 도보 3분
- 222 5 Avenue SW #110
- +1 587 352 3447
- 월~금요일 06:30-14:00, 토~일요일, 공휴일 08:00-15:00
- CAD CAD 19.5~25

Holy Grill

아침으로는 에그 베네딕트를 비롯한 각종 베네딕트 메뉴와 샌드위치가 준비되고 점심, 저녁으로는 이곳의 가장 인기 메뉴인 버거와 파니니를 맛볼 수 있다. 햄버거는 물론이고 함께 곁들여 나오는 피클과 칩도 높은 퀄리티를 자랑한다.

- C-Train EB 5 Avenue역 하차 후 도보 1분
- 444 5 Ave SW #200
- +1 403 454 4659
- 월~금요일 08:00-14:00, 토~일요일 휴무
- CAD 샌드위치 CAD 13.89~19.89, 버거 CAD 10.47~17.24

HOTEL

◆ 다운타운 ◆

HOTEL
CALGARY

Fairmont Palliser
★★★★

1914년에 세워진 캘거리의 오랜 역사를 지닌 페어몬트 호텔. 캘거리 타워가 바로 옆 건물에 있고 스티븐 애비뉴도 도보로 이동할 수 있는 위치다.

- 🏠 133 9th Avenue SW
- ☎ +1 403 262 1234
- @ www.fairmont.com/palliser-calgary

Hyatt Regency
★★★★

캘거리 다운타운에 있는 고층 호텔로 방에서 캘거리 시내의 전망을 즐길 수 있다. 호텔과 스티븐 애비뉴, 시트레인역이 연결되어 있다.

- 🏠 700 Centre St S
- ☎ +1 403 717 1234
- @ www.hyatt.com/en-US/hotel/canada/hyatt-regency-calgary/calrc

Le German Calgary
★★★★

캐나다의 유명 호텔 그룹인 르제르망의 캘거리 호텔. 캐나다에서는 부티크 계열로 인기 있는 호텔이다. 무료 조식을 제공하고 스티븐 애비뉴와 인접해 관광하기에 매우 좋다.

- 🏠 899 Centre St S
- ☎ +1 403 264 8990
- @ www.legermainhotels.com/en/calgary

Arts Hotel
★★★

밴쿠버 다운타운에서 합리적인 금액에 이용할 수 있는 3성급 디자인 호텔이다. 스티븐 애비뉴에서 단 2블록 떨어져 있어 캘거리 다운타운 관광에 매우 편리한 위치다.

- 🏠 119 12 Avenue SW
- ☎ +1 403 266 4611
- @ www.hotelarts.ca

◆ 공항 ◆

Calgary Airport Marriott in-Terminal
★★★★

캘거리 국제공항 메인 터미널에 있어 이른 새벽 비행기를 타거나 캘거리에서 잠시 머무르는 경우 이용하기 편리한 호텔이다. 일부 객실에서는 공항의 활주로가 보이기도 한다.

🏠 2008 Airport Road NE
☎ +1 403 717 0522
@ www.marriott.com/hotels/travel/yycxa-calgary-airport-marriott-in-terminal-hotel

Delta Hotes by Marriott Calgary Airport In-Terminal ★★★★

공항 메인 터미널 바로 건너편 빌딩에 있는 호텔. 렌터카 센터와 가까우며 실내 수영장 등의 편의 시설을 다수 보유하고 있다. 이른 아침 비행기를 이용하는 사람들에게 좋은 위치.

🏠 2001 Airport Road NE
☎ +1 403 291 2600
@ www.marriott.com/hotels/travel/yycca-delta-hotels-calgary-airport-in-terminal

Best Western Premier Freeport Inn Calgary Airport ★★★★

공항에서 약 7~8분 거리, 공항까지는 수시로 무료 셔틀을 운영한다. 호텔 내에는 피트니스 센터, 수영장, 펍 등의 다양한 편의 시설을 갖추고 있으며, 모든 룸에서는 전자레인지와 커피포트를 이용할 수 있다.

🏠 86 Freeport Boulevard NE
☎ +1 403 264 9650
@ www.bestwesterncalgary.com

Hotel Clique Airport
★★★

캘거리 국제공항에서 차로 약 8~10분 거리에 있는 디자인 호텔. 공항 터미널 호텔보다 비용이 저렴하고 공항 24시간 무료 셔틀, 야외 자쿠지 등의 편의 시설이 마련되어 있는 것이 장점이다.

🏠 24 Aero Crescent NE
☎ +1 403 460 9588
@ www.hotelclique.ca/

EDMONTON

앨버타주의 주도
에드먼튼

에드먼튼은 재스퍼 국립공원의 관문으로, 캐나다를 동서로 관통하는 비아레일 열차가 지나가고 다양한 항공편이 있는 교통의 요지다. 이곳은 1790년대 허드슨 베이의 모피 거래소인 포트 에드먼튼이 세워지면서 발전하기 시작했으며, 풍부한 자원과 넓은 평원, 각지로 통하는 기찻길과 도로를 갖추며 급속한 발전을 이루었다. 짧은 여름과 긴 겨울로 인해 여름에는 다양한 페스티벌이 집중되어 열리며, 추운 겨울을 따뜻하게 보낼 수 있도록 대형 실내 시설이 다양하게 갖추어져 있는 것도 특징이다.

♦ 찾아가기 ♦

항공

한국에서 에드먼튼까지 직항 항공편은 없으며 에어캐나다로 밴쿠버를 경유하는 스케줄이나 델타항공 또는 유나이티드항공을 이용해 미국을 경유하는 스케줄이 가능하다. 재스퍼 국립공원으로 이동하는 관문이기 때문에 캐나다와 미국에서 여러 항공 스케줄을 운영 중이다.

에드먼튼 공항에서 시내로

1 | 택시 Taxi

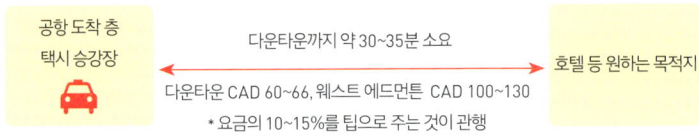

2 | 공항 셔틀버스 Sky Shuttle

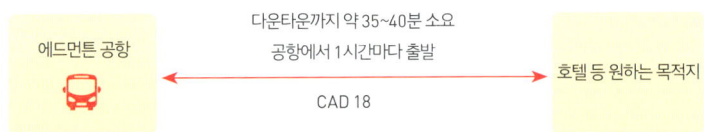

- 공항 → 다운타운 사전 예약 필요 없음, 다운타운 → 공항으로 이동 시 사전 예약 필수
- 임시휴업 중

♦ 비아레일 ♦

기차

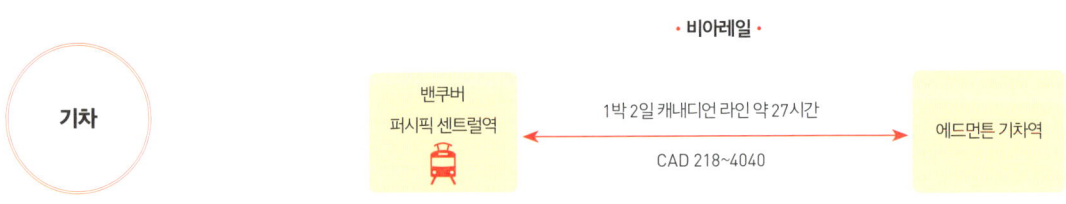

♦ 에드먼튼 시내 교통 ♦

ETS
버스와 전철

에드먼튼 교통 시스템(ETS)에서 관리하는 대중교통은 버스와 전철(LRT)이다. LRT는 메트로, 캐필탈 라인이 있고 모두 다운타운 중심으로 지나가기 때문에 주요 관광지는 LRT로 이동할 수 있다. 1장의 티켓으로 두 교통수단을 함께 이용할 수 있으며 90분 이내에는 자유롭게 환승할 수 있다. 티켓은 LRT역이나 시내의 리테일 숍에서 구매할 수 있다. 버스는 기사에게 직접 살 수도 있지만 환승이 필요하면 트랜스퍼 티켓을 따로 받아야 하고 거스름돈을 주지 않으니 요금을 맞춰서 준비하자.
CAD **1회권** CAD 3.5, 12세 미만 무료, **1일권** CAD 10.25

택시

공항에서는 택시를 쉽게 탈 수 있지만 시내에서는 지나다니는 택시를 잡기 어려운 편이어서 콜택시를 이용해야 한다.
Yellow Cab +1 780 462 3456 | Barrel Taxi +1780 489 7777 | 24-7 Taxi Line +1 780 442 4444

TRAVEL HIGHLIGHT

앨버타 주 의사당
Alberta Legislature

1912년 완공된 보자르 양식의 건축물로 내부는 대리석 기둥과 조각된 삼나무로 꾸며졌다. 웅장한 건물 앞으로는 공원이 조성되어 있어서 여름에는 분수대에서 피크닉을 즐기고, 겨울이면 공원 나무들에 화려한 전구를 설치해 크리스마스 분위기를 흠뻑 낸다. 매시간 진행되는 무료 가이드 투어에 참여하면 주 의사당 건물 내부의 전시품과 역사적 배경에 대한 설명을 들을 수 있다.

- LRT Government Centre역 하차 후 도보 8~10분
- **여름** 10:00-16:00, 월~화요일 휴무 **가을~겨울** 11:00-15:00, 일~화요일 휴무

ⓒArt Gallery of Alberta

ⓒRoyal Alberta Museum

앨버타 아트 갤러리 Art Gallery of Alberta

앨버타 주 북부의 독특한 환경에 영감을 받은 것으로 알려진, 독창적이고 예술적인 외관의 미술관은 미국 출신 건축가 랜달 스타우트의 작품이다. 노스 사스카추완 강과 오로라 형태를 표현한 소용돌이 모양의 선이 매우 독특한, 에드먼튼 시내에서 가장 눈에 띄는 건축물이다. 캐나다 및 전 세계의 독창적인 현대 작품부터 역사 전시, 현대 회화와 조각, 설치 작품에 이르기까지 6000점이 넘는 작품을 소장하고 있다.

- 📍 LRT Churchill역 하차 후 도보 1분
- 🕐 수, 금~일요일 11:00-17:00, 목요일 11:00-19:00, 월~화요일 휴관
- CAD 성인 CAD 14, 65세 이상 CAD 10, 18세 미만 무료 (매달 마지막 목요일 16:00-19:00까지 무료 입장)

로열 앨버타 박물관 Royal Alberta Museum

1924년 오픈한 이래 서부 최대의 박물관으로 자리매김했다. 앨버타 주 사람들의 문화유산, 자연과 관련된 유물을 수집, 보존, 연구, 해석 및 전시하는 공간이다. 아이들이 좋아할 만한 공룡과 곤충에 관련된 전시관과 어린이 갤러리도 운영한다.

- 📍 LRT Churchill역 하차 후 도보 3분
- 🕐 수, 금~일요일 10:00-16:00, 목요일 10:00-20:00, 월~화요일 휴관
- CAD 성인 CAD 21, 65세 이상 CAD 14, 7-17세 CAD 10, 6세 미만 무료

웨스트 에드먼튼 몰
West Edmonton Mall

49만 m² 크기에 800개 이상의 상점이 들어서 있는 북미에서 가장 큰 실내 쇼핑몰이다. 거기에 실내 호수, 워터 파크, 번지점프 타워, 스케이트 링크와 동물원까지 모든 것을 갖췄다. 쇼핑몰 내에 있는 판타지랜드 호텔은 할리우드, 오프로드 트럭, 열차, 이글루 등의 여러 테마를 갖춘 룸이 있어 어린이를 동반한 관광객에게 인기를 누리고 있다. 에드먼튼 시내로 나가지 않아도 몰 내부에서 하루 종일 즐길 거리가 다양하다.

- 📍 에드먼튼 시내에서 차로 약 20분 거리
- 🏠 8882 170 Street NW, Edmonton
- 🕐 월~토요일 10:00-21:00, 일요일 11:00-18:00

올드 스트래스코나 & 파머스 마켓
Old Strathcona & Farmer's Market

개성 있는 레스토랑과 카페, 부티크 상점이 들어서 있고 곳곳에 그려진 벽화가 눈에 띄는 올드 스트래스코나는 최근 젊은이들에게 매우 핫한 지역이다. 1900년대 초 건물과 최근에 생긴 힙한 매장들이 공존하는 곳이어서 산책을 겸해 둘러보기에 좋다. 에드먼튼 최초의 실내 파머스 마켓은 매주 토요일에 열리며 130개가 넘는 공급 업체가 현지에서 재배한 농산물, 특산품, 공예품 등을 판매한다.

- 📍 에드먼튼 시티 센터에서 8번 버스를 타면 약 20분 거리
- 🏠 10310 83 Ave NW
- 🕐 매주 토요일 08:00-15:00

HOTEL

HOTEL
EDMONTON

Fairmont Hotel Macdonald
★★★★

유럽의 고성 같은 외관의 페어몬트 호텔은 노스사스카추완 강변에 있어 주변 경관이 매우 뛰어나다. 컨벤션 센터와도 가까워 비즈니스 고객도 많이 방문하며 LRT역이 바로 앞에 있어 이동하기 편리하다.

🏠 10065 100 Street
☎ +1 780 424 5181
@ www.fairmont.com/macdonald-edmonton

Fantasyland
★★★★

에드먼튼 최고의 쇼핑센터인 웨스트 에드먼튼 몰 내부에 있는 테마 호텔. 각 룸은 다양한 테마를 가지고 있어 아이들을 동반한 가족 여행객이 선택하기 좋은 호텔이다.

🏠 17700 87 Avenue NW
☎ +1 800 737 3783
@ flh.ca

Renaissance Edmonton Airport Hotel
★★★★

에드먼튼 공항 터미널에 있어 이른 항공 스케줄인 경우 이용하기 좋은 호텔이다. 실내 수영장이나 피트니스 센터 같은 편의 시설도 마련되어 있다.

🏠 4236 36 Street East
☎ +1 780 488 7159
@ www.marriott.com/hotels/travel/yegbr-renaissance-edmonton-airport-hotel

Matrix Hotel
★★★

에드먼튼 다운타운과 주 의사당에 가까우며 무료 Wi-Fi 등의 서비스가 포함된 호텔이다. 시내 중심에 있는 디자인 호텔 중 평가가 좋고 숙박 요금도 합리적이다.

🏠 10640 100 Avenue
☎ +1 780 429 2861
@ www.matrixedmonton.com

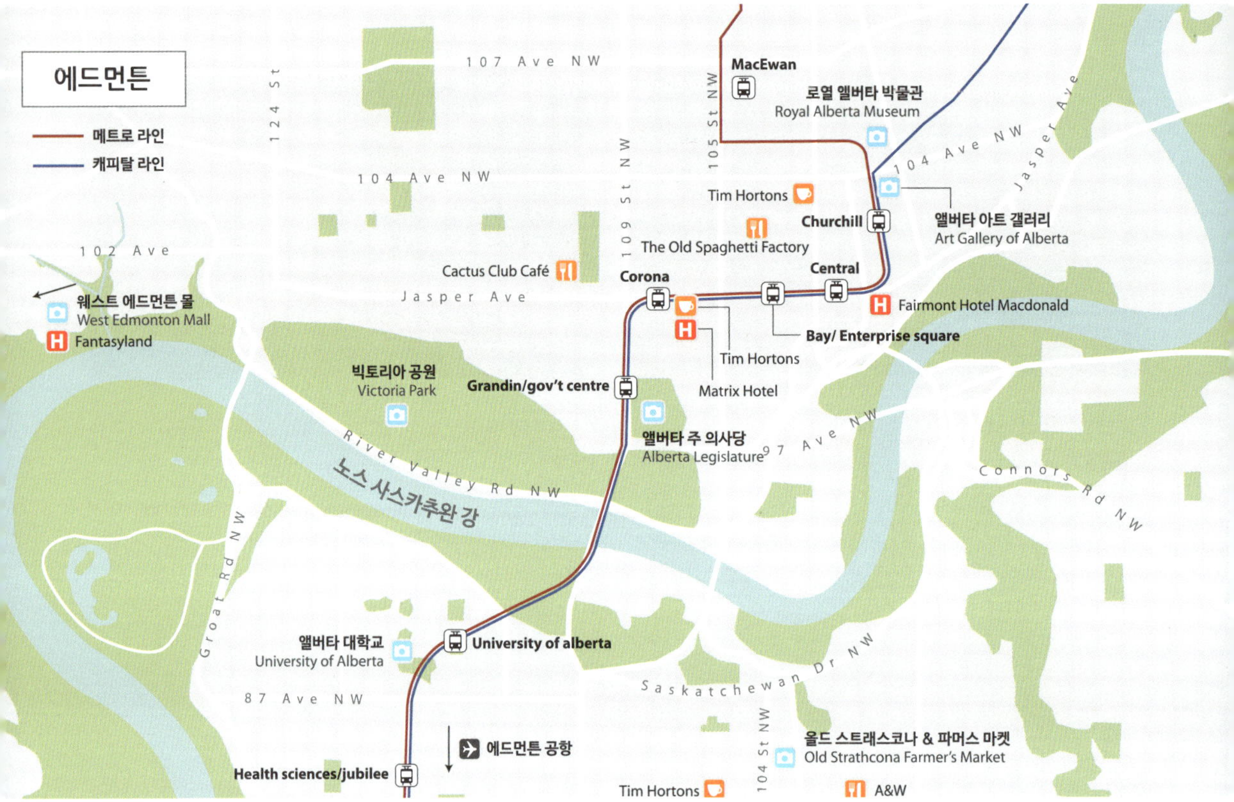
에드먼튼
메트로 라인
캐피탈 라인
107 Ave NW
124 St
104 Ave NW
102 Ave
109 St NW
105 St NW
MacEwan
로열 앨버타 박물관
Royal Alberta Museum
104 Ave NW
Jasper Ave
Tim Hortons
Churchill
앨버타 아트 갤러리
Art Gallery of Alberta
The Old Spaghetti Factory
Cactus Club Café
Jasper Ave
Corona
Central
Fairmont Hotel Macdonald
웨스트 에드먼튼 몰
West Edmonton Mall
Fantasyland
Bay/ Enterprise square
Tim Hortons
빅토리아 공원
Victoria Park
Grandin/gov't centre
Matrix Hotel
앨버타 주 의사당
Alberta Legislature
97 Ave NW
River Valley Rd NW
노스 사스카추완 강
Connors Rd NW
Groat Rd NW
앨버타 대학교
University of Alberta
University of alberta
Saskatchewan Dr NW
87 Ave NW
에드먼튼 공항
104 St NW
올드 스트래스코나 & 파머스 마켓
Old Strathcona Farmer's Market
Health sciences/jubilee
Tim Hortons
A&W

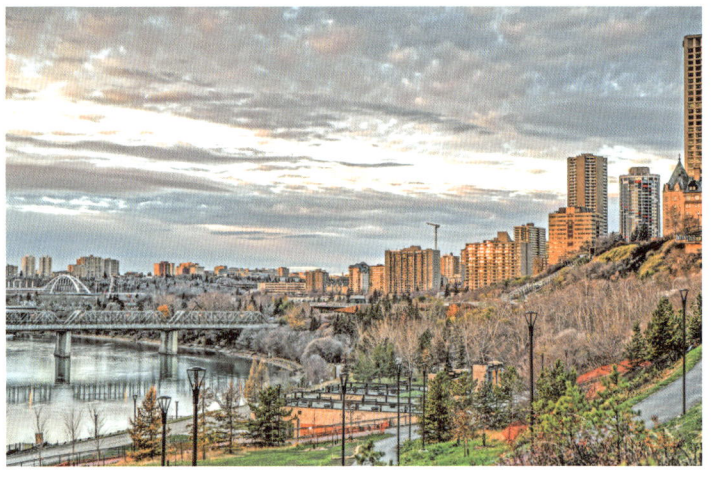

SOUTHERN ALBERTA

남부 앨버타

미국과 국경이 맞닿아 있는 남부 앨버타는 캘거리를 중심으로 앨버타 주의 남쪽 지역을 일컫는다. 헤드 스매시드 인 버팔로 점프, 워터튼 레이크 국립공원, 공룡 주립 공원 총 3개의 유네스코 세계문화유산이 이곳에 있다. 광활한 황야인 배드랜드의 공룡 역사 지역을 둘러보고 숲과 산에 둘러싸인 워터튼 레이크 국립공원까지 로드 트립을 즐기다 보면 시시각각 변하는 자연의 모습을 볼 수 있다.

◆ 남부 앨버타 렌터카 추천 일정 ◆

WATERTON LAKES NATIONAL PARK

유네스코 지정 세계유산

워터튼 레이크 국립공원

앨버타 주 남쪽 끝, 미국과의 국경에 있는 국립공원으로 몬태나 주의 글래시어 국립공원과 나란히 있어 크루즈를 타고 미국으로 바로 넘어갈 수 있다. 공원의 규모가 큰 편은 아니지만 이곳의 호수는 캐나다의 어느 호수보다 수심이 깊고 웅장한 풍경을 자랑하며 유네스코 세계문화유산에 등재되었다.

◆ 찾아가기 ◆

가장 가까운 도시인 캘거리에서 3시간 정도 소요되지만 미국의 세인트 메리St Mary에서는 약 1시간 거리로 오히려 미국의 몬태나 주와 더 가깝다. 이곳은 보통 캐나디언 로키와 함께 여행하기 때문에 캘거리 공항을 기준으로 계획을 세우면 된다. 캘거리부터의 대중교통은 없으므로 렌터카를 이용해야 한다.

TRAVEL HIGHLIGHT

TRAVEL HIGHLIGHT
WATERTON LAKES NATIONAL PARK

프린스 오브 웨일스 호텔
Prince of Wales Hotel

호수가 한눈에 보이는 언덕 위에 자리한 호텔로 레이크 사이드 객실에서는 워터튼 호수의 환상적인 전망을 내려다볼 수 있다. 호텔에서 바라보는 자연경관도 멋있지만 언덕 위에 지어진 그림 같은 호텔의 모습도 아름답다. 호텔의 의미를 넘어서 워터튼 레이크 국립공원의 명소로 자리 잡은 곳이다.

🏠 Prince of Wales Hotel, Alberta-5, Waterton Park

워터튼 호수 크루즈 Waterton Lakes Cruise

로키산맥의 아름다운 경치를 즐기며 미국의 글래시어 국립공원 포인트까지 워터튼 호수를 따라 운행하는 시닉 크루즈. 약 2시간 동안 절벽과 호수, 폭포, 눈 덮인 산봉우리들을 감상하며 크루징을 즐기는데, 이때 호숫가에 산양이나 사슴, 곰, 독수리 등의 야생동물이 보이면 배를 잠시 멈춰 구경할 수 있는 시간을 준다. 크루즈는 미국 고트 헌트 정류장에서 잠시 멈춘 후 다시 캐나다로 돌아오는데, 이때 하이킹을 즐기려면 티켓을 편도로 각각 구매해야 한다.

🏠 101 Waterton Avenue, Waterton Park
🕐 하루에 2~3회 운행, 자세한 스케줄은 홈페이지 참고 <Interpretive Sightseeing Cruise (Goat Haunt Landing) Schedule>
CAD 성인 왕복 CAD 85, 3~12세 CAD 42, 2세 미만 무료
@ www.watertoncruise.com/2023.php

베어스 험프 트레일 Bears Hump Trail

아름다운 워터튼 국립공원을 한눈에 담을 수 있는 곳으로 짧은 시간에 높은 뷰 포인트까지 오를 수 있는 트레일이기 때문에 경사가 조금 가파른 편이지만 호수와 마을의 조화로운 풍경을 바라볼 수 있어 인기다. 넉넉하게 20~30분 정도면 트레일 끝까지 오를 수 있으며 정상에 오르면 로키산맥과 워터튼 호수, 프린스 오브 웨일스 호텔의 멋진 경관이 파노라마로 펼쳐진다.

🏠 프린스 오브 웨일스 호텔 입구에 위치한 공용주차장이 트레일의 시작점이다.

SPECIAL PAGE
SOUTHERN ALBERTA

헤드 스매시드 인 버팔로 점프 Head-Smashed-In Buffalo Jump

약 6000년 전, 원주민의 생활 방식과 버팔로를 사냥했던 방법을 알아볼 수 있는 역사적인 곳으로 1981년 유네스코 세계문화유산으로 지정되었다. 높이 10~11m의 절벽 끝으로 버팔로 무리를 몰아서 아래로 뛰어내리게 한 후 다친 버팔로를 부족들이 힘을 모아 사냥했다고 하는데, 실제로 이때 이용했던 절벽들을 볼 수 있다. 사냥한 고기로 식사를 해결하고, 뼈로 도구를 만들고, 가죽으로 옷과 집을 만드는 데 사용할 만큼 다양하게 활용함으로써 원주민의 사회와 문화가 발전하는 데 큰 도움이 되었기 때문에 단순 사냥법을 넘어 역사적으로 의미 있는 장소다. 캘거리에서 남쪽으로 약 2시간 거리에 있어 워터튼 레이크 국립공원을 오갈 때 중간에 들러 관광하기 좋다. 캘거리에서 출, 도착하는 데이 투어에 참여하는 것도 가능하며 투어 비용은 대략 CAD 240~.

- 10:00-17:00, 월~화요일 휴무, 12/24, 12/25, 1/1, 부활절 일요일 휴무
- CAD 성인 CAD 15, 65세 이상 CAD 13, 7~17세 CAD 10, 6세 미만 무료

BADLANDS

공룡 화석의 발견
배드랜드

빙하기부터 형성되어온 독특한 자연 모습을 간직한 곳으로 레드디어 강을 따라 쌓인 퇴적암이 바람과 물의 침식작용으로 생겨난 기이한 모양의 바위와 거대한 협곡을 볼 수 있다. 1800년대 후반 공룡의 흔적이 발견되면서부터 크게 주목받기 시작했는데, 1억 년 전 서식한 공룡의 흔적이 아직까지도 발견되어 많은 사람들이 찾는다. 전 세계에서 유일하게 현재진행 중인 곳이기에 더욱 가치가 있다. 유네스코 세계문화유산으로 지정된 공룡 주립 공원에 방문하면 발굴 작업 중인 모습을 실제로 볼 수 있으니 시간을 내어 한 번쯤 방문해보도록 하자. 캘거리에서 동쪽으로 약 1시간 30분 거리에 있다.

◆ 찾아가기 ◆

캘거리에서 렌터카를 빌려 이동하는 방법이 가장 보편적이며, 캘거리에서 출발하는 투어 프로그램을 이용해도 된다.

드럼헬러 & 배드랜드 투어 Drumheller Badlands Tour
신비로운 자연과 공룡 박물관, 드럼헬러 마을 등을 렌터카 없이 편하게 여행할 수 있는 투어 프로그램이다. 가장 많이 선택하는 것은 데이 투어(약10시간 소요)이지만 시간상 공룡 주립 공원까지 방문하기 어렵다. 공룡 박물관까지 방문하고 싶다면 1박 2일 프로그램을 선택하자.

- 5월중순-9월중순만 운영
- CAD CAD 270~
- @ rtbtours.ca/tour/drumhellerandbadlandstour/

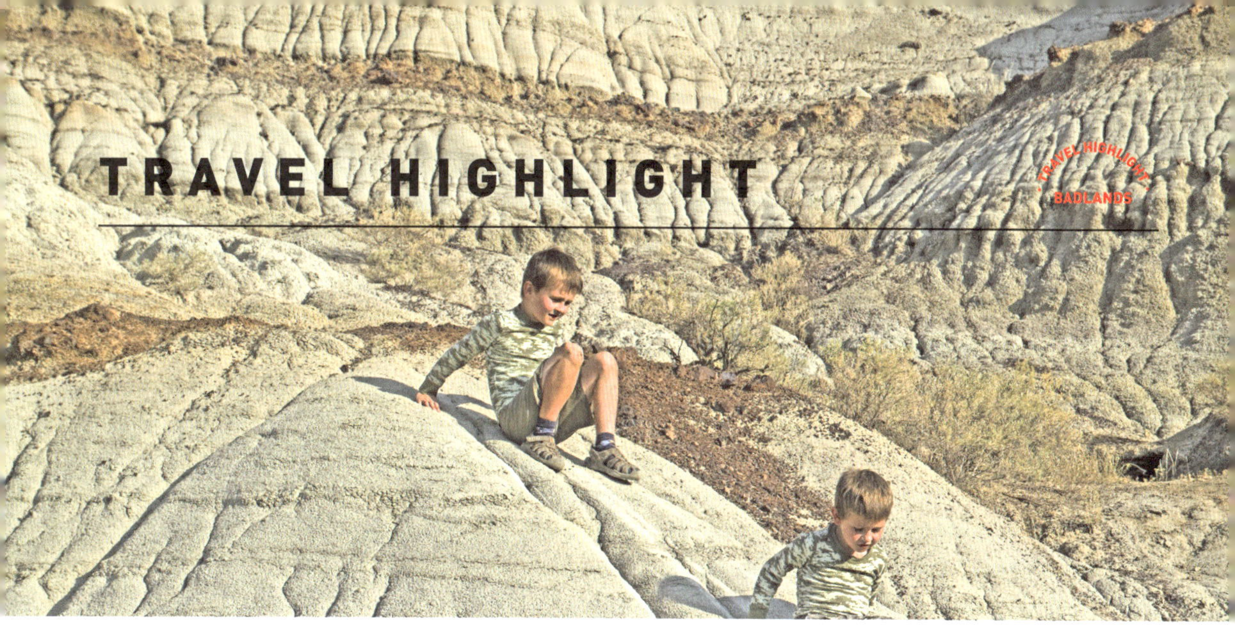

TRAVEL HIGHLIGHT

드럼헬러 Drumheller

배드랜드의 희귀한 지형에 큰 역할을 한 레드디어 강 계곡에 자리한 배드랜드 여행의 중심이다. 마을이 크지 않지만 호텔이나 레스토랑 등의 편의 시설이 갖추어져 있고 공룡의 도시답게 입구에는 공룡 안내판, 마을 중심에 26m 높이의 공룡 조형물도 있다. 외곽으로 조금만 나가도 후두스, 호르세쇼 캐년 등을 볼 수 있다.

공룡 주립 공원 Dinosaur Provincial Park

세계에서 가장 넓은 공룡 화석 발굴 지역으로 1979년 유네스코 세계문화유산으로 지정되었다. 기이한 모양의 암석을 직접 만져보거나 공룡에 대한 전시를 관람하고, 생생한 공룡 발굴 작업을 체험해볼 수도 있다. 공원 규모가 워낙 크기 때문에 직접 차량으로 둘러보거나 하루에 4회가량 진행되는 버스 투어에 참여해야 한다. 버스 투어는 공원 내부의 주요 포인트를 약 2시간 동안 가이드의 설명을 들으며 재미있게 돌아볼 수 있다. 입구의 관광 안내소에서 공원 지도와 안내서를 받아보자. 그늘이 없는 지역이니 시원한 물과 모자는 필수다.

- ⌂ Unnamed Road, Iddesleigh, AB T0J 1T0
- ⌚ 5/1~9/5 09:00-17:00, 9/6~10/15 09:00-16:00 (계절에 따라 운영 시간이 변경되므로 방문 전 홈페이지에서 확인 필요)
- CAD 버스투어 (2시간) 성인 CAD 25, 7~17세 CAD 16, 4~6세 CAD 8, 3세 미만 CAD 2

©Royal Tyrrell Museum

로열 티렐 박물관 Royal Tyrrell Museum

공룡 화석과 고생물학 전시로는 세계 최대 규모의 박물관으로 공룡 골격을 복원해놓은 전시실과 13만 개의 화석이 전시되어 있다. 공룡 주립 공원에서 발굴한 공룡 관련 자료들의 전시실 이외에도 전문가가 직접 현지에서 찾은 화석을 보여주는 실험실, 복원해둔 장소에서 실제 도구를 사용해 직접 발굴 경험을 해볼 수 있는 Dig Experience 등 다양한 프로그램이 준비되어 있다. 투어는 유료이며 여름 시즌에만 운영된다.

🏠 1500 N dinosaur Trail, Drumheller
🕐 9/1~5/14 10:00-17:00, 월요일 휴무, 5/15~8/31 매일 09:00-21:00
@ tyrrellmuseum.com
CAD 성인 CAD 21, 65세 이상 CAD 14, 7~17세 CAD 10, 6세 미만 무료

후두스 Hoodoos

사암 바위가 수백만 년 동안 깨지거나 부식되어 만들어진 버섯 모양으로, 크기는 5~7m로 제각각이다. 드럼헬러 주변의 뷰포인트에서 가장 잘 볼 수 있으며 배드랜드 지역을 여행하다 보면 곳곳에서 후두스를 볼 수 있다.

홀스슈 캐년 Horseshoe Canyon & 홀스씨프 캐년 Horsethief Canyon

배드랜드 지역에 넓게 펼쳐진 협곡 지형으로 적갈색 캐년들은 층층이 다른 색을 띠며 세월의 흔적을 고스란히 간직하고 있다. 전망대 앞으로 거대하게 펼쳐진 캐년을 보며 멋진 사진을 남겨보자.

YELLOWKNIFE

옐로 나이프

옐로나이프는 노스웨스트 준주Northwest Territory의 주도이자 오발Oval 지역으로 캐나다 최고의 오로라 관광지다. 반경 1000km 내에 산이 없는 넓은 평원에 위치해 탁 트인 시야를 확보할 수 있다. 또한 겨울에는 맑은 날이 대다수여서 오로라를 볼 수 있는 확률이 굉장히 높아 3일 숙박 시 95% 확률로 오로라를 볼 수 있다고 한다. 밤에는 오로라를 관측하고 낮에는 카메론 폭포 하이킹, 개썰매, 아이스피싱 등의 체험을 즐길 수 있다.

오발Oval | 오로라가 1년 내내 발생하는 지역을 오로라 오발이라고 하며 남 북위 62도 지역이다. 대표 지역으로는 노르웨이 트롬쇠, 아이슬란드, 그린란드 등이 있다.

◆ 찾아가기 ◆

밴쿠버, 캘거리, 에드먼튼에서 하루에 1~2편씩 항공편을 운행하며, 유콘의 화이트호스와 캐나다 동부인 토론토, 오타와에서 이동하는 스케줄도 주 2~4회 운영 중이다. Canadian north는 노스웨스트 준주의 누나부트, 포트심슨, 에드먼튼 등으로 항공편을 제공한다.

옐로나이프 공항에서 시내로 이동하기

옐로나이프 다운타운 지역의 호텔은 공항까지 무료 셔틀을 제공하기 때문에 호텔에 요청해서 이동할 수 있다. 택시를 이용할 경우 시내에서 공항으로의 이동은 숙소에 부탁해 콜택시를 요청해야 한다.

◆ 옐로나이프 시내 교통 ◆

뉴타운에서 올드타운까지는 걸어서 30분 정도로 여름에는 도보로 이동해도 될 정도로 작은 마을이다. 다만 추운 겨울에는 밖에서 오래 걷는 것이 무리이므로 교통편을 이용하는 것이 좋다. 주요 교통수단은 버스와 택시이며 버스는 총 3개 노선이 있고 요금은 CAD 3이다. 관광객이 주로 이용하는 뉴타운의 관광 안내소부터 올드타운까지는 C 노선을 이용하며 배차 간격이 40~50분으로 긴 편이니 주의하자. 시내에서는 지나가는 택시를 잡아타기 힘드니 콜택시를 요청하도록 하자.

옐로나이프 택시 City Cab +1 867 873 4444 | Aurora Taxi +1 867 873 5050

◆ 옐로나이프 추천 일정 ◆

관광 안내소 — 도보 10분 → NWT 다이아몬드 센터 — 도보 11~13분 → 프린스 오브 웨일스 노던 헤리티지 센터 — 도보 5분 → 노스웨스트 준주 의사당 — 도보 25분 / 차량 5분 → NWT 양조장 & 갤러리 & 기념품 쇼핑 — 도보 8분 → 부시 파일럿 모뉴먼트

TRAVEL HIGHLIGHT

옐로나이프 관광 안내소
Yellowknife Visitors Centre

옐로나이프 레스토랑이나 관광지의 운영 시간 등의 정보가 실린 관광 자료를 얻을 수 있어 여행을 시작하기 전에 방문하는 것을 추천한다. 옐로나이프 방문 증명서 및 배지를 받을 수 있어 기념으로 간직하기에도 좋다.

🏠 5022 49 St, Yellowknife
🕐 월~토요일 10:00-18:00, 일요일 10:00-17:00

프린스 오브 웨일스 노던 헤리티지 센터
Prince of Wales Northern Heritage Centre

노스웨스트 준주의 문화유산을 전시하는 박물관이자 기록 보관소다. 옐로나이프 주민의 삶과 개척 역사의 기록을 보존한 곳으로 극지방 인류의 삶을 간접 체험할 수 있다.

🏠 4750 48 Street
🕐 10:00-17:00, 월요일 휴무
CAD 무료

노스웨스트 준주 의사당
NT Legislative Assembly

노스웨스트 준주 의회가 열리는 곳으로 이벤트나 회의가 없다면 회의실 내부를 둘러볼 수 있다. 이 지역의 특성을 반영해 회의실 바닥이나 벽면에 사냥한 곰 가죽을 전시해둔 독특한 모습과 이곳 문화 및 역사에 관련된 전시품도 볼 수 있다.

🏠 4570 48 St, Yellowknife
🕐 월~금요일 07:00-18:00, 토~일요일 10:00-18:00
CAD 무료

부시 파일럿 모뉴먼트
Bush Pilot's Monument

부시 파일럿을 기념하기 위해 만들어진 기념비로 옐로나이프에서 가장 전망이 좋은 올드타운에 있다. 이곳에 오르면 구시가지 전경이 파노라마처럼 펼쳐진다.

🏠 3513 Ingraham Drive

부시 파일럿

정비되지 않은 땅이나 물 위 등 열악한 환경에서도 비행기를 조종할 수 있도록 전문교육을 받은 조종사를 말한다. 과거의 노스웨스트 준주는 육로를 개척하기 힘들어 대부분의 마을을 비행기로 연결했기 때문에 부시 파일럿이 많이 있었다.

종류별 오로라 관측 방법

방한복
캐나다 구스 재킷, 방한 바지, 방한 장갑,
소렐 방한 부츠, 페이스 마스크 제공

1 오로라 빌리지 Aurora Village

호수를 끼고 있는 넓은 평야에 오로라를 관측하기 위해 만들어진 편의 시설로 옐로나이프 타운에서 차로 약 25분 거리에 있다. 인공적인 불빛의 간섭에서 벗어나 오로라를 볼 수 있는 최상의 입지 조건을 갖추었으며, 오로라를 기다리는 동안 편하게 쉴 수 있도록 호수 주변에 캐나다 전통 텐트인 티피가 마련되어 있다. 한적한 호수와 전통 티피가 어우러져 오로라를 배경으로 환상적인 분위기를 자아낸다.

- 여름 오로라 8월 중순~10월 중순, 겨울 오로라 11월 중순~4월 초
- @ auroravillage.com

빌리지 시설

전통 티피 북미 원주민이 사용했던 텐트로 실내에 난로와 테이블, 의자, 간단한 스낵이 마련되어 있다.
식당 캐나다 현지 재료로 만든 식사를 즐길 수 있으며 점심, 저녁 식사를 할 수 있다.
기념품 숍 전문 작가들의 오로라 사진이나 영상, 메이플 과자 등의 기념품을 구매할 수 있다.
야외 시설 오로라 빌리지 전망을 볼 수 있는 버팔로 언덕, 티피와 나무 사이로 산책로가 조성되어 있다.
빌리지 스태프 한국어를 하는 스태프가 상주하고 있어 편하다.

오로라 빌리지 패키지

호텔 숙박, 오로라 빌리지에서 오로라 관측, 옐로나이프 시내 투어가 기본적으로 포함되고 스태프의 인솔로 일정이 진행되기 때문에 쉽고 편하게 여행할 수 있다. 공항에서 호텔까지의 이동과 투어 시 호텔까지의 픽업, 겨울 시즌에는 개썰매와 스노슈잉도 포함되어 있다. 영하 20℃까지 내려가는 옐로나이프의 강추위에도 버틸 수 있도록 방한복도 렌트해주므로 간단한 복장으로 방문해도 된다.

2 오로라 헌팅

차를 타고 옐로나이프 주변을 다니며 오로라를 좇는 투어로, 모험을 좋아한다면 오로라 헌팅 투어가 제격이다. 여름에는 직접 운전하며 오로라를 찾아다닐 수도 있지만 투어를 이용하면 오로라 헌팅 전문 가이드가 직접 운전해서 최고의 뷰잉 스폿으로 안내하기 때문에 오로라를 볼 수 있는 확률이 높다. 오로라를 찾을 때까지 계속 움직이며 다양한 장소에서 오로라 경관을 즐길 수 있는 장점이 있으며, 늦은 밤 시작해서 4시간가량 진행된다.

- 8월 중순~10월 중순, 12월~4월 중순
- CAD CAD 149~
- @ northstaradventures.ca, www.sonnyaurora.com

3 오로라 뷰잉

유쾌하고 친절한 노부부가 운영하는 오로라뷰잉 상품으로 개그우먼 홍현희가 허니문을 다녀온 곳으로 우리에게 잘 알려져 있다. 각 호텔에서 픽업 후 옐로나이프 시내에서 20분 정도 떨어진 오로라 뷰잉 오두막으로 이동한다. 따뜻한 오두막에 도착하면 할머니는 빵을 굽고 수프를 끓여 주시기 때문에 저녁식사를 제대로 못했어도 든든하게 배를 채울 수 있다. 밤이 깊어지면 불을 피워 마시멜로를 구워 먹으며 모두 함께 오로라가 뜨기를 기다린다. 삼각대는 무료로 빌릴 수 있어서 별도로 준비하지 않아도 된다.

- 8월 중순~4월 중순 (시즌은 매년 조금씩 변동)
- www.bucketlisttour.com

©Martina Geboavski

4 로지에서 오로라 뷰잉

호숫가에 있는 로지에서 숙박하며 매일 밤 오로라를 감상할 수 있는 럭셔리하고 환상적인 방법이다. 블래치포드 레이크 로지Blachford Lake Lodge는 영국 윌리엄 왕세손 부부가 다녀갔던 곳으로 육로로 연결된 도로가 없을 만큼 한적하며 옐로나이프에서 수상 경비행기를 타거나 배로 이동해야 한다. 경비행기 이용 시 약 25분 소요. 트라우트 록 로지Trout Rock Lodge는 오로라 관측 확률이 3일 머물 경우 98%로 옐로나이프보다 높으며 로지가 자리한 노스 암 오브 그레이트 슬레이브 호수가 낚시 명소로 낮에는 낚시를 즐길 수도 있어 인기다. 겨울에는 호수 위를 운행하는 트랙터 형태의 오로라 익스프레스를 타고 이동한다.

CAD 3박팩 CAD 3180부터(세금 불포함)
@ 트라우트 록 로지 www.enodah.com

SPECIAL PAGE
YELLOWKNIFE

옐로나이프 겨울 액티비티

개썰매 Dog Sledding

겨울철 많은 눈이 내려 예부터 주요 교통수단으로 사용했으며 지금은 관광객이 즐겨 찾는 액티비티 프로그램으로 운영된다. 넓고 탁 트인 설원을 달리는 개썰매 체험은 판타지 영화 속 한 장면 같은 환상적인 경험을 선사한다.

CAD CAD 80~160

스노 모빌 Snow Mobile

겨울이면 언 호수와 눈으로 덮인 벌판을 이동하기 위한 이 지역의 주요 교통수단 중 하나로, 넓고 탁 트인 설원 위에서 속도를 내는 짜릿한 경험을 즐길 수 있다.

CAD CAD 120~195

개썰매 오로라 뷰잉
Aurora Viewing by Dog Team

개썰매를 타고 꽁꽁 언 호수 위를 달려 오로라 뷰잉 캐빈으로 이동한 후 오로라를 보는 프로그램. 행운이 따른다면 개썰매를 타고 이동하는 순간에 오로라를 볼 수 있다.

CAD CAD 160

스노 모빌 오로라 뷰잉
Aurora Viewing by Snowmobile Evening Tour

깊은 밤 속으로 스노 모빌을 타고 그레이트 슬레이브 호수 위를 달려 오로라 캐빈에서 오로라를 보는 프로그램이다.

CAD CAD 235

투어 업체

노스스타 어드벤처 northstaradventures.ca | 벡스커넬 www.beckskennels.com | 노스오브60오로라어드벤처 northof60auroraadventures.com

· SPECIAL PAGE ·
YELLOWKNIFE

아이스 피싱 Ice Fishing

스노모빌을 타고 낚시 명소인 그레이트 슬레이브 호수로 이동해 꽁꽁 얼어붙은 호수에서 얼음낚시를 즐기는 프로그램이다. 얼어붙은 호수 한가운데지만 텐트와 난로를 준비해 주기 때문에, 춥지 않게 낚시를 즐길 수 있다. 물고기의 움직임을 나타내 주는 장치도 있어 지루하지 않을뿐더러 낚시가 끝난 후에는 잡은 생선으로 점심 식사를 만들어 준다.

- 4시간 투어 CAD CAD 250

어망 투어 Net Pulling Tour

그레이트 슬레이브 호수 Great Slave Lake를 따라 어망이 있는 곳으로 이동한 후, 얼음 아래에 어망을 설치하고 유지하는 과정에 대해 설명하고, 함께 그물을 끌어올려 어망에 걸려 있는 낚시를 즐기는 투어로 잡은 고기로 점심을 즐기는 것까지 포함되어 있다.

- 2시간 투어 CAD CAD 150

투어 업체
트레일 블레이저 투어   trailblazertours2019.com

RESTAURANT & CAFÉ

©NWT Brewing Company

NWT Brewing Company

뉴타운과 올드타운 사이에 있는 옐로나이프 유일의 양조장으로 캐나다에서 재배한 곡물과 깨끗한 물을 결합해 독창적인 맥주를 만든다. 레스토랑에서 수제 피자, 햄버거, 타코 등의 메뉴를 수제 맥주와 함께 즐길 수 있다.

- 🏠 3905 Franklin Avenue
- ☎ +1 867 873 2337
- 🕐 화~수요일 16:00-22:00, 목요일 16:00-23:00, 금~토요일 12:00-24:00, 일~월요일 휴무
- CAD 맥주 CAD 13~14, 햄버거, 타고, 피자 등 CAD 11~26

The Wildcat Café

클래식한 통나무집으로 옐로나이프에서 가장 오래된 카페다. 테라스에 앉아 경치를 바라보며 커피 한잔과 식사를 즐기기 좋은 곳으로 바이슨 버거가 이곳의 인기 메뉴다. 여름 시즌 한정적으로 운영한다.

- 🏠 3507 Wiley Rd
- ☎ +1 867 873 4004
- 🕐 월, 수-일요일 11:00-21:00, 화요일 휴무
- CAD 메인 CAD 18~34

Trader's Grill

캐나다 북부 요리를 전문으로 하는 럭셔리 레스토랑이다. Gregor Zundel 셰프가 선보이는 Arctic Char(최소 28일 이상 숙성한 고급 스테이크), 해산물을 포함한 고급 요리를 맛볼 수 있다. 대형 화덕의 따스함을 즐기거나 옐로나이프의 멋진 자연 경관을 감상하며 식사를 즐길 수 있다.

- 🏠 49 Street, Yellowknife   ☎ +1 867 873 3531
- 🕐 월~금요일 07:00-14:00, 17:00-21:00, 토요일 08:00-14:00, 17:00-21:00, 일요일 08:00-09:30, 11:00-14:00, 17:00-21:00
- CAD 에피타이저 CAD 14~20, 메인 CAD 22~30

Javaroma Gourmet Coffee & Tea

Javaroma Gourmet Coffee & Tea는 옐로나이프에 4개 지점을 두고 있는 독립 커피 기업이다. 마스터 로스터가 직접 로스팅 한 고메 커피와 세계적인 수준의 티가 입맛을 사로잡으며 셰프들은 주문에 따라 샌드위치 등 매일 신선한 음식을 준비한다.

- 🏠 5201 Franklin Ave
- ☎ +1 867 669 0725
- 🕐 7:30-18:00, 목요일 07:30-17:00, 토요일 08:00-17:00
- CAD 커피 CAD 3~6.5

Sushi North Inc

연어 초밥과 롤, 우동, 데리야키 덮밥 등을 판매하는 일식 레스토랑. 토요일에는 오코노미야키 스페셜 메뉴도 즐겨볼 수 있다.

- 🏠 4910 Franklin Avenue
- ☎ +1 867 669 0001
- 🕐 월~금요일 11:30-19:00, 토~일요일 휴무
- CAD 롤 세트 CAD 13~36, 덮밥 CAD 7~17

Bullock's Bistro

옐로나이프에서 가장 인기 있는 레스토랑으로 평범한 오두막처럼 생겼지만 내부 벽에 이곳을 방문했던 여행자들의 사진과 편지, 화폐 등을 붙여놓아 둘러보는 재미가 쏠쏠하다. 신선한 생선 요리와 버팔로 스테이크가 인기이며 생선 요리는 그릴, 팬, 튀김 중 선택할 수 있다.

- 🏠 3534 Weaver Drive
- ☎ +1 867 873 3474
- 🕐 12:00-21:00, 일요일 16:00-21:00
- CAD 생선요리 CAD 30~43, 버팔로 립아이 CAD 45

A Taste Of Saigon

가족이 경영하는 베트남 음식점으로 따뜻한 국물 요리가 생각날 때 가면 안성맞춤이다. 쌀국수 외에도 스프링롤, 시푸드, 볶음 국수, 덮밥 종류 및 어린이를 위한 키즈 밀 등 메뉴도 다양해 선택의 폭이 넓어 취향대로 골라 먹을 수 있다.

- 🏠 4913 50 Street
- ☎ +1 867 873 9777
- 🕐 월~토요일 11:00-20:00, 일요일 휴무
- CAD 애피타이저 CAD 7.95~16.95, 쌀국수, 볶음 국수 CAD 17.95~21.95

Korea House Restaurant

옐로나이프 유일한 한식 레스토랑으로 따뜻한 한식이 그리울 때 찾을 수 있다. 라면, 순두부찌개, 불고기, 비빔밥 등 다양한 메뉴가 있다. 전화 주문 픽업이나 배달 서비스도 가능하다.

- 🏠 5103 50 St
- ☎ +1 867 669 0188
- 🕐 11:30-19:00, 토요일 12:00-18:00, 일요일 휴무
- CAD 식사류 CAD 12~18, 갈비구이 CAD 30~, 감자탕 CAD 22~

SHOPPING

SHOPPING · YELLOWKNIFE

Gallery of the Midnight Sun

노스웨스트 준주의 이야기를 담은 갤러리 겸 기념품 숍이다. 북부 스타일의 의류와 모피, 원주민이 만든 독특한 공예품을 판매한다.

🏠 5005 Bryson Drive
🕐 화~금요일 11:00-17:00, 토요일 10:00-17:00, 일~월요일 휴무

Down to Earth Gallery

이곳의 예술가들이 직접 만든 액세서리, 공예품, 그림, 옐로나이프 오로라 사진 등 다양한 기념품을 구매할 수 있다.

🏠 5007 Bryson Drive
🕐 월~금요일 12:00-17:00, 토요일 11:00~17:00, 일요일 12:00-16:00

Independent

대형 식료품 마켓으로 간단하게 데워 먹을 수 있는 완제품을 비롯해 채소나 육류, 닭고기 등의 식재료도 구입할 수 있고 늦은 시간까지 운영해서 이용하기 편리하다.

🏠 4802 Franklin Ave Suite#14
🕐 매일 08:00-21:00

Weaver & Devore Trading

창고형 숍으로 노스웨스트 준주의 추운 날씨에 실용적으로 활용할 수 있는 의류, 캠핑 용품, 식료품 등 다양한 제품을 판매한다. 특히 이곳에서는 캐나다 구스를 비롯한 다양한 겨울 방한 용품을 구매할 수 있어서 인기다.

🏠 3601 Weaver Drive
🕐 월~토요일 09:00-18:00, 일요일 휴무

NWT Diamond Centre

노스웨스트 준주에서 채광하고 세공한 다이아몬드 원석을 전시, 판매하는 곳이다. 다이아몬드 광산 역사에 대한 사진이 전시되어 있어 한번 둘러볼 만하며 합리적인 가격에 다이아몬드를 구매할 수 있다.

🏠 5105 49 Street
🕐 10:00-17:30, 일~월요일 휴무

HOTEL

HOTEL
YELLOWKNIFE

The Explorer Hotel
★★★★

옐로나이프 뉴타운에 있는 모던한 호텔로 객실에서는 옐로나이프 시내와 숲의 전망을 감상할 수 있으며 로비에는 따뜻한 벽난로와 쉴 수 있는 공간이 마련되어 있다. 공항 무료 셔틀도 운영한다.

- 🏠 4825 49 Avenue
- ☎ +1 867 873 3531
- @ www.explorerhotel.ca

Chateau Nova Yellowknife
★★★★

옐로나이프 뉴타운에 최근 오픈한 호텔로 피트니스 센터와 사우나, 레스토랑, 콘퍼런스 룸 등의 편의 시설을 갖춘 풀 서비스 호텔이다. 공항 무료 셔틀도 운영한다.

- 🏠 4571 48 Street
- ☎ +1 867 766 6682
- @ www.novahotels.ca/chateau-nova-yellowknife/

Quality Inn & Suites Yellowknife
★★★

관광 안내소나 다이아몬드 센터 가까이에 있는 호텔로 뉴타운에서는 위치가 가장 좋은 편이다. 3성급 호텔의 깔끔한 기본 객실에는 전자레인지나 냉장고 등의 편의 시설이 갖춰져 있다.

- 🏠 5010-49th Street
- ☎ +1 867 873 2601
- @ www.choicehotels.com/quality-inn

Nova Inn
★★★

옐로나이프 올드 타운에서 단 몇 걸음 떨어진 곳에 있는 호텔로, 피트니스센터, 사우나 등의 다양한 편의 시설은 물론 넓은 객실과 키친 스위트에 이르기까지 다양한 룸을 저렴한 가격에 제공해 매력적이다.

- 🏠 4401 Franklin Ave
- ☎ +1 867 873 9700
- @ novahotels.ca/nova-inn-yellowknife/

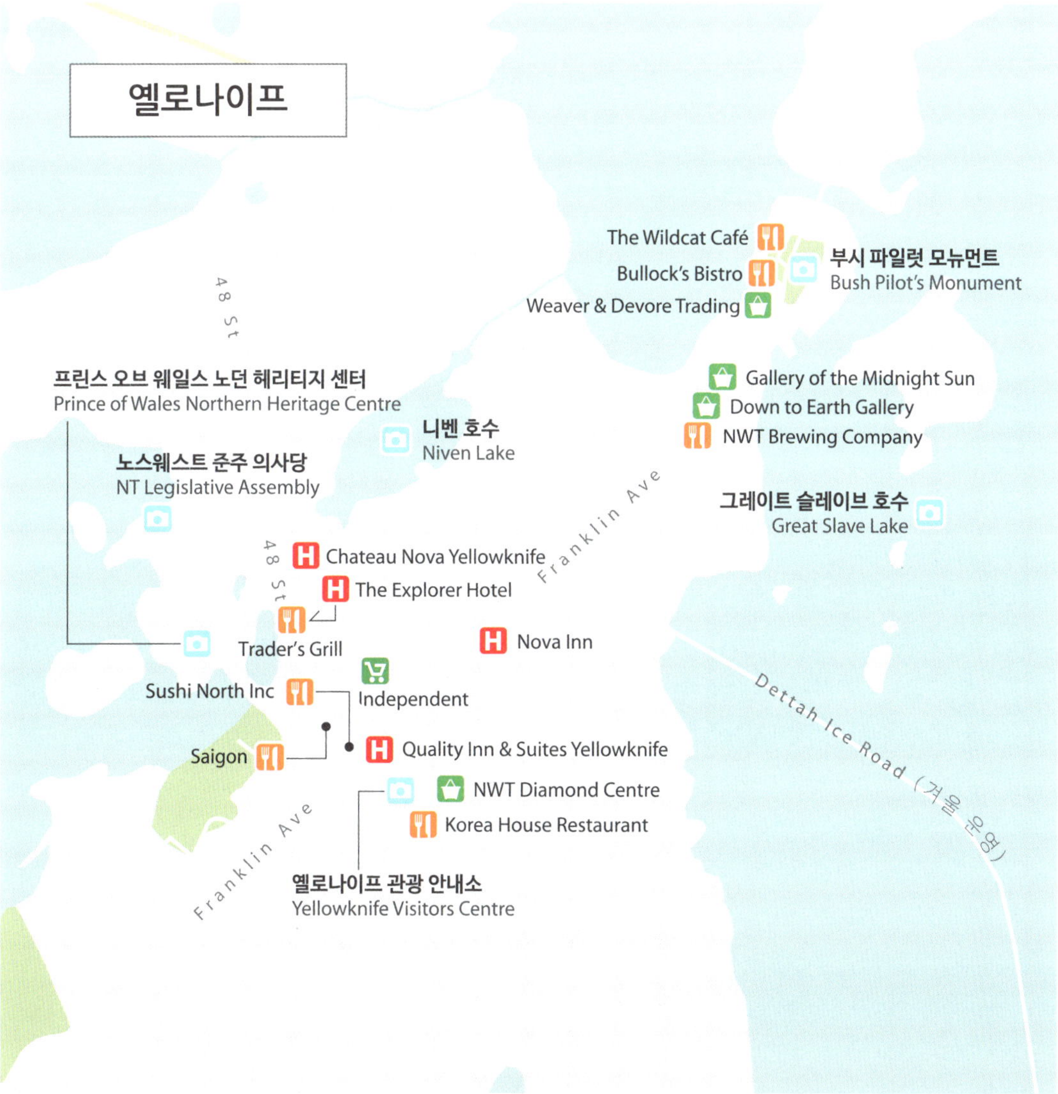

옐로나이프

- The Wildcat Café
- Bullock's Bistro
- Weaver & Devore Trading
- 부시 파일럿 모뉴먼트 / Bush Pilot's Monument
- 프린스 오브 웨일스 노던 헤리티지 센터 / Prince of Wales Northern Heritage Centre
- 니벤 호수 / Niven Lake
- Gallery of the Midnight Sun
- Down to Earth Gallery
- NWT Brewing Company
- 노스웨스트 준주 의사당 / NT Legislative Assembly
- 그레이트 슬레이브 호수 / Great Slave Lake
- Chateau Nova Yellowknife
- The Explorer Hotel
- Trader's Grill
- Nova Inn
- Sushi North Inc
- Independent
- Saigon
- Quality Inn & Suites Yellowknife
- NWT Diamond Centre
- Korea House Restaurant
- 옐로나이프 관광 안내소 / Yellowknife Visitors Centre
- Franklin Ave
- 48 St
- Dettah Ice Road (겨울 운영)

태고의 자연, 나하니 국립공원

나하니 국립공원
Nahanni National Park Reserve

순수한 자연의 모습을 보존하고 있는 국립공원으로 1978년 유네스코 세계자연유산에 등재되었다. 노스웨스트 준주 남서쪽에 자리하며 옐로나이프와는 약 600km 떨어져 있다. 워낙 거대한 규모인 데다가 사람의 손길이 닿지 않은 곳이기에 차로 이동할 수 없고, 포트 심슨에서 경비행기를 타야 한다. 비행 도중 내려다보면 침엽수림이 빼곡히 모여 있는 보리엘 숲과 오묘한 색을 내는 늪지가 끝없이 펼쳐지는 절경을 감상할 수 있다. 국립공원에서 주로 방문하는 곳은 글래이셔 호수와 버지니아 폭포다. 산맥을 흐르는 빙하수가 고여서 형성된 글래이셔 호수는 아름다운 에메랄드 빛을 내며, 버지니아 폭포는 캐나다에서 가장 깊은 협곡에 있고 높이가 나이아가라의 2배로 모험가, 산악인들에게 천국으로 여겨지는 곳이다.

나하니 국립공원 여행하기

나하니 국립공원은 야생 그대로인 데다가 규모가 광활해 경비행기 투어를 이용해야 한다. 옐로나이프 시내에서 비행기를 타고 포트 심슨으로 이동한 후, 이곳에서 경비행기 투어를 이용하면 된다. 투어는 최소 4시간 30분~6시간 가까이 소요되므로 옐로나이프에서 당일에 다녀오기 어려워 포트 심슨에서 숙박하는 일정으로 계획하는 것이 좋다.

@ 심슨에어 www.simpsonair.ca

YUKON TERRITORY

유콘

캐나다에서 인구가 가장 적고 야생동물이 사람보다 훨씬 많이 사는 곳으로 알려진 유콘은 원주민의 언어로 '크다'라는 뜻을 가진 유콘 강의 이름을 따서 지었다고 한다. 1700년 후반 아시아, 유럽, 북미 지역에 모피를 공급하는 무역 사업으로 성장을 이루었으며 1896년 도슨 시티 주변에서 금광이 발견되어 클론다이크 골드러시로 유콘의 황금시대를 열었다. 이에 힘입어 유콘은 준주로 승격했고 도슨 시티가 주도로 지정되었다. 하지만 골드러시 전성기는 그리 오래가지 못했고 1953년 유콘의 주도는 화이트호스로 옮겨졌다. 오로라 오발 지역 아래 위치해 오로라를 보기 위해 많은 관광객이 모여드는 지역이며 클루아니 국립공원, 캐나다에서 가장 큰 로건 산과 전 세계에서 가장 큰 빙하도 이곳에서 볼 수 있다. 알래스카와 국경을 맞대고 있어 알래스카로 이동하는 사람들이 지나는 길목이기도 하다.

WHITEHORSE

오로라와 함께 누리는 휴식
화이트호스

유콘 준주의 중심지로 유콘 전체 인구의 70%가 이곳에 거주한다. 화이트호스는 원주민의 언어로 '빠르다'라는 뜻으로, 유속이 빠른 강을 보고 도시 이름을 화이트호스로 지었다고 한다. 도시에서 20분 정도만 벗어나도 인공적인 불빛을 보기 힘들어 오로라를 관측하는 데 유리하다. 투어 프로그램을 이용하거나 근교의 로지에서 머물며 오로라를 즐길 수 있다. 또한 타키니 핫 스프링스, 야생동물 보호구역, 개썰매, 클루아니 국립공원 투어 등이 이곳에서 출발해 유콘 관광의 핵심 지역이 되었다.

유콘 관광 안내소
🏠 100 Hanson Street
🕐 월~금요일 08:30-17:00, 토요일 10:00-14:00, 일요일 휴무

◆ 화이트호스 렌터카 일일 추천 일정 ◆

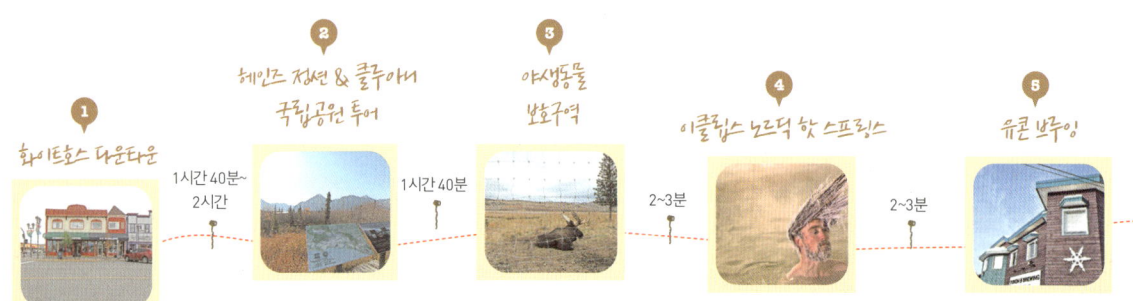

◆ 찾아가기 ◆

유콘의 항공사인 에어 노스Air North가 밴쿠버, 캘거리, 에드먼튼, 오타와, 옐로나이프 등으로 항공을 운행하며 에어 캐나다와 웨스트젯 항공사도 대도시와 유콘을 잇는 스케줄을 운영 중이다.

화이트호스 공항에서 시내로 이동하기 & 시내 교통

다운타운 대부분의 호텔은 공항까지 무료 셔틀 서비스를 제공하기 때문에 공항에 도착한 후 호텔의 셔틀을 타고 이동하면 된다. 택시의 경우, 공항 밖으로 나가면 택시 회사로 연락할 수 있는 무료 전화기가 마련되어 있어 요청해야 한다. 화이트호스 시내에서는 버스를 이용할 수 있지만 도보로 충분히 다닐 수 있을 만큼 크지 않아서 실제 이용하는 경우는 드물다. 다운타운을 벗어난 로지에서 숙박하는 경우, 화이트호스 공항 렌터카 업체에서 차를 빌려 이동하거나 로지에 공항 픽업 서비스를 요청해야 한다. 오로라 투어를 비롯한 대부분의 투어 업체는 호텔까지 픽업 서비스를 제공하기 때문에 대중교통을 이용할 일은 거의 없다.

화이트호스 택시 Premier Cabs +1 867 393 2228 | Yellow Cabs +1 867 668 4811

유콘 관광 안내소를 방문해야 하는 이유

- 방문객에게 3일 무료 주차 패스를 제공하여 시내의 유료 주차구역에서도 무료로 주차할 수 있어 편리하다.
- 투어 예약은 물론 다양한 정보, 자료 등을 얻을 수 있어 더 효율적으로 여행할 수 있으며 유콘 배지도 받을 수 있다.

TRAVEL HIGHLIGHT

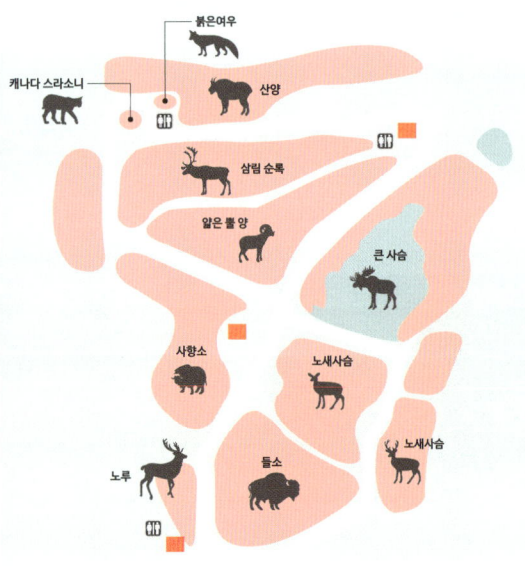

야생동물 보호구역 Yukon Wildlife Preserve

야생동물의 개체 수 보존을 위해 정부에서 만든 보호구역으로 대부분 다치거나 구조된 200여 마리의 동물이 서식하고 있다. 달라스양, 큰뿔양, 산염소, 노새사슴, 엘크, 순록, 버팔로 등을 만날 수 있으며 2시간에 한 번씩 버스 투어가 출발한다. 입장료에 추가 CAD 8를 지불하면 참여 할 수 있다. 유콘의 아름다운 풍경을 배경으로 캐나다 북부의 야생동물을 만나는 멋진 경험이 될 것이다.

🏠 Takhini Hot Springs Road   🕐 6~10월 10:30-18:00, 11~5월 11:00-17:00   CAD 성인 CAD 18, 4~18세 CAD 11, 3세 미만 무료

ⓒTakhini Hot Springs

이클립스 노르딕 핫 스프링스 Eclipse Nordic Hot Springs

원주민의 언어로 '연어가 사는 강'이라는 뜻의 타키니 온천은 원주민이 발견해 사용되던 온천을 1907년 근대식 시설로 개발해 지금까지 100여 년의 역사를 가진 곳이다. 한겨울에도 36~42℃를 유지할 수 있는 자연 온천으로 온천수에는 미네랄이 다량 포함되어 있어 심신 안정에 좋다고 한다. 매년 겨울 온천에 앉아 머리를 적신 후 차가운 외부 공기에 노출해 머리카락을 마치 얼음 조각처럼 연출하는 Hair Freezing 이벤트도 열리는데, 가장 독특하게 연출한 사람에게 상금을 준다.

- 🏠 Mile 6 Takhini Hot Springs Road
- 🕗 여름 08:00-23:00, 겨울 10:00-22:00
- @ eclipsenordichotsprings.ca/
- CAD 성인 CAD 40~55, 19세 미만 입장 불가

유콘의 개썰매 Dog Sledding

유콘은 세계적인 개썰매 성지로 유명한데, 혹독한 겨울이 찾아오는 매년 2월경이면 화이트호스에서 알래스카까지 무려 1609km의 최장거리 개썰매 대회인 유콘 퀘스트가 열린다. 세계적인 대회를 개최할 만큼 개썰매 역사가 오래되었으며 허스키 관리가 잘 되어 있고 인프라가 구축되어 있다. 개썰매를 타며 동화 속 세계 같은 유콘의 겨울을 즐길 수 있다.

- @ www.yukonwild.com
- CAD 하프데이 CAD 242~

클론다이크 증기선 Klondike National Historic Site

클론다이크 골드러시 시절에 유콘 강을 따라 물자와 연료를 실어 나르던 배다. 옛 모습을 최대한 보존해 화이트호스의 공원으로 옮겨 캐나다의 역사 지구로 지정했다.

- 📍 화이트호스 다운타운 가장 남쪽 유콘 강변

오로라 뷰잉 투어 Aurora Viewing Tour

도시의 불빛을 피하기 위해 화이트호스 타운에서 25분 정도 떨어진 오로라 뷰잉 텐트로 이동한다. 이곳에는 따뜻하고 아늑한 원주민 전통 텐트인 티피 또는 오두막이 마련되어 있으며 따뜻한 음료와 스낵이 제공된다. 주변에 산이나 큰 나무가 없어 오로라를 감상하는 데 방해받지 않는 환경을 갖추고 있다. 투어 이용 시 화이트호스 호텔에서 픽업해 투어 종료 후 다시 호텔에 내려주며 업체에 따라 유료로 방한복을 빌려준다. 두 업체 모두 삼각대는 무료로 빌릴 수 있어서 특별히 준비하지 않아도 된다.

8월 중순~4월 중순 (시즌은 매년 조금씩 변동)   CAD   CAD 149

Tip. 텐트 안에 뜨거운 물은 항상 준비되어 있으므로 컵라면 등을 챙겨가면 오로라를 기다리는 동안 배고플 때 유용하다.

아틱 레인지 Arctic Range | www.arcticrange.com

아틱 레인지 어드벤처는 겨울은 물론 여름에도 즐길 수 있는 다양한 투어를 전문으로 한다. 그만큼 투어 종류가 다양해 선택의 폭이 넓으며 생존 기술 등의 교육적인 아웃도어 코스도 있다.

노던 테일즈 Northern Tales | www.northerntales.ca

노던 테일즈는 야생 체험과 오로라 투어 등 겨울 액티비티에 중점을 두고 있다. 다양하지는 않지만 이 외에도 야생동물 보호구역 투어, 스노모빌, 얼음낚시 등의 프로그램을 운영한다.

RESTAURANT & CAFÉ

Yukon Brewing

1997년 오픈한 후 개성 있는 맥주를 만들어 지금은 유콘을 대표하는 최고의 양조장이 되었다. 캐나다 전역의 주류 숍에서 이곳의 맥주를 판매하며 독일로 수출할 정도로 유명세를 떨치고 있다. 유콘의 아티스트들이 디자인한 아름다운 맥주 라벨 때문에 기념품으로 구매하는 사람도 많으며 미리 예약하면 양조장 투어도 가능하다. 맛있는 식사와 함께 신선한 맥주를 맛보자.

- 🏠 102 Copper Road
- 📞 +1 867 668 4183
- 🕐 일~수요일 11:00-18:00, 목~토요일 10:00-20:00
- CAD 양조장 투어 CAD 10 (매주 목~토요일 13시에 진행)

Midnight Sun Coffee Roasters

다운타운에 있는 소규모 카페로 15년째 운영 중인 곳이다. 프리미엄 원두만 선별해서 매일 소량으로 로스팅한 품질 좋은 커피를 제공한다. 원두는 기념품으로도 좋다.

- 🏠 21 Waterfront Place
- ☎ +1 888 633 4563
- 🕐 월~금요일 08:00-18:00, 토요일 10:00-17:00, 일요일 휴무
- CAD 커피 CAD 1.43~5.52

Dirty Northern

화이트호스 현지 펍 문화를 경험하기에 좋은 곳으로 활기찬 분위기를 느낄 수 있다. 다양한 맥주, 목테일, 칵테일은 물론 버거, 피자, 치킨 등 펍 스타일의 요리 외에도 메뉴가 다양하다.

- 🏠 103 Main Street
- ☎ +1 867 633 3305
- 🕐 일~목요일 11:30-24:00, 금~토요일 11:30-02:00
- CAD 새우 교자 CAD 12, 버거 CAD 22~26, 스테이크 프리츠 CAD 38

Giorgios Cuccina

지중해와 이탤리언 요리를 판매하는 고급 레스토랑으로 피자와 파스타, 스테이크, 해산물 요리, 알래스칸 킹크랩 등을 다양하게 맛볼 수 있다.

- 🏠 206 Jarvis Street
- ☎ +1 867 668 4050
- 🕐 월~토요일 16:30-22:00, 일요일 휴무
- CAD 파스타 CAD 26~38, 메인 CAD 32~54

Belly of the Bison

유콘 강변에 자리한 Edgewater Hotel의 파인 다이닝 레스토랑으로 고급스러우면서도 심플한 음식에 인상적인 와인 리스트를 갖추고 있다. 클래식 칵테일을 현대적으로 재해석한 칵테일도 맛볼 수 있다.

- 🏠 101 Main Street
- ☎ +1 867 334 7029
- 🕐 매일 17:00-22:00, 브런치 토~일요일 08:30-14:00
- CAD 브런치 CAD 15~32, 스테이크 프리츠 CAD 45, 연어 스테이크 CAD 38

Antoinette's

앙트와넷은 레스토랑의 주인 이름으로, 자신의 이름을 내건 만큼 신선한 식재료를 사용해 제대로 요리한다. 카리브해 요리를 기본으로 다양한 퓨전 창작 요리를 선보인다.

- 🏠 4121 4 Avenue
- ☎ +1 867 668 3505
- 🕐 월~토요일 11:00-13:30, 15:00-20:30, 일요일 08:30-15:00
- CAD 애피타이저 CAD 8~15, 메인 CAD 20~30

Burnt Toast Café

이른 아침부터 런치까지 운영하는 캐주얼 레스토랑이다. 합리적인 가격이면서 퀄리티 좋은 메뉴로 많은 이들의 사랑을 받는 곳이다. 로컬 식당에서 브런치로 하루를 여유롭게 시작해 보는 것도 좋다.

- 🏠 2112 2nd Ave
- ☎ +1 867 393 2605
- 🕐 07:30-15:00, 토~일요일 09:30-14:00
- CAD 조식 CAD 12~17, 브런치 CAD 11~18, 런치 CAD 12~20

Asahiya

일본 스시 전문 레스토랑으로, 숙련된 요리사들이 만들어 내는 롤, 마키, 스시, 회를 즐길 수 있다.

- 🏠 309 Jarvis Street
- ☎ +1 867 668 2828
- 🕐 11:30-14:30, 16:00-20:30, 금요일 11:30-14:30, 16:00-21:00, 토요일 12:00-15:00, 16:30-21:00, 일요일 휴무
- CAD 롤, 마키 CAD 4.4~14.95, 스시 CAD 2.65~3.75, 회 CAD 15.95~50.95

SHOPPING

Independent

캐나다에 100개 이상의 지점을 보유한 슈퍼마켓 체인으로 한국 라면, 신선식품은 물론 선물용으로 사기 좋은 메이플 시럽, 과자 등도 많아 편리하게 이용할 수 있다.

🏠 303 Ogilvie Street #5
🕐 매일 08:00-22:00

Yukon Liquor Corporation

캐나다에서는 주류를 구입할 수 있는 상점이 정해져 있으며 주류 판매가 엄격해 일반 슈퍼마켓에서는 찾아보기 힘들다. 리큐어 상점에서는 구매할 수 있으니 숙소에서 맥주 등을 마시고 싶다면 미리 이곳에서 준비하자.

🏠 2190 2nd Ave
🕐 월~토요일 10:00-18:00 (금요일 ~20:00), 일요일 휴무

Coast Mountain Sports

캐나다구스를 비롯해 아크테릭스, 파타고니아, 노스페이스 등 유명한 아웃도어 및 방한 제품, 캠핑 용품 등을 판매한다. 또한, 전문 지식을 갖춘 친절한 직원들이 있어 필요한 제품이 있다면 쉽게 도움을 얻을 수 있다

🏠 309 Main Street
🕐 월~토요일 10:00-18:00, 일요일 11:00-17:00

Midnight Sun Emporium

유콘의 기념품을 사기에 좋은 곳으로 마그넷, 수공예 주얼리, 열쇠고리, 옷, 양말, 컵 등 셀 수 없이 많은 제품으로 가득하다. 독특하고 흔하지 않은 기념품을 찾는다면 꼭 한 번쯤 방문해 보자.

🏠 205 Main Street
🕐 월~토요일 09:00-18:00, 일요일 휴무

HOTEL

HOTEL
WHITEHORSE

Raven Inn
★★★★

2020년 3월 화이트호스 다운타운에 생겨날 최신식 호텔이다. 세련된 디자인에 현대식 시설을 갖추고 있다. 기본 룸, 스위트 룸, 아파트먼트 객실로 다양한 선택이 가능하다.

🏠 150 Keish St
☎ +1 867 466 7777
@ www.raveninn.com

The Sternwheeler Hotel & Conference Centre ★★★

화이트호스 다운타운 중심에 자리한 3성급 호텔로 시내의 레스토랑이나 쇼핑센터와 가까워 관광하기 편리한 위치. 공항에서 호텔까지 무료 셔틀을 이용할 수 있다.

🏠 201 wood Street
☎ +1 867-393-9700
@ www.sternwheelerhotel.ca/

Edgewater Hotel
★★★

유콘 강변에 있는 호텔로 클론다이크 역사 지구, 관광 안내소, 레스토랑 등 화이트호스의 다운타운까지 모두 도보로 이동할 수 있다. 무료 셔틀버스를 운행한다.

🏠 101 Main Street
☎ +1 867 667 2572
@ www.edgewaterhotelwhitehorse.com

Best Western Gold Rush Inn
★★★

화이트호스 다운타운 중심에 자리한 호텔로 100% 금연 시설이다. 레스토랑 칵테일 라운지, 스파 시설, 무료 공항 셔틀, 객실 내 냉장고와 전자레인지 등의 편의시설을 갖추고 있다.

🏠 411 Main Street
☎ +1 867 668 4500
@ www.bestwestern.com/en_US/book/hotels-in-whitehorse/best-western-gold-rush-inn/propertyCode.62501.html

SPECIAL PAGE
YUKON

거대한 빙원을 찾아서, 클루아니 국립공원 Kluane National Park and Reserve

캐나다에서 가장 큰 산맥들이 모여 있는 거대한 국립공원으로 세계에서 가장 큰 빙원과 캐나다에서 가장 크다는 로건 산(5959m)을 볼 수 있다. 1979년 유네스코 세계자연문화유산으로 등재되었으며 미국 알래스카와 캐나다의 국경에 걸쳐 있다. 공원의 80%가 빙하로 덮여 있어 경비행기 투어를 이용해 볼 수 있는데, 상공에서 바라보는 거대한 산맥과 호수, 빙원은 가히 숨막히는 절경이라고 할 수 있다. 화이트호스에서 약 1시간 40분 거리의 헤인즈 정션에서 경비행기 투어를 할 수 있다.

헤인즈 정션 관광 안내소
헤인즈 정션은 클루아니 국립공원의 관문으로 이곳의 비지터 센터에서 다양한 정보를 얻을 수 있다.
🏠 280 Alaska Higway, Haines Junction

클루아니 경비행기 투어
🕒 4월 중순~10월 초 (날씨의 영향을 많이 받으므로 방문 전 업체에 확인해야 함)
@ www.kluaneglacierairtours.com
CAD CAD 320~580

SPECIAL PAGE
YUKON

유콘 오로라 로지

화이트호스 시내를 조금만 벗어나면 조용하고 평화로운 소규모 로지들이 자리한다. 한가롭고 조용한 로지에서 숙박하며 서로 어울리고, 방문객에게 투어 서비스를 제공하는 숙소가 인기다. 숙소 주변을 산책하거나 야외 온천에서 휴식을 취하고 밤에는 숙소에서 오로라를 볼 수 있는 특별한 경험을 즐길 수 있다.

ⓒNorthern Lights Resort & Spa

Northern Lights Resort & Spa

화이트호스에서 남쪽으로 20분 거리, 그림 같은 유콘 강 계곡에 자리한 평화롭고 조용한 공간이다. 낮에는 아름다운 풍경을 배경으로 스파를 즐기고 밤에는 룸에서 편안하게 오로라를 관측할 수 있다. 객실은 독채 형태로 분리되어 있으며 전통 오두막과 오로라 뷰잉에 최적화된 넓은 창문이 있는 현대적인 룸 중에서 선택할 수 있다.

- 🏠 41 Gentian Lane, Whitehorse
- ☎ +1 867 393 3780
- @ northernlightsyukon.com

· SPECIAL PAGE ·
YUKON

©Boréale Ranch

©Inn on the Lake

Boréale Ranch

클론다이크 하이웨이를 따라 남쪽으로 약 30분 달리면 만날 수 있는 로지로 웅장한 산맥과 침엽수림이 로지를 에워싸고 있다. 주변에서 산악자전거를 타거나 하이킹을 즐기며 진정한 유콘의 와일드 라이프를 체험할 수 있다. 유콘의 아름다운 풍경을 보며 스파를 즐길 수 있는 자쿠지가 야외에 마련되어 있다.

🏠 1827 South Klondike hwy, Whitehorse
☎ +1 888 488 8489
@ be-yukon.com

Inn on the Lake

<내셔널 지오그래픽 트래블러>에서 선정한 톱 150 호텔로 화이트호스에서 35분 거리의 마쉬 호숫가에 자리한다. 나무로 지어져 따뜻한 분위기인데, 특히 통나무 데크에서 보이는 호수와 풍경이 멋지다. 객실은 기본 룸부터 자쿠지가 딸린 스위트, 주방 시설이 완비된 독채까지 총 9개의 각기 다른 룸을 선택할 수 있다.

🏠 Lot 76 McClintock Place, Whitehorse
☎ +1 867 660 5253
@ www.innonthelake.ca

©Sundog Retreat

Sundog Retreat

유콘 강변에 있는 로지로 모든 캐빈에는 주방 시설이 갖추어져 있으며 크기에 따라 4~6명까지 숙박할 수 있어 가족 단위의 관광객에게 좋다. 야외 자쿠지와 실내 사우나 시설뿐만 아니라 요가와 명상을 할 수 있는 요가 룸도 준비되어 있다. 겨울에는 개썰매, 아이스 피싱, 스노슈잉 등의 액티비티를 즐길 수 있다.

🏠 32 Dusty Trail Rd
☎ +1 867 333 9998
@ sundogretreat.com

SPECIAL PAGE
YUKON

화이트패스 & 유콘 루트 White Pass & Yukon Route

세계에서 가장 아름다운 기찻길로 손꼽히는 곳으로 울창한 산림과 거대한 폭포, 아찔한 절벽, 깊은 터널을 지난다. 1898년 골드러시 시대에 인력과 물자를 수송하던 열차를 100년이 지난 지금은 관광 열차로 이용하고 있다. 옛 모습 그대로인 빈티지 열차에 앉아 창밖의 수려한 경관을 감상하고 골드러시 시대의 역사가 남아 있는 도시 명소를 관광할 수 있다. 4월 말부터 10월 초까지 운행하는데, 루트에 따라서는 9월 중순에 종료되는 일정도 있다. 편도와 왕복, 셔틀 서비스를 포함한 콤보 등 다양한 프로그램이 있으니 본인의 일정에 맞게 선택해 예약하도록 하자.

@ wpyr.com

CAD CAD 146, 원데이 콤보 CAD 155

> **Tip** 원데이 콤보 상품을 이용하면 화이트호스 호텔에서 프레이저 기차역까지의 이동과 화이트패스 서밋 기차까지 포함한 관광을 할 수 있다. 차를 렌트하지 않았다면 이 프로그램으로 클론다이크 하이웨이 드라이브와 화이트패스 유콘 루트 열차 체험 2가지를 모두 할 수 있다.

과거의 골드러시 타운, 카크로스 Carcross

화이트호스에서 클론다이크 하이웨이를 따라 남쪽으로 약 1시간 거리에 있는 작은 도시로, 클론다이크 골드러시 시절의 분위기를 그대로 담고 있어 과거로 돌아간 듯한 느낌을 받는다. 화이트패스 & 유콘 루트 관광 열차의 시작이 되는 지점으로 이곳에서 열차를 타면 베넷 호수를 가까이에서 볼 수 있는데, 아름다운 색으로 물든 호수와 주변의 울창한 숲이 조화를 이루어 멋진 경치를 자아낸다. 화이트호스와 카크로스 사이에는 에메랄드 호수, 세상에서 제일 작은 사막, 베넷 호수 등 관광할 곳들이 있어서 화이트호스에서 당일 여행으로 다녀오기에 좋다.

클론다이크 골드러시의 흔적, 도슨 시티 Dawson City

1896년 도슨 시티의 주변 클론다이크 지역에서 금광이 발견되면서 세계 곳곳에서 사람들이 모여들어 급격하게 발달했던 도시로, 인구가 4만 명 이상 되는 호황 시기도 있었으나 금 생산이 줄어들면서 점차 쇠퇴했고 주도가 화이트호스로 옮겨 가면서 유령도시가 되었다. 지금은 역사 문화 지구로 보존되어 1900년대 호황기의 형형색색 건물과 각종 시설의 모습을 볼 수 있다. 북쪽으로 약 100km 떨어진 곳에 자리한 툼스톤 주립 공원Tombstone Territorial Park은 도슨 시티에서 가장 아름다우며 클루아니 국립공원만큼 거대한 자연경관으로 알려져 있다. 가을이 되면 붉고 노란색의 다채로운 빛으로 물드는 풍경을 볼 수 있는 곳으로 유명하다. 도슨 시티의 남쪽부터 이누비크Inuvik까지 이어진 740km의 뎀스터 하이웨이도 도슨 시티에서 큰 의미를 가지는 도로다. 과거에는 유콘과 노스웨스트의 북극해 지역까지 개썰매를 타고 이동했으나 점차 지역이 개발되며 이동하기 편리하게 하려고 만든 도로다. 2017년에는 최초로 북극까지 이어진 연중 운영 도로가 오픈되었고, 양쪽으로 펼쳐진 놀라운 풍경을 바라보며 드라이빙을 즐기다 보면 북극해까지 닿을 수 있다.

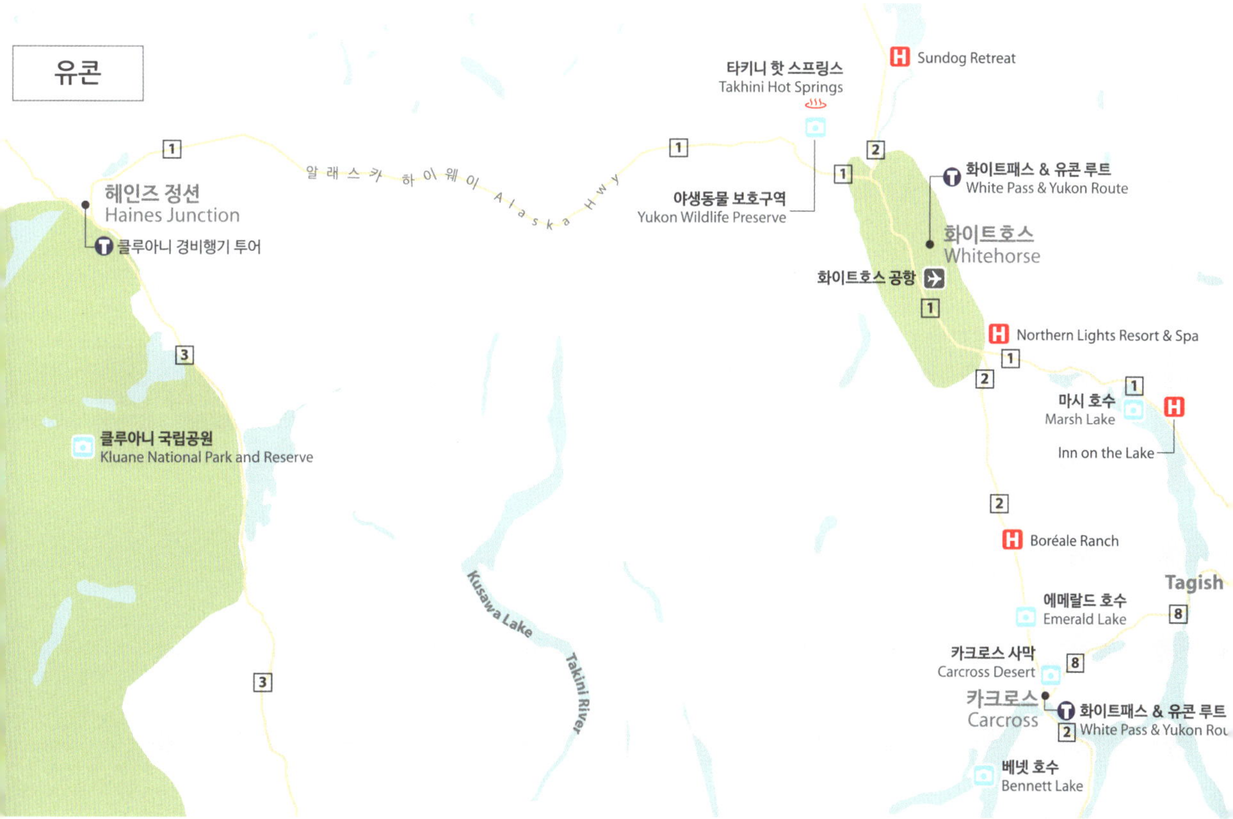
유콘
타키니 핫 스프링스
Takhini Hot Springs
Sundog Retreat
알래스카 하이웨이 Alaska Hwy
헤인즈 정션
Haines Junction
클루아니 경비행기 투어
야생동물 보호구역
Yukon Wildlife Preserve
화이트패스 & 유콘 루트
White Pass & Yukon Route
화이트호스
Whitehorse
화이트호스 공항
Northern Lights Resort & Spa
마시 호수
Marsh Lake
Inn on the Lake
클루아니 국립공원
Kluane National Park and Reserve
Kusawa Lake
Takini River
Boréale Ranch
Tagish
에메랄드 호수
Emerald Lake
카크로스 사막
Carcross Desert
카크로스
Carcross
화이트패스 & 유콘 루트
White Pass & Yukon Rou
베넷 호수
Bennett Lake

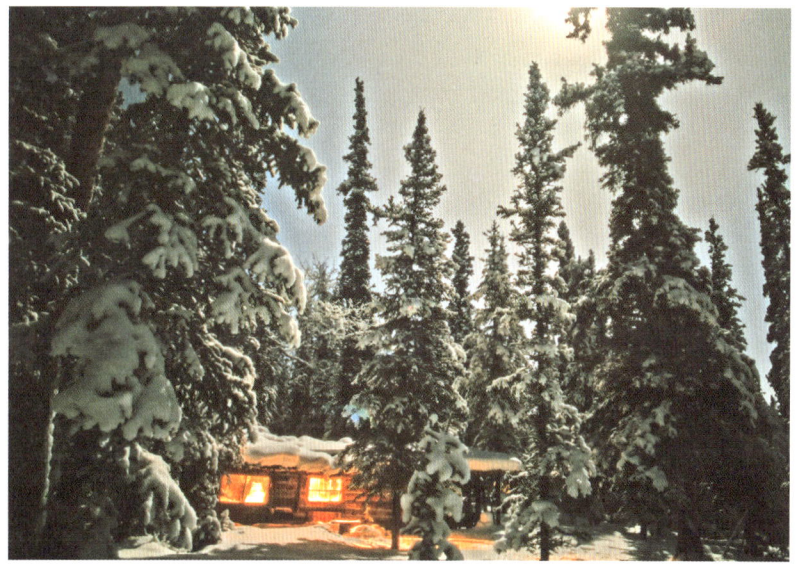

TRAVEL INFO CANADA

한눈에 보는 캐나다 기본 정보

국가명 | 캐나다(Canada)
언어 | 영어, 프랑스어
위치 | 북아메리카 대륙 북부
통화 | 캐나다 달러(CAD/C$)
홈페이지 | www.canada.ca

수도 | 오타와(Ottawa)
면적 | 998만 4670km²
인구 | 약 3740만 명
국가 번호 | 1

캐나다의 주

캐나다는 10개 주와 3개의 준주로 나뉜다. 브리티시 컬럼비아British Columbia, 앨버타Alberta, 마니토바Manitoba, 사스카추완Saskatchewan, 온타리오Ontario, 퀘벡Quebec, 뉴브런즈윅New Brunswick, 노바스코샤Nova Scotia, 프린스 에드워드 아일랜드Prince Edward Island, 뉴펀들랜드 래브라도Newfoundland and Labrador, 유콘Yukon, 노스웨스트Northwest, 누나부트Nunavut

시차

캐나다는 주마다 시차가 있다.
태평양 표준 시간 -17시간, 서머타임 -16시간 (브리티시 컬럼비아, 유콘)
마운틴 표준 시간 -16시간, 서머타임 -15시간 (앨버타, 노스웨스트)
중부 표준 시간 -15시간, 서머타임 -14시간 (마니토바, 사스카추완, 누나부트)
동부 표준 시간 -14시간, 서머타임 -13시간 (온타리오, 퀘벡)
대서양 표준 시간 -13시간 서머타임 -12시간 (뉴브런즈윅, 노바스코샤, 프린스 에드워드 아일랜드)
뉴펀들랜드 표준 시간 -12시간 30분, 서머타임 -11시간 30분 (뉴 펀들랜드 래브라도)

비행시간

밴쿠버 직항 기준 약 9시간 40분~11시간 30분
토론토 직항 기준 약 13~14시간

전압

110V, 한국 전자 기기 사용 가능, 핀 모양이 다르므로 어댑터가 필요하다.

비자

전자 여행 허가(eTA) 신청, 승인 후 입국 가능(비용 CAD 7)
eTA의 유효기간은 승인 후 5년(여권 만료 시 재신청), 유효기간 동안 복수 방문 가능하며 방문 시 최대 체류 기간은 180일
www.canada.ca/en/immigration-refugees-citizenship/services/visit-canada/eta/apply.html

화폐

1캐나다 달러는 약 983원. / 5·10·25센트와 1·2달러는 동전, 5·10·20·50·100달러는 지폐로 사용한다.

공휴일 (2024년 기준)

공휴일에는 관공서, 은행, 박물관이나 상점 등은 업무를 하지 않는다. 주별로 적용되는 공휴일이 다르므로 방문하기 전에 홈페이지를 확인하는 것이 정확하다.

1월 1일 | 새해, New Year's Day
2월 19일 | 가정의 날, Family Day
3월 29일 | 부활절 전 금요일, Good Friday
4월 1일 | 부활절, Easter Day
5월 20일 | 빅토리아 데이, Victoria Day
7월 1일 | 캐나다 데이, Canada Day
8월 5일 | 시민의 날, Civic Holiday
9월 2일 | 근로자의 날, Labour Day
10월 14일 | 추수감사절, Thanksgiving Day
11월 11일 | 현충일, Remembrance Day
12월 25일 | 크리스마스, Christmas
12월 26일 | 박싱 데이, Boxing Day

알아두면 편리한 캐나다 여행 정보

주문과 계산

레스토랑에서는 보통 종업원이 먼저 와서 주문을 받지만 그렇지 않을 경우 메뉴 선택이 끝났다면 메뉴판을 덮어두거나 지나가는 종업원을 쳐다보며 살짝 손을 들어 부르면 된다. 큰 소리로 부르는 행동은 무례하게 보일 수 있으니 주의해야 한다. 식사가 끝난 후 종업원을 불러 계산서를 달라고 얘기하면서 현금 또는 카드 여부를 얘기한다. 현금으로 계산할 때는 가져다주는 계산서에 팁을 추가해 테이블 위에 올려두고 나가거나 종업원에게 전달하면 된다. 카드로 계산하는 경우 종업원이 카드 단말기를 테이블로 가져오면 카드를 꽂고 종업원이 적어놓은 금액을 확인 후 팁(15%, 20%, 25%)을 선택한 후 확인 버튼을 누르면 결제가 완료된다. 카드 단말기 팁 항목에 원하는 금액이 없는 경우는 Others를 선택해 직접 팁 금액을 입력할 수 있다.

> **캐나다의 팁 문화**
>
> 캐나다는 팁 문화가 있기 때문에 서비스를 받는 경우 팁을 주는 것이 관례이다. 호텔에서는 대략 CAD 2~3, 레스토랑은 15~20%, 택시나 가이드 투어 이용 시 10~20%의 팁을 준다. 팁은 정해진 금액이 아니므로 본인의 결정에 따라 알맞게 지불하면 된다.

전화와 인터넷, e-Sim

대부분의 호텔에서는 Wi-Fi를 무료로 제공하지만 대도시 그리고 대형 체인 호텔은 유료로 제공하는 곳이 많다. 이동 중에도 인터넷을 이용하려면 일행이 같이 쓸 수 있는 무선 인터넷 공유기(Pocket Wi-Fi)나 선불 SIM 카드를 준비하는 편이 편리하다.

여행 경비

개인차가 있지만 보통 하루 1인 약 10만 원 정도 사용하며 경비의 50% 현금, 50% 신용카드 사용 추천

여행 최적기

캐내디언 로키 여행 6~8월
단풍 여행 9월 말~10월 초
오로라 여행 9~3월
스키 여행 12~3월

주요 도시 월별 최고·최저 평균 기온

밴쿠버

월	1월	2월	3월	4월	5월	6월	7월	8월	9월	10월	11월	12월
최고기온	7	8	10	13	17	20	22	22	19	14	9	7
최저기온	3	3	4	6	10	12	14	14	12	8	5	3

토론토

월	1월	2월	3월	4월	5월	6월	7월	8월	9월	10월	11월	12월
최고기온	0	0	5	12	19	24	27	26	23	15	9	3
최저기온	-7	-7	-2	4	10	15	18	18	14	8	2	-3

출처 weather.gc.ca/canada_e.html

세금

캐나다에서 구매하는 모든 상품과 용역에는 세금이 부과된다. 최종 결제 시 보여지는 금액에서 상품 용역세(GST)와 주 판매세(PST)가 추가된다. GST와 PST를 합쳐 통합 판매세(HST)로 표기하는 주도 있다. GST는 모든 주가 동일하게 5%를 적용하고, PST는 주마다 다르다. 앨버타, 노스웨스트, 누나부트, 유콘에서는 PST를 받지 않아 같은 물건을 사더라도 주마다 최종 금액이 다르다. 주별 총 세금은 브리티시 컬럼비아 12%, 앨버타 5%, 온타리오 13%, 퀘벡 14%다. (PST : 브리티시 컬럼비아 7%, 온타리오 8%, 퀘벡과 프린스 에드워드 아일랜드 약 9%)

물가

마트에서 구매하는 식료품, 패스트푸드, 커피숍의 물가는 우리나라와 비슷하거나 좀 더 저렴한 편이지만, 일반 레스토랑의 외식 물가는 비싼 편이다. 샴푸나 치약 등의 여행 필수품도 우리나라보다 비싼 편이니 미리 준비해 가도록 하자.

현지 연락처

긴급 전화 911 (경찰, 구급, 소방)

주 캐나다 대한민국 대사관
- 150 Boteler Street, Ottawa, Ontario
- +1 613 244 5010 | 근무시간 외 긴급 연락처 +1 613 986 0482
- 월~금요일 09:00-12:00, 13:00-17:00, 한국과 캐나다 공휴일 휴무
- overseas.mofa.go.kr/ca-ko/index.do

주 밴쿠버 총영사관
관할 지역 브리티시 컬럼비아, 앨버타, 사스카추완, 유콘, 노스웨스트
- Suite 1600, 1090 West Georgia Street Vancouver
- +1 604 681-9511 | 근무시간 외 긴급 연락처 +1 604 313 0911
- 월~금요일 09:00-12:00, 13:00-17:00, 한국과 캐나다 공휴일 휴무
- overseas.mofa.go.kr/ca-vancouver-ko/index.do

주 토론토 총영사관
관할 지역 온타리오(오타와 제외), 마니토바
- 555 Avenue Rd, Toronto, Ontario
- +1 416 920 3809 | 근무시간 외 긴급 연락처 +1 416 994 4490
- 월~금요일 09:00-12:00, 13:00-16:30, 한국과 캐나다 공휴일 휴무
- overseas.mofa.go.kr/ca-toronto-ko/index.do

주 몬트리올 총영사관
관할 지역 퀘벡, 뉴 브런즈윅, 노바스코샤, 프린스 에드워드 아일랜드, 뉴펀들랜드 래브라도
- 1250 Rene-Levesque Boulevard West, Suite 3600, Montreal
- +1 514 845 2555 | 근무시간 외 긴급 연락처 +1 514 261 4677
- 월~금요일 09:00-16:30, 한국과 캐나다 공휴일 휴무
- overseas.mofa.go.kr/ca-montreal-ko/index.do

캐나다 출입국 정보

입국

종이로 된 출입국 신고서를 폐지하는 추세여서 밴쿠버와 토론토의 제1터미널에서는 키오스크를 이용해 간단하게 출입국 신고 및 세관 신고를 할 수 있다. 한국어를 선택할 수 있어 이용하기 편리하다. 하지만 일부 공항에는 아직 키오스크가 도입되지 않아 비행기에서 나누어주는 종이 신고서를 작성해야 한다. 출입국 신고를 마친 뒤에는 외국 여권Foreign Passport 소지자 심사 줄에 서서 인터뷰를 진행하면 된다. 심사관에 따라 질문 내용이 다른데, 보통 방문 도시, 방문 목적과 일정 등을 묻는다. 입국 심사대를 통과한 후에는 수하물을 찾고 세관을 통과할 때 키오스크에서 받은 신고서를 제출하면 된다.

입국 시 여행자 휴대품 통관 규정

개인물품 통관기준
주류 와인 1.5리터(750ml 2병), 맥주(355ml) 24캔(병), 기타 1.14리터
담배 200개비(20개비들이 기준 10갑 또는 1보루)
현금 캐나다달러 기준 10,000불 미만

캐나다 입국 시 반입 불가 품목

모든 생과일과 채소 등의 농산품, 생고기나 조리된 고기(고기가 들어간 통조림 등의 가공품도 대상) 등의 육류, 살아 있는 동물과 조류, 생체 및 생화학적 물질, 흙이나 모래 등 토사, 씨앗, 뿌리 식물 등 음식과 식물에 대한 규정이 까다로우니 반입 시 유의하자. 좀 더 자세한 내용은 www.cbsa-asfc.gc.ca/travel-voyage/rpg-mrp-eng.html 참고.

출국

일반적으로 출발 2시간 전에 공항에 도착하면 되지만 밴쿠버나 토론토 같은 큰 공항은 조금 더 여유롭게 도착하는 것을 권장한다.

캐나다 교통

항공

우리나라에서 캐나다로 가는 직항 노선은 토론토와 밴쿠버로 대한항공과 에어캐나다가 하루 1편씩 운항한다. 경유 항공편의 경우 델타, 유나이티드 등의 미국 항공사를 이용하는 것도 가능하다. 캐나다 내부에서는 각 도시를 연결하는 웨스트젯, 에어 트랜셋, 에어 노스, 퍼시픽 코스탈 등의 항공사들을 이용할 수 있다. 국내선을 이용할 경우도 시간에 따라 검색 시간이 오래 걸리는 경우가 종종 있으므로 가능한 한 2시간 전에 도착하는 것을 추천한다.

주요 도시 국내선 이동시간 밴쿠버~캘거리 1시간 20분, 밴쿠버~토론토 4시간 30분, 밴쿠버~오타와 4시간 40분, 캘거리~토론토 3시간 40분, 토론토~퀘벡 1시간 50분

기차

가장 대표적으로 이용하는 비아레일은 토론토에서 밴쿠버까지 대륙을 횡단하는 노선부터 동부의 주요 도시와 도로가 잘 발달하지 않은 오지까지 약 450개 역을 운영한다. 로키를 관광하는 로키마운티니어 열차의 경우, 도시를 이동한다는 개념보다는 관광 열차로 이용된다. 미국 국경과 가까운 도시인 밴쿠버, 토론토, 나이아가라, 몬트리올에서는 미국으로 연결되는 암트랙도 이용할 수 있다.

렌터카

캐나다에서는 만 21세 이상부터 렌터카를 빌릴 수 있으며 캐나다 영문운전면허증 사용 지역은 캐나다(서스캐처원주, 브리티시컬럼비아주, 앨버타주, 퀘벡주, 노바스코시아주, 뉴펀들랜드래브라도주, PEI주, 온타리오주, 마니토바주, 유콘준주, 노스웨스트준주)이다. 렌터카 여행에 필요한 기본 정보는 아래와 같으며 좀 더 자세한 정보는 tc.canada.ca/en 참고.

캐나다 렌터카 여행 주의 사항

기본 법규

캐나다 도로는 한국과 같이 오른쪽 차선이 주행 차선, 왼쪽 차선이 추월 차선이며, 추월한 후에는 바로 주행 차선으로 돌아와야 한다. 계속 추월 차선을 이용하면 도로법에 저촉된다. 유턴 사인이 없는 곳에서 유턴하면 불법이므로 길을 한 바퀴 돌아도 오래 걸리지 않는 구조이니 가능한 유턴은 하지 않는 편이 좋다. 우회전할 때는 직진 신호가 빨간 불일 경우 반드시 정지 후 주변을 확인하고 우회전해야 한다. 비보호 좌회전을 할 때는 직진 신호 중에 안전한 경우 언제든 좌회전할 수 있다. 도로에서 스톱 사인이 보이면 반드시 3초 정도 정차한 후 좌우를 살피고 출발해야 한다. 안전벨트는 전 좌석 의무 착용이며 키가 145cm 이하인 어린이는 카시트를 이용해야 한다. 운전 중 항상 유효한 면허증과 여권, 렌터카 서류를 소지하자.

도로별 제한속도
도로 80-100km/h, 일반 도로 60-80km/h, 도심 및 주거지역 30-50km/h

도로 표시
기본적인 도로 교통 표지판은 한국과 비슷하다. 이 중 빨간색으로 금지 사항이 표시된 것을 가장 주의해야 하며, 검은색이나 흰색 바탕에 글씨가 표시된 것은 차선이 합쳐지거나 우회전 또는 직진만 가능한 규제 사항인 경우다. 노란색 바탕에 마름모 모양은 날씨나 공사에 따른 일시적 상황이나 앞으로 나올 도로 상황에 대해 미리 알려주는 경고 의미를 가진다. 원형 교차로나 야생동물이 나타나는 경우 급커브 구간, 울타리가 없는 기찻길 등의 표지판을 볼 수 있다. 초록색 표지판은 도로나 도시명, 주요 시설을 알려준다.

    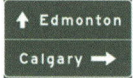

고속도로

캐나다의 고속도로는 대부분 통행료가 없다. 캐나다 동부에 일부 유료 도로(ETR)가 있는데 도로로 진입하기 전 이정표에서 ETR 표시를 확인할 수 있다. 하지만 진입할 때 별도의 톨게이트가 없어 유료 도로인지 판단하기 어렵다. ETR 사이트에서 온라인 납부를 해야 하며, 납부하지 않으면 렌트카 업체에서 통행료가 청구된다. 고속도로에 휴게소가 많지 않으므로 주유가 필요하거나 화장실을 이용할 경우 편의 시설에 대한 표지판이 나올 때 확인해두는 편이 좋다.

- **합승 레인** HOV Lanes

밴이나 버스, 트럭, 2명 이상의 승객이 탄 승용차와 같은 다인승 탑승 차량만 이용할 수 있는 도로로, 차량 통행량이 많은 도시에서 운영하는 일종의 합승 레인이다. 규정을 위반한 차량이 주행하는 경우 벌금이 부과될 수 있으니 주의하자.

- **회전 교차로** Roundabout

우리에게는 다소 생소한 방식인데, 통행량이 많지 않은 곳은 대부분 회전 교차로 방식을 사용하고 있다. 서클 안에 진행하고 있는 차에 무조건 우선순위가 주어지며 진입 전에 우선 정지의 의무가 있다. 진입 전 표지에서 자신이 나갈 출구가 몇 번째인지 확인하고 들어가면 출구를 쉽게 찾을 수 있다. 나가는 출구가 확실하지 않거나 놓친 경우 당황하지 말고 계속 돌면서 출구를 찾으면 된다. 회전 교차로에 들어갈 때는 왼쪽 깜빡이, 나올 때는 오른쪽 깜빡이를 켜서 표시해주어야 한다.

주차

대부분의 도시 주차장은 선불 미터기 방식을 사용하며 기계에 주차 구역 번호로 결제를 완료하면 된다. 주차권이 출력되지 않는 경우는 미터기에서 남은 시간을 확인할 수 있고, 주차권이 출력되는 경우는 차 앞 유리창 안쪽 대시보드에 잘 보이게 놓아두면 된다. 스트리트 파킹의 경우 주차 가능한 최대 시간, 주차 가능한 요일 등이 적혀 있는 안내 표지를 잘 확인해야 한다. 시간이 조금만 지나도 벌금이 부과될 수 있으니 반드시 엄수하자. 스트리트 파킹은 카드 결제가 불가한 기계도 있다.

내비게이션

한국에서 빌려 가거나 현지에서 옵션으로 추가해서 이용할 수 있는데, 한국어 서비스가 가능한 경우도 있으니 대여하기 전에 문의하자. 최근에는 스마트폰으로 구글맵을 많이 이용하는데, 차량용 스마트폰 거치대만 준비해 간다면 렌트한 차에 부착해서 편리하게 이용할 수 있다. 단, 이 경우에는 인터넷이 필요하므로 무선 인터넷 공유기 Pocket Wi-Fi나 선불 SIM 카드를 미리 준비해야 한다.

주유

대부분 셀프서비스로 주유소에 도착한 후 시동을 끄고 기계에서 주유 금액을 선택한다. 가득 채우고 싶다면 Up to $100의 옵션을 선택하면 된다. 대부분의 기계는 카드 결제만 가능하며 현금일 경우 매장에 들어가서 주유기 번호와 금액을 말하고 결제하면 된다. 결제 후 차량에 맞는 기름을 선택하고 노즐을 주유구에 넣은 뒤 손잡이를 당기면 주유가 시작되며 지정한 금액만큼 주유가 완료된 후에는 자동으로 멈춘다. 렌트할 때 자신의 차에 사용하는 기름이 경유 Diesel인지 휘발유 Gasoline인지 미리 체크해두자.

살레트래블북

CANADA
캐나다 서부

초판 발행 2019년 12월 1일
개정 1판 발행 2024년 2월 1일

글 | 신수경, 고진주
사진 | 강승희, 강승일
펴낸곳 | ㈜샬레트래블앤라이프
펴낸이 | 강승희, 강승일
출판등록 | 제 313-2009-66
주소 | 서울시 마포구 서교동 어울마당로 5길 26. 1~5F
전화 | 02-323-1280
판매 & 내용 문의 | 02-323-1280 travelbook@chalettravel.kr
디자인 | MALLYBOOK
지도 일러스트 | 김선애

ISBN 979-11-88652-33-4(13940)

값 20,000원

CHALET Travel Book은 ㈜샬레트래블앤라이프의 출판브랜드입니다.

이 책의 저작권은 저작권법에 보호받는 저작물이므로 무단 전재와 무단 복제를 금합니다.
잘못된 책은 구입하신 곳에서 교환해 드립니다.

www.chalettravel.kr